dtv

B. Beyfr 8/22

Oliver Meiler

AGRO MAFIA

Wie 'Ndrangheta & Co. die italienische
Lebensmittelproduktion beherrschen –
und was auf unsere Teller kommt

dtv

Originalausgabe 2021
2. Auflage 2021
© 2021 dtv Verlagsgesellschaft mbH & Co. KG, München
Das Werk ist urheberrechtlich geschützt. Jede Verwertung ist nur mit
Zustimmung des Verlags zulässig. Das gilt insbesondere für Vervielfäl-
tigungen, Übersetzungen und die Einspeicherung und Verarbeitung
in elektronischen Systemen. Für Inhalte von Webseiten Dritter, auf die in
diesem Werk verwiesen wird, ist stets der jeweilige Anbieter oder
Betreiber verantwortlich, wir übernehmen dafür keine Gewähr. Rechts-
widrige Inhalte waren zum Zeitpunkt der Verlinkung nicht erkennbar.
Karten: © Peter Palm, Berlin
Satz: Fotosatz Amann, Memmingen
Gesetzt aus der Palatino 10,5/14
Druck und Bindung: CPI books GmbH, Leck
Printed in Germany · ISBN 978-3-423-28248-2

Inhalt

Epilog

Prolog – Wie Italien mit seinem Essen die Welt eroberte und die Mafia sich auf ihre Ursprünge besann

> *»Die Mafia ist auf dem Land geboren, und auf dem Land findet sie zurück zu ihrer Berufung.«*
> Paolo Borrometi, italienischer Journalist

Das Vermächtnis des »Paten«

Am Anfang steht die Geschichte mit den Fleischklößchen, geschmort in Olivenöl und an Tomaten. Im ersten Teil der Filmtrilogie *Der Pate* von Francis Ford Coppola gibt es eine legendäre Szene, sie spielt in einer Küche. Im Hintergrund sitzen Männer an einem Tisch und essen. Pete Clemenza, den sie auch »*Fat Clemenza*« nennen, steht am Herd. Er holt Michael Corleone zu sich und führt ihm das Rezept von Pasta mit *meatballs* vor, mit Fleischbällchen, eine Fusion aus sizilianischer und amerikanischer Küche.

Man könne nie wissen, sagt er zu ihm, vielleicht müsse er ja mal für 20 Männer kochen, und führt die Zubereitung gleich vor, gießt Öl in die Pfanne, lässt es ordentlich heiß werden, gibt Knoblauch dazu, ein paar frische Tomaten und Tomatenmark. Man müsse nur aufpassen, dass es nicht ansetze. Dann lässt er alles schmoren, gibt die Wurst hinzu, die Klößchen, einen Schuss Wein und einen Löffel Zucker. Der Zucker, sagt Clemenza, sei der Trick.

Die italo-amerikanischen Gangster und ihre Vorliebe für gutes Essen. Mit solchen Szenen hat *Der Pate* das Bild, das man sich außerhalb Italiens von der sizilianischen Mafia macht, für immer besetzt. Gewissermaßen romantisiert. Das Essen ist zentral, ständig wird gegessen. Beim Essen zelebrieren die Bosse die Einheit der Familie, die Tradition, die Liebe. Der Film beginnt mit einem großen Hochzeitsgelage. Und als Don Vito Corleone angeschossen wird, hat er gerade zwei Orangen bei einem Gemüseladen gekauft. Er sackt auf der gegenüberliegenden Straßenseite zusammen. Ein Kind weint, ein Hund heult. Die Orangen sind eine Metapher für Sizilien, fürs Leben, eine Verneigung vor der Heimat.

Man kann Coppola nicht vorwerfen, er habe Vorurteile über die Italiener verbreiten wollen. Er selbst hat italienische Wurzeln. Doch *Der Pate* aus den Siebzigerjahren, ein Klassiker, ist voller Klischees über Italien, über die *italianità*, die italienische Lebensart, und die Mafia, die sich mit Macht in die Köpfe gegraben haben. Und wie das nun mal so ist mit Gemeinplätzen: Sie sind wahr, wenigstens zum Teil.

Wahr ist zum Beispiel, dass sich die Mafia immer schon für das Essen interessierte. Die Bräuche zu Tisch sind ihr wichtig, sie festigen die Gemeinschaft. In Kalabrien zum Beispiel enden Taufen neuer Clanmitglieder und strategische Sitzungen immer mit einem Mahl. Und mit Wein. Jeder Familie gehört mindestens ein Restaurant, manche besitzen hunderte davon.

Das Geschäft mit dem Essen, mit Gemüse und Früchten, Olivenöl und Mozzarella, Pizza und Pasta, ist in den vergangenen Jahrzehnten zu einem bedeutenden Sektor im Portfolio der Mafia geworden. Jedes Jahr etwas mehr. Es ist ihr zweitgrößtes Geschäft, mehr als 24 Milliarden Euro nimmt sie damit im Jahr ein. Nur Drogen bringen noch mehr, aber Drogen sind illegal, schon bevor sie in die Hände der Mafia geraten.

Essen ist Bedürfnis, Alltag, Freude. Noch nie kam uns die Mafia so nah: Sie hat sich zu uns an den Tisch gesetzt, sich auf den Teller geschlichen. Das Business der Agromafia, wie man die Mafia vom Feld und der Lebensmittelproduktion nennt, wächst parallel zum Erfolg der italienischen Küche. Und dieser Erfolg ist phänomenal, weltumspannend, eine der ganz großen Geschichten.

Pizza, Pasta, Tiramisù

Italien und sein Essen. Wäre auch die italienische Sprache so bekannt, würde die Welt nicht von *food* sprechen, wenn es um das Elementare und Köstliche geht, um die Gaumenfreuden, so sie einem vergönnt sind. Sondern von *cibo*, ausgesprochen: tschibo. Andere Länder begründen ihre Macht auf Erdöl. Auf Ingenieurskunst oder auf ein mächtiges Militär.

Die Italiener haben ihr Essen. *Soft Power*, pfannenweise.

Natürlich haben sie auch Mode, Design, die große *bellezza* ihrer Städte, das Vermächtnis ihrer Künstler und Dichter. Vor allem aber hat Italien sein Essen und die ganze Kultur drum herum: das unendliche Tafeln in Gesellschaft an langen Tischen, die Verklärung der Natur und ihrer Früchte, das wunderbare Theater des Lebens.

Von den vier italienischen Wörtern, die sich die Welt gut merken kann, handeln drei vom Essen. Nach »Ciao« kommen »Pasta«, »Pizza«, »Tiramisù«. Für viele ist es ein Dreiklang aus der Sehnsuchtskiste. Danach kommen wohl bald

»Mozzarella«, »Pesto«, »Carpaccio«, »Carbonara«. Und »Prosecco«, »Cappuccino«, vielleicht auch »Gelato«.

Keine nationale Küche hat international so viel Erfolg wie die italienische. Nicht als hohe Gastronomie, nicht als Nouvelle Cuisine oder als kulinarisches Spektakel für Reiche. Sondern als bekömmliche Weltküche für fast alle, als *cucina franca*. Billig, einfach und unendlich variabel.

Auf der Rangliste der Länder mit den meisten Restaurants in der Kategorie »Drei Sterne« im *Guide Michelin*, dem maßgeblichen Gastronomieführer, belegt Italien keinen der ersten drei Plätze. Zählt man aber die Lokale zusammen, die überall auf der Welt italienisches Essen anbieten, kleine und große, Pizzerien und Restaurants, Osterien und Trattorien, dann ist die *cucina italiana*, die italienische Küche, ohne Konkurrenz.

Viele italienische Speisen sind einst in der Armut geboren und wurden von den Emigranten in die Welt getragen, als Heimwehstiller. Die Apulier nahmen Apulisches mit, die Sizilianer Sizilianisches, die Piemonteser Piemontesisches. Das Paradegericht aber war und ist die *Pasta al pomodoro*, Teigwaren an Tomaten. Ohne die Fleischklößchen von »*Fat Clemenza*«. Pasta und Tomaten gehen immer, auch wenn sonst gar nichts mehr geht. Es ist das Nationalgericht einer Nation, die erst im 19. Jahrhundert zusammengefunden hat. Ihr größter gemeinsamer Nenner, ihre gastronomische Quintessenz. Mit einigen Blättern Basilikum obendrauf, etwas Olivenöl und fein geriebenem *Parmigiano Reggiano*.

An der Qualität des Tomatensugo, sagen die Italiener, erkennt man, ob ein Restaurant auch komplexere Gerichte gut hinbekommt. Er ist der Test. Meistens wird die *Pasta al pomodoro* mit Spaghetti zubereitet, die früher Vermicelli hießen, Würmchen. Natürlich *al dente*, bissfest. An den Spaghetti hängt der *sugo* besonders gut. Aber es geht auch mit den feineren Capellini, den Härchen, den dickeren Bucatini, die innen hohl sind, mit den breiteren Fettuccine, den Tagliatelle, den Pappardelle. Oder mit *pasta corta*, kurzen Teigwaren also: Penne, Rigatoni, Farfalle, Lumache, Conchiglie. Wahrscheinlich waren es die Araber, die die trockenen, leicht haltbaren Teigwaren nach Italien brachten, als sie im frühen Mittelalter Sizilien eroberten.

Aber heutzutage ist das nicht mehr von großer Bedeutung. Die Italiener haben die Pasta für sich entdeckt und ihr mit den Jahrhunderten einen derart prominenten Platz eingeräumt, dass die Ursprungsdebatte bestenfalls die Historiker interessiert. In den Anfängen war sie ein Essen für Reiche. Je mehr Pasta jemand aß, desto wohlhabender musste er sein. Man kochte sie durch, bis sie ganz weich war, und aß sie mit Löffeln. Zunächst war Pasta eher eine Süßspeise, versetzt mit Zucker.

Im Neapel des 19. Jahrhunderts wurde sie dann salzig. Und da Neapel damals eine stilgebende Großmetropole war, dauerte es nicht lange, bis die neue Interpretation auch in anderen Städten ihre Anhänger fand. Alles ließ sich in der Pasta verarbeiten, auch Fisch und Fleisch, oder wie die Italiener sagen: *mare e monti*, Meer und Berge. Dazu alle Gemüse, Käse, Pilze, Ei, einfach alles. Die Reste des Vortags. Und die besten und frischesten Produkte vom Markt. Oder nur Öl und Chili, *olio e peperoncino*.

Die italienischen Auswanderer trugen die Pasta dann in alle Welt, buchstäblich, mit sich im Schiff in die USA und nach Lateinamerika, später in schwer beladenen Autos in den Norden Europas. Sie waren die Botschafter des italienischen Essens, die Pioniere seiner Verbreitung. Zu Beginn wurden die Gerichte belächelt und gemieden, wie die Emigranten selbst auch: Man nannte die Italiener Spaghetti- oder Maccheroni-Fresser, und das war nicht anerkennend gemeint. Mit der Zeit aber gewannen die Italiener und ihr Essen die Herzen der einheimischen Bevölkerung und ließen sie nie mehr los.

Sie sind Trendsetter geworden. Was den Italienern schmeckt und gefällt, trifft meist den kollektiven Geschmack. Wenn sie zum Beispiel in ein großbauchiges Glas einen knalligfröhlich orangenfarbenen, eigentlich viel zu süßen und in Vergessenheit geratenen Bitter aus Padua kippen, Prosecco und Soda dazugeben, einen Orangenschnitz, dann trinken bald alle Spritz, und die Seele wandert in den Süden. Am beliebtesten ist er übrigens in Deutschland, der Schweiz und Österreich. Egal, auf welchen Kontinent man blickt, überall lässt sich dieselbe Korrelation beobachten: Je stärker ein Land wirtschaftlich wächst, desto größer wird die Nachfrage nach italienischen Produkten, nach italienischem Frisch- und Hartkäse, nach italienischen Weinen, nach italienischem Olivenöl, nach Schinken aus Parma und San Daniele. China zum Beispiel führt von Jahr zu Jahr mehr italienische Esswaren ein. Zwischen 2008 und 2018 wuchs dort der Import von italienischen Lebensmitteln um 254 Prozent.[1] Wer hätte gedacht, dass die Chinesen, die ebenfalls sehr genaue Vorstellungen davon haben, was bei ihnen auf den Tisch kommen soll, einmal so angetan sein würden von einer ausländischen Küche. Unter vermögenden Chinesen gelten italienische Produkte mit Gütesiegeln oder *eccellenze*, wie die Italiener sie nennen, auch als Statussymbole.

Es gibt eine ganze Menge davon. Kein Land bringt mehr Produkte hervor, die als schützenswert gelten und bei der Europäischen Union mit Herkunftsmarken registriert sind. Von den rund 3000, die auf dieser Liste mit Gütesiegeln stehen, kommt fast ein Drittel aus Italien. Das ist kein Monopol, aber viel fehlt nicht. Die Italiener, um es pauschal zu sagen, essen selbst auch wahnsinnig gerne italienisch. Auf ausländisches Essen könnten viele ganz verzichten.

Diese fast exklusive Liebe der Italiener zum eigenen Essen führt dazu, dass nirgendwo sonst die Schere zwischen Import und Export von Esswaren so stark auseinanderklafft: Italien ist mit deutlichem Abstand der weltweit größte Nettoexporteur von Lebensmitteln. Gefolgt von Japan, der Türkei, Mexiko und Thailand, alle weit abgeschlagen. Frankreich kommt erst an sechster Stelle, obschon man denken könnte, es sei ähnlich erfolgreich auf dem Weltmarkt.[2] Doch die Franzosen essen »ethnischer«, allein die vielen Restaurants aus den ehemaligen Kolonien wollen beliefert sein mit Waren aus Nordafrika, aus Schwarzafrika und Asien. Deutschland wiederum gehört zu den größten Nettoimporteuren. Noch mehr Lebensmittel führen nur Spanien, Australien, Kanada, Großbritannien, Brasilien, China und die USA ein.

Slow Food und Food Porn

Selbst in schwierigen Zeiten schafft es die italienische Lebensmittelindustrie, ihren Erfolg noch auszubauen. In der jüngsten Wirtschaftskrise, die Italien stärker und länger gefangen hielt als andere große europäische Länder, von 2008 bis 2018, wuchs nur noch das Geschäft mit dem Label »*Made in Italy*«, das für alles Italienische wie die Exportschlager Kleider, Möbel, Maschinen steht, sowie der *settore agroalimentare*, der Landwirtschafts- und Lebensmittelbereich. Als im Frühjahr 2020 Corona ausbrach und alles lahmlegte, in Lockdown und Shutdown, lief dieser Sektor einfach weiter, ohne Probleme in den Fleischereien, den Käsereien, bei der Ernte auf den Feldern und ohne Engpässe bei der Lieferung. Auf keines ihrer geliebten Lebensmittel mussten die Italiener verzichten, als sie auf fast alles verzichten mussten. Vielleicht kauften sie anders ein, mehr online, aber sonst veränderte sich nichts. Der Export von Früchten und Gemüsen aus Italien ist im ersten, dramatischen Halbjahr 2020 sogar gewachsen im Vergleich zur selben Zeitspanne im pandemie- und krisenfreien Vorjahr.[3] Das Essen, es ist ein fast dämmerfreies Geschäft, ein tragender Pfeiler der nationalen Wirtschaft.

Mit dem *cibo* werden in Italien jährlich 140 Milliarden Euro umgesetzt.[4] Bei dieser Angabe wird nur der Handel mit den Produkten gerechnet. Zählt man alles dazu, was darüber hinaus noch zur Branche gehört, nämlich die italienischen Restaurants, der Verkauf von italienischen Maschinen für die Herstellung von Dosentomaten und Teigwaren, der Transport und die Verteilung von Gemüse und Früchten, kommt man auf einen Betrag von 540 Milliarden Euro pro Jahr. Das entspricht dem Bruttoinlandsprodukt von Norwegen und Dänemark, zusammengenommen.

Fast jeder fünfte italienische Arbeitnehmer ist in dieser Industrie tätig, 3,8 Millionen sind es insgesamt.[5] Sie arbeiten auf Feldern und in Rebbergen, in Märkten und Fabriken, in Pizzerien. Der *settore agroalimentare* ist zu einem der größten Arbeitgeber des Landes geworden, größer noch als der Staat. Er steht für 25 Prozent des italienischen Bruttoinlandsprodukts. Und er wächst kontinuierlich.

Die Zeiten für einen weiteren Expansionsschub sind ideal. Ernährung ist zur Religion geworden. Spitzenköche werden wie Rockstars gefeiert, das Fernsehen ist voll mit Kochshows. Wo immer man hinzappt, überall kocht jemand. Oder misst sich beim Kochen mit anderen.

Im Restaurant zücken wir zuerst das Handy und fotografieren den Teller vor uns für die Freunde in den sozialen Netzwerken, bevor wir zur Gabel greifen. Influencer und Blogger machen das beruflich, manchen von ihnen folgen mittlerweile mehr Leute, als große Zeitungen Leser haben. Der Begriff *Food Porn* ist zum Modebegriff geworden, so schnell wird er wohl nicht wieder aus unserem Wortschatz verschwinden.

Im reichen Teil der Welt scheint sich fast alles um das gesunde und politisch korrekte Essen zu drehen. Um die vegetarische oder vegane Gestaltung des Nahrungshaushalts. Um Allergien, von denen man bis vor Kurzem noch nie etwas gehört hatte. Um so genannte Superfoods. Um die Geschichten hinter der Ernährung. Man ist, was man isst.

Jeder will wissen, wo das Essen herkommt, und zwar ganz genau. Nach Jahrzehnten fiebriger Globalisierung, in denen alles von überall immer überall verfügbar sein sollte, besinnen sich viele wieder auf die Saisons von Früchten und Gemüsen, auf kurze und umweltschonende Transportwege, auf die schönen Dinge aus dem eigenen Beet, von Dachgärten in Städten und von vertikal angelegten Feldern, auf Bio von nebenan.

Slow Food erfreut sich international großer Beliebtheit, was der italienischen Küche und ihrem Geschäft gelegen kommt. Gegründet wurde die Gegenbewegung zum Fast Food bereits 1986 – im Piemont. Und wahrscheinlich ist es kein Zufall, dass der Kopf hinter der Initiative ein Soziologe ist: Carlo Petrini aus Bra, Sohn einer Gemüsehändlerin und eines Eisenbahners. Als Petrini die Bewegung ins Leben rief, war er der Meinung, dass das Essen seine Würde verliere, wenn alles schnell gehen müsse und der Mensch seinen Bezug zur Natur und zur traditionellen Herstellung von Lebensmitteln verliere. Was schon immer war, soll auch immer bleiben. Nicht unverändert, aber verwurzelt im kulturellen Erbe. *Slow Food* breitete sich schnell aus, es entstanden daraus auch eine Universität und eine internationale Konferenz, die *Terra Madre* heißt, Mutter Erde.

Die *dieta mediterranea*, wie die Italiener die Mittelmeerküche nennen und damit vor allem ihre eigene meinen, entspricht ziemlich genau dem gegenwärtigen Kanon bewusster Ernährung. Sie ist frisch, leicht, ausgewogen und gesund. Wer sie richtig lebt, der erliegt keinen Exzessen. Auf ihrem Speiseplan stehen täglich Getreide und ein Glas Rotwein, drei Mal in der Woche Fisch und Gemüse, zwei Mal in der Woche Käse und weißes Fleisch, einmal rotes Fleisch, Wurstwaren, Süßigkeiten. Gekocht wird allein mit kalt gepresstem Olivenöl, dem Saft der Götter. Es dient auch als Veredler. Fast überall wird es hinzugegeben, weil es fast zu jedem Gericht passt.

Als die UNESCO 2010 die Mittelmeerküche in ihre Liste mit immateriellen Kulturerben aufnahm, hob sie nicht nur die Traditionen und Riten bei der Herstellung der Produkte hervor, beim Ernten und Fischen, sondern auch das Soziale, das Zusammensein: »Das gemeinsame Essen ist die Basis für die kulturelle Identität und deren Fortleben in allen Gemeinschaften rund um das Mittelmeer.«[6]

Die Mittelmeerküche ist schon lange nicht mehr eine Küche von Armen für Arme. Sie ist für viele zum Mantra geworden. Mag sein, dass ihre Überhöhung auch dem Marketing geschuldet ist. Vielleicht stimmt es ja gar nicht, dass man länger lebt, wenn man mediterran isst, wie Studien behaupten. Dass man damit zum Beispiel Herzkrankheiten vorbeugen kann, wie es der gesunde Lebensabend vieler Menschen auf Sardinien, im Cilento und auf Kreta zu belegen scheint. Aber der Umkehrschluss ist wohl noch unwahrscheinlicher.

Von Piraten und Plünderern

Der Triumph der italienischen Küche, diese Welteroberung, birgt auch Gefahren. Er ruft Trickser und Betrüger auf den Plan, jeder will etwas vom Kuchen.

Weil alles, was italienisch klingt, wie Gesang in den Ohren vieler Menschen liegt und die Kauflust weckt, sind auch die Imitatoren nicht weit, die Etikettenschwindler. In Italien nennt man sie »Agropiraten«. Gemeint sind jene Hersteller überall auf der Welt, die vorgeben, beste italienische Produkte zu verkaufen, »*Made in Italy*« also, die nach Italien riechen und schmecken sollen. Auf die Verpackungen und auf die Flaschen kleben sie Fotos vom Kolosseum, vom schiefen Turm von Pisa oder von der Rialto-Brücke in Venedig und geben den Produkten italienische Namen. Meistens ist nichts daran italienisch, nicht einmal die Rechtschreibung der Namen, was dem Absatz aber nicht abträglich sein muss. Das Business mit dem »*Italian Sounding*«, dem italienisch Klingenden also, ist gigantisch. Schätzungen gehen von 60 bis 100 Milliarden Euro im Jahr aus.

Andere Länder würden sich das nicht bieten lassen. Die Franzosen zum Beispiel reagieren sehr rabiat, wenn ihre gastronomischen Exzellenzen kopiert werden, etwa der Camembert oder der Champagner. Die Italiener beneiden die Franzosen für dieses resolute Vorgehen und klagen dann jeweils, sie selbst seien unfähig, einheitlich aufzutreten, als starke, nationale Lobby auf internationalem Parkett.

Fare sistema, gemeinsam für eine Sache kämpfen, war noch nie eine besonders ausgeprägte Tugend in der italienischen Wirtschaft. Weder in der Mode noch beim Essen. Das hat auch damit zu tun, dass die meisten italienischen Unternehmen als mittlere, kleine bis sehr kleine Familienbetriebe entstanden sind. Die Konsortien und Kooperativen, in denen sie sich zusammenfinden, handeln nicht immer im Interesse aller. Am Ende gilt oft: jeder für sich.

Die unsichtbare Mafia

Das passt der Mafia. *Fare sistema*, das ist ihr Ding. Der Mafia ist die Branche rund ums Essen nicht nur lieb, sie ist ihr auch sehr vertraut. Sie kommt vom Land, dort ist sie geboren: auf den Feldern, auf den Weiden, in den Ställen.

Auf Sizilien ist es die Cosa Nostra, in Kalabrien die 'Ndrangheta, und in Kampanien sind es die Camorra und die Clans der Casalesi. Gemeinsam ist den Mafiosi dieser drei großen italienischen Kartelle, dass sie einst Bauern und Mittelsmänner von Großgrundbesitzern im Hinterland von Palermo, Reggio Calabria und Neapel waren.

Sie trieben die Feldarbeiter an, die sie zu Hungerlöhnen beschäftigten. Dann trugen sie das Gemüse und die Früchte auf die Märkte und in die Häfen der Städte und holten dort für die Herrschaften, die sie schickten, möglichst viel für die Ware heraus. Notfalls mit Gewalt.

Während die Preise anderswo in Europa an Börsen bestimmt wurden, war es im Süden Italiens die Mafia, die bestimmte. In den fruchtbaren Ebenen Kampaniens nannte man sie *presidenti dei prezzi*, Preispräsidenten. War ein Boss besonders gut darin, rief man ihn *presidente unico*, den einzig wahren Preispräsidenten. Besonders gut war einer, wenn er sich mit seinen Vorstellungen immer durchsetzte. Mit welchen Mitteln er das schaffte, war kaum von Bedeutung.

Im Verlauf des 20. Jahrhunderts wurde die Mafia immer stärker, die Scharnierfunktion hatte sie zusehends satt. Sie jagte die Feudalherren zum Teufel und übernahm die Ländereien. Der Weg vom Feld zum Markt und zum Kunden war nun in ihrer Hand. Die Sizilianer exportierten ihre Orangen schon bald ins Ausland, unter anderem nach Amerika, an die Gemüsestände von New York und Chicago.

La terra, das Land als Boden und Herkunft, ist der Mafia heilig. Sie beschwört es mit religiöser Ernsthaftigkeit, das dient dem Mythos. Auch *cosca*, das italienische Wort für Clan, kommt aus der Landwirtschaft: Artischockenherz. Jedes Blatt der Artischocke, jedes Mitglied, ist mit der Mitte verbunden, festgemacht am Herzen der Macht.

Mit dem Bild aus dem *Paten* hat die neue Mafia, die heute die kriminellen Geschäfte kontrolliert, nichts gemein. Die Gangsterromantik war immer schon verschroben, echte Paten spiegelten sich aber gerne darin. Die Filme aus Hollywood machten sie auf skurrile Weise sympathisch, sie banalisierten das Verbrechen. Das wirkt bis heute nach: Das Faszinosum ist noch immer stärker als die rohe Realität, zumindest außerhalb Italiens. Die Mafia wird nachhaltig unterschätzt, überall in Europa.

Regierungen und Ermittler lassen sich leicht in die Irre führen. Die neue Mafia ist stiller geworden. Sie schießt weniger als die alte, sie tötet kaum noch. Und das ist ein Grund für große Besorgnis. Denn das heißt, dass es ihr gut geht, dass ihre Geschäfte laufen, dass sie sich wohlig eingerichtet hat in der Gesellschaft, dass auch die Gleichgewichte unter den Clans funktionieren. Die Mafia tötet nur, wenn sie sich bedrängt fühlt.

In den vergangenen Jahren passierte das fast ausschließlich in Apulien, bei der *Quarta Mafia*, der vierten Mafia. So nennen die Experten das lose Konglomerat aus dem kleinen Kartell der Sacra Corona Unita und den anarchischen Banden im Foggiano, der Region rund um Foggia. Aber sonst?

Die neue Mafia wird von den gut ausgebildeten Nachkommen der alten, inhaftierten Bosse geführt, die ihre Hochzeit in den Achtziger- und Neunzigerjahren hatten, manche auch noch zu Beginn des neuen Jahrtausends. Die Clans haben ihre Sprösslinge an die besten Universitäten geschickt, auch an ausländische, damit sie dort Wirtschafts- und Rechtswissenschaften studieren. Und Informatik.

Weltgewandte junge Menschen sind das, mehrsprachig, mit internationalen Netzwerken und guten Umgangsformen. Sie müssen fähig sein, Computersysteme zu hacken, Geld zu verschieben, neue Märkte zu entdecken. Sie sollen Onlinewetten manipulieren, komplizierte Firmenkonstrukte mit Schachtelunternehmen bilden, mit Hochfrequenzhandel an der Börse und mit Immobilien die Einkünfte mehren. Die meisten Geschäfte der Mafia laufen noch immer mit Cash, vor allem der Drogenhandel. Bargeld hinterlässt keine Spuren. Doch mehr und mehr handelt sie auch mit Kryptowährungen.

Was sie selbst nicht übernehmen kann, lagert die Unterwelt an Spezialisten der Oberwelt aus, die ihnen helfen. An Notare, Treuhänder, Anwälte, Richter, Banker, Beamte, Polizisten. Man nennt sie *colletti bianchi*, Weißkragen, der Begriff leitet sich aus dem Englischen ab: von *White-Collar Crime*. Die meisten dieser Schnittstellenfiguren wissen, für wen sie arbeiten, wenn sie Zertifikate fälschen, Bauausschreibungen manipulieren oder Insiderinformationen weitergeben. Sie erhalten dafür außergewöhnlich hohe Kommissionen.

Ein Heer unbescholtener und unverdächtiger Bürger stellt sich da in den Dienst der Mafia, bis sie auffliegen. Neuerdings nimmt der Staat bei Razzien manchmal auch hunderte Personen gleichzeitig fest, stürmt Kanzleien und Studios, Villen in Residenzvierteln, Ämter und Rathäuser. Die meisten Verhafteten sind jeweils Weißkragen, denen die Justiz dann in mühseligen Verfahren nachweisen muss, dass sie dazugehören, dass sie eine Zwischenwelt bilden. Alles fließt ineinander.

Beim Versuch, der neuen Mafia einen Namen zu geben, behalfen sich die Kenner mit den üblichen Kategorien: »Mafia 2.0«, wurde sie schon genannt, oder »Mafia 3.0«. Auch »*Mafia futuristica*« konnte man schon lesen, die futuristische Mafia. Vielleicht trifft es die Definition von Saverio Lodato am besten, dem Autor von *La Mafia invisibile*: Die unsichtbare Mafia.[7]

Ihre Herrschaftsgebiete im Süden Italiens kontrolliert sie wie ehedem, in jede Ecke reichen ihre Arme. Doch sie macht keinen Lärm mehr. Sie nistet sich geduldig ein: in der Politik, den Ämtern und Freimaurerlogen, in allen Zentren der Macht, auch im Norden Italiens und im Ausland. Ihre Geschäfte sind längst international angelegt. Die kalabrische 'Ndrangheta unterhält Filialen überall auf der Welt, eine besondere Vorliebe hat sie für Deutschland.

Vor allem aber investiert die neue Mafia ganz massiv in die legale Geschäftswelt. Während der Wirtschaftskrise gelang es ihr, Milliarden aus dem Drogenhandel zu waschen. Das ging ganz einfach: Viele Unternehmen rangen ums Überleben, die Banken gaben kaum mehr Kredite. Die Mafia aber war liquid und kaufte alles zusammen, was es zu kau-

fen gab. Auch tausende Restaurants – und hektarweise
Agrarland.

Der Ausbruch von Corona mit allen seinen unweigerlich
verheerenden Folgen für die Wirtschaft, den Tourismus und
die Gaststätten weckte neue Sorgen. In Italien hieß es schon
bald, die Mafia werde im Gewand von »Schakalen und Gei-
ern« über die Opfer der Krise herfallen, sie mit Wucher-
zinsen und Erpressung in die Abhängigkeit treiben und sie
dann verzehren, wie sie das in der Not immer tue.[8] Die
Regierung in Rom forderte die italienischen Banken deshalb
auf, ausnahmsweise schnell und unkompliziert Kredite zu
gewähren, um Restaurants und Hotels vor dem Zugriff der
Clans zu retten. Ein Wettrennen mit der Zeit, mit unsiche-
rem Ausgang und trüber Vorahnung: In der Regel ist das
Geld der Mafia schneller.

Rückkehr aufs Land

Als 2012 der erste Jahresbericht über die Agromafia heraus-
kam, näherte sich die Wirtschaftskrise in Italien gerade ihrem
Höhepunkt. Herausgegeben wurde er von der Denkfabrik
Eurispes, von *Coldiretti*, dem großen italienischen Landwirt-
schaftsverband mit 1,6 Millionen Mitgliedern, und vom
*Osservatorio sulla criminalità nell' agricoltura e sul sistema agro-
alimentare*, der Aufsichtsstelle für Kriminalität in der Landwirtschaft und der Lebensmittelindustrie. Glaubwürdigere
Quellen gab es auf dem Gebiet nicht. *Coldiretti*, früher der
bäurische Flügel der christdemokratischen Partei *Democra-
zia Cristiana* (DC), ist eine der beliebtesten Instanzen in Italien. Ihr grün-gelbes Signet mit der Weizenähre im Zentrum
und dem *albero della vita*, dem Lebensbaum, rundherum, gilt

als Vertrauenssiegel. Dem Observatorium wiederum steht ein Mann vor, der beide Phasen der Mafia kennt, die alte und die neue: Gian Carlo Caselli, geboren 1939. Er war zuvor Oberstaatsanwalt in Palermo.

Caselli und *Coldiretti* bündelten in ihrem Rapport die Daten von Sondereinheiten mehrerer Polizeikorps, von den Carabinieri, der Forstpolizei, der Steuerpolizei, und der Zollbehörde, der Staatsanwaltschaften im ganzen Land und dem *Office Européen de Lutte Anti-Fraude* (OLAF), dem Europäischen Amt für Betrugsbekämpfung. Da kam viel Material zusammen. Für die Italiener war der Bericht ein Schock. Solange die Mafia für Drogen- und Waffenhandel stand, für Prostitution und Erpressung, schien sie weit weg zu sein von der geordneten Welt der Normalbürger. Nun war sie einem plötzlich nah, versteckt auf dem Teller. Sie ließ sich nicht mehr ignorieren.

Vom Feld bis aufs Regal der Supermärkte und auf die Tische: Die Mafia hat die gesamte Kette unterwandert. Sie kam vom Land, und aufs Land ist sie zurückgekehrt, wenn sie es denn jemals verlassen hat. Sie kaufte Ländereien im großen Stil, um selbst Gemüse und Früchte zu produzieren oder, öfter noch, um Subventionen aus den Strukturfonds der Europäischen Union abzuschöpfen. Besitzer, die nicht verkaufen mochten, wurden in die Knie gezwungen. Mit Viehraub, Brandanschlägen, der Zerstörung ganzer Ernten. Ein Beispiel: Im Jahr 2019 allein sind 22 000 Bienenstöcke gestohlen worden, ein Großteil davon im Piemont, einer Region mit großer Honigproduktion.[9] Kann das Zufall sein?

Mancherorts kontrollieren die Clans die Wasserversorgung, und wer das Wasser kontrolliert, der kontrolliert bekanntlich fast alles in der Landwirtschaft. Sie kümmern sich auch um Zulieferdienste und Zubehör: etwa um die Plastikplanen für die Treibhäuser, den Dünger, die Holzpaletten und die grünen Plastikkörbe für den Transport. Kümmern heißt: Niemand anders darf in diese Geschäftsfelder einsteigen. Die Müllentsorgung? Ebenfalls in der Hand der Mafia. Sie beherrscht den Transport von Gemüse und Früchten. Davon profitiert sie doppelt, denn zwischen den Kisten mit den frischen Lebensmitteln lässt sich auch andere Ware transportieren. Die Mafia bestimmt den Preis der Melonen, der Tomaten, der Orangen und Zitronen, von allem. Dafür haben die Kartelle die wichtigsten Großmärkte im Land infiltriert: im sizilianischen Vittoria war es die Stidda, in Fondi bei Rom waren es die Casalesi, und in Mailand die Piromallis von der 'Ndrangheta. Sie exportieren Ware in alle Welt, auch mal gepanschtes Zeug, das sie als »Made in Italy« den Märkten anbieten. Für den Vertrieb nutzen sie nicht mehr nur die konventionellen Kanäle über kleine und große Supermärkte: Der Onlinemarkt ist eine süße Verheißung, er ist schließlich schwer zu kontrollieren.

Und dann sind da noch die vielen Restaurants und Pizzerien, die die Kartelle über die Jahre zusammengekauft haben. Nicht alle werfen Geld ab, sie dienen vor allem der Geldwäsche. Aber wenn die Lage stimmt und man durch die Fenster direkt auf die schönen *piazze* der italienischen Kunststädte schaut, dann sind die Lokale Goldgruben.

Seit 2012 ist jedes Jahr ein neuer Bericht zur Agromafia erschienen. Ihre Verfasser führten immer neue Beispiele an, Skandale, Betrugsfälle. Jeweils im Februar warten die italienischen Medien mit Spannung darauf, wie hoch Caselli und die *Coldiretti* den Umsatz der Agromafia schätzen. 2012 waren es 12,5 Milliarden Euro, 2019 schon 24,5 Milliarden Euro. Im Durchschnitt wachsen die Einkünfte aus diesem Geschäft um zehn Prozent pro Jahr. Einige Produkte versprechen Gewinnmargen von 500, gar 1000 Prozent. Kein Business der Mafia ist verlässlicher und stabiler als das Geschäft mit der Ernährung.

Der Rapport nennt die Mafia der Landwirtschaft und des Essens *Agromafie*, im Plural also. Die Mehrzahl fasst alles, auch die Grauzone der kleinen und großen Banden von Betrügern, Täuschern und Panschern, die, genau genommen, nicht zu den bekannten Vereinigungen der organisierten Kriminalität gehören. Durchgesetzt hat sich der Begriff dennoch in der Einzahl: Agromafia. Eine neue Mafia, die sich aus der alten nährt und sich auf ihren Ursprung besinnt.

Anleitung für eine Reise

Dieses Buch ist eine Reise durch Italien, einmal andersherum, von Süd nach Nord, entlang der Seidenstraße der Agromafia. Sie beginnt in Pachino an der Südspitze Siziliens, wo die wohl köstlichste Tomate der Welt herkommt, und führt durch Kalabrien und Kampanien nach Rom, in die Emilia und bis nach Mailand, wo diese Tomate nach einer Serie dubioser Preisaufschläge vor ihrem Versand ins Ausland noch den *ortomercato* passiert und dann auch in die Schweiz, nach Österreich und Deutschland gelangt.

Diese Seidenstraße gibt es offiziell natürlich nicht, inoffiziell aber sehr wohl. Sie erschließt sich aus den Erkenntnissen von Prozessen ersten, zweiten und dritten Grades. Italien kennt drei Instanzen der Gerichtsbarkeit. Wichtige Quellen sind auch Operationen der Polizei, Berichte von Kronzeugen und Mafiajägern, die Zeugnisse mutiger Bürger. Sie alle erzählen, wie es kommen konnte, dass sich die drei großen Kartelle der Mafia, die hier porträtiert werden, in die geliebte und gefeierte Welt des italienischen Essens fressen konnten. Jedes auf seine Art. Die viel kleinere *Quarta Mafia*, die apulische, erscheint darin nur am Rande. Sie folgt aber demselben Muster, sie hat denselben Ursprung. Und auch sie verdient viel Geld auf den fruchtbaren Feldern des Südens – und an den furchtbaren Arbeitsbedingungen der Feldarbeiter.

Das Buch erzählt von den Schatten, die auf dieser sonnigen Welt des italienischen Essens liegen. Ein großer Teil der italienischen Lebensmittelproduktion ist sauber, sie wird betrieben von Menschen mit viel Leidenschaft für ihren Beruf und für die Traditionen. Zehntausende Kontrollen führt das italienische Landwirtschaftsministerium jedes Jahr durch, es inspiziert Ställe, testet Olivenöle, Käse, Schinken. Und immerzu wird an neuen Methoden gearbeitet, dank derer sich die Herkunft der Produkte in Zukunft besser nachverfolgen und das Essen vor Betrügern schützen lässt. Eine Sammlung davon findet sich im Kapitel zum »guten Bauchgefühl«, dem Epilog. Doch trotz zahlreicher Gegenmaßnahmen wächst der Anteil der Mafia am Geschäft unheimlich schnell, exponentiell und dazu antizyklisch. Dieses Geschäft läuft eben immer, auch in einer Wirtschaftskrise oder in einer Pandemie.

Die Mafia gedeiht insgesamt prächtig, die kalabrische im Besonderen. Nicht nur in Italien. Sie hat sich mal wieder gehäutet, ihre Strategie geändert. Nicola Gratteri, der Oberstaatsanwalt aus Kalabrien und beste Kenner der 'Ndrangheta, warnt die Kollegen Polizeikommissare und Staatsanwälte im Ausland seit Jahren schon, sie möchten doch aufhören, die Schlagkraft der Mafia auf die leichte Schulter zu nehmen, sie zu banalisieren. Man hört ihm zu wenig zu.

1 – Sizilien: Geblendet von der Sonne des Südens

»Dein Herz wird in der Pfanne braten.
Ich werde es essen, hast du verstanden, du Bettnässer?
Wo du dich auch versteckst, ich werde dich finden, obschon
dein Leben nicht einmal die Fahrkarte für die Reise wert ist.«
Venerando Lauretta, Boss aus Vittoria,
zum Journalisten Paolo Borrometi

»Oro rosso«, rotes Gold

Auf der Strada Provinciale 19, der Provinzstraße nach Pachino. Hier, am Ende einer spitzen Landzunge im Südosten Siziliens, hört Italien auf. Danach kommt nur noch Meer, und dann Afrika. Es geht auch andersherum: Hier beginnt Italien. Der Süden des Südens ist das. Europa, aber eine andere Welt. Johann Wolfgang von Goethe schrieb in seinem Werk *Italienische Reise*: »Italien ohne Sizilien macht gar kein Bild in der Seele: hier ist erst der Schlüssel zu allem.«

Das Sonnenlicht ist warm und weiß, wie ausgewaschen, der Asphalt gebleicht. Im Sommer wird es unvorstellbar heiß. Den Straßenrand der SP 19 säumen Olivenbäume, Palmen, viel Grün auch im Herbst noch, und eine fast unendliche Serie von Treibhäusern, eines nach dem anderen. Ihre weißen Plastikdächer blitzen in der Sonne.

Pachino ist eine kleine Stadt mit nur 22 000 Einwohnern,

gelegen auf einer sanften Anhöhe. Die Sizilianer sagen *pachinu* oder auch *bachinu*, der Klang liegt sanfter im Ohr als bei Pachino. Vom zentralen Platz, der Piazza Vittorio Emanuele mit ihrer Kirche, ein paar Restaurants, einer Apotheke, einer Bar, führen Straßen in alle Himmelsrichtungen. Am Ende jeder dieser Straßen sieht man die Felder. Rund um die Piazza, wie hingewürfelt, stehen quadratische, betongraue Häuser. Sie sehen alle gleich aus, Einbahnstraße um Einbahnstraße.

Nach Pachino fahren keine Touristen. Die zieht es nach Noto, Modica, Ragusa und Scicli, in die neobarocken Städte der Umgebung mit ihrem dunklen Charme, es sind Juwelen der Baukunst. Pachino ist nicht so prächtig und pittoresk wie die Nachbarstädte, aber es ist ähnlich bekannt, auch im Ausland. Grund dafür sind die wunderbaren Früchte der Natur, die unter den blitzenden Plastikdächern wachsen, mittlerweile das ganze Jahr. Die Tomate von Pachino oder *il Pachino* ist die Prinzessin der Tafeln. Sie schmeckt noch wie Tomate, würde man sagen, nicht wässrig und fad wie andere. Die Tomate aus Pachino ist süßlich, nur einen Hauch sauer, die Haut fest. Pachino und seine Tomate bilden eine Symbiose, seit der ersten Anpflanzung im Jahr 1925.

Es gibt sie in fünf Varianten. *Ciliegino*, die kleine Kirsche, oder Cherry, ist von allen die bekannteste. Man sagt ihr krebshemmende Wirkung nach. *Datterino*, die Rispentomate, ist oval wie eine Dattel. Sie ist noch etwas süßer als die Cherrytomate, man kann sie auch ohne Gewürz und Öl essen, sie genügt sich selbst. Die Rundglatte, *tondo liscio*, ist eine kleine, kugelrunde, dunkelgrüne Tomate, leicht haltbar. Und dann gibt es noch eine große Version, *costoluto*, die Gerippte, die vor allem in Küstennähe angebaut wird, wo der Boden salzig ist.

So unterschiedlich Geschmäcker auch sein mögen: *il Pachino* gehört zu den besten Tomatensorten der Welt. Und zu den teuersten. Roh schmeckt sie besonders gut, als Begleiterin der *Mozzarella di bufala* etwa, des Büffelmozzarella. Oder mit *burrata*. Auch mit Thunfisch lässt sie sich gut kombinieren. Sie besteht auch allein, als Salat mit Olivenöl und Origano, der bricht die Süße mit seiner herben Note und bringt sie so noch stärker hervor. Es gibt die Tomate aus Pachino auch als *sugo* oder *passata*, oberes Preissegment, als Basis für die Zubereitung von Pastasaucen.

Der ganze Süden und seine Küche in einem Gemüse, einem Nachtschattengewächs, dem *pomodoro*, so sagen die Italiener: Goldapfel.

Die Tomate kommt nicht von hier, ihren Ursprung hat sie als wildes Gewächs in Lateinamerika. Die Azteken aßen sie schon vor Jahrtausenden, bevor die spanischen Eroberer sie nach Europa brachten, wo sie schnell sehr beliebt wurde. Im 16. Jahrhundert wurde der Tomate, oder Tomatl, wie sie hieß, nachgesagt, sie habe aphrodisische Mächte. Und ihre Pflanze galt als hübsch, fast so hübsch wie Blumen.

Ihr Großkonsum begann erst einige Jahrhunderte später, als man in Parma eine Methode fand, die Tomate in Dosen aufzubewahren: flüssig als *passata*, in kleine Stücke gehackt oder in Streifen filetiert. Es war der Beginn einer Eroberung. Heute gibt es mehr als 5000 Tomatensorten, alle stammen sie von der Tomatl ab.

Die Italiener produzieren jedes Jahr fünf Millionen Tonnen Tomaten, nur die Amerikaner stellen noch mehr her. Am europäischen Markt halten die 3500 kleinen und mittleren Betriebe aus Italien eine Quote von 50 Prozent.[1] Im Norden ist die Produktion mittlerweile größtenteils automatisiert, Parma ist noch immer die Hauptstadt der

Dosentomate. Im Süden dagegen wird an vielen Orten weiterhin von Hand geerntet – zu allen Jahreszeiten, in der Sommerhitze wie in der Winterkälte. Ein Teil der Tomaten wird exportiert. Doch auch der heimische Binnenmarkt ist interessant: Jeder Italiener isst durchschnittlich im Jahr 65 Kilogramm Tomaten.

Neben der *Pachino* gibt es weitere Sorten, die man feiert, als wären sie Delikatessen. Die längliche *San Marzano* aus Sarno bei Salerno etwa, wegen ihrer Form auch Flaschentomate genannt, ist tiefrot und fleischig wie sonst keine, und ihr Wassergehalt ist gering. Sie wird vor allem zu *pelati* verarbeitet, zu Gehäuteten also, ganz oder in Streifen. In Neapel sagt man, dass nur eine Pizza mit *San Marzano* eine wahre neapolitanische Pizza sei. Und wenn die Neapolitaner das sagen, sollte man ihnen unbedingt zuhören. Die leuchtend rote, ovale *Piennolo* wächst an den Abhängen des Vesuvs, ihr intensives, süßsaures Aroma zieht sie aus dem vulkanischen Boden. Und aus dem Mythos darum herum. In Italien hat man deshalb nie das Gefühl, man rede nur von Gemüse, wenn man über Gemüse redet.

So wurde der »Goldapfel« zum Symbol der mediterranen Küche. Zur Prinzessin der Tafeln. In Pachino spricht man auch vom *oro rosso*, dem roten Gold. Und das ist buchstäblich gemeint. Die Betreiber eines kleinen Gemüsestandes bei der Tankstelle am Ausgang der Stadt haben zwei große Löwenstatuen aus Marmor zu ihrer Auslage von Tomaten und Auberginen, Orangen und Zitronen gestellt. Mächtige Tiere sind das, man ist stolz auf sein Gemüse. Die Löwen sind auch ein Symbol der Mafia.

Alles *babba*?

Als der Sizilianer Paolo Borrometi begann, sich etwas näher für Pachino und seine einzigartigen *pomodorini* zu interessieren, hatte der örtliche Clan das Geschäft mit den Tomaten schon unterwandert. Die Mafiosi saßen zu dieser Zeit bereits im örtlichen Konsortium, das die europäischen Gütesiegel vergibt. Alle wussten Bescheid, niemand mochte darüber reden.

Borrometi war damals ein junger Enthüllungsjournalist und Jurist aus Modica, eine Stimme in der Wüste, einer, der Sachen schrieb, die sonst niemand schrieb. Mit seinen Ermittlungen zerrte er an einem alten Mythos: Vom Südosten Siziliens, der die Provinzen Siracusa und Ragusa umfasst, sagte man früher, er sei immun gegen das organisierte Verbrechen, die Mafia könne sich dort unmöglich festsetzen.

Messina, Palermo, Catania, Trapani, Agrigento – die großen Städte und ihre Provinzen waren infiziert, das war allen bekannt, sie waren zerfressen von Cosa Nostra, eigentlich waren sie verloren. Die Ecke im Süden aber war anders, eine Enklave, vom Glück und der Sonne geküsst, lieblich umwogt vom kobaltblauen Meer. Glaubte man. Und ein bisschen *babba* sei sie auch, sagte Leonardo Sciascia einmal, der große sizilianische Schriftsteller.

Babba ist ein sizilianisches Wort für langweilig, man kann es auch mit »dümmlich« übersetzen. In diesem Zusammenhang sollte das auch heißen: zu harmlos, um mafiös zu sein. Die Mafia aber ist schlau und brutal. Wer etwas anderes behauptete, wie das Paolo Borrometi tat, den schimpfte man einen Nestbeschmutzer, einen Fantasten, der sich nur interessant machen wolle. Für die *fimmine*, für die Frauen. Auch von Borrometi sagte man, er prahle nur mit seinen spektakulären Geschichten, um damit aufzufallen und eine Frau zu erobern, warum denn sonst?[2]

Seine Artikel erschienen zunächst im *Giornale di Sicilia*, der sizilianischen Lokalzeitung. In den Anfängen schrieb Borrometi dort vor allem über kulturelle Themen, davon gab es genug in seiner Heimat, viele Städte sind Weltkulturerbe der UNESCO.

Als er dann anfing, über die nicht so schönen Seiten zu schreiben, gründete er mit Freunden und Kollegen eine Homepage, die er *La Spia* nannte. Der Name »Der Spion« war eine ironische Spitze gegen seine Gegner: Um seine Glaubwürdigkeit zu beschädigen, hatten die auch herumerzählt, Borrometi sei ein »Bulle«, ein »Spion«.

Eine kleine Enklave der Glückseligen auf einer Insel, die sich fest im Griff der Cosa Nostra befand? Ganz glaubwürdig war das ohnehin nie, schließlich waren die zwei Provinzen wohlhabend, und die Mafia geht immer dahin, wo das Geld hockt. Nirgendwo in Italien gab es mehr Bankfilialen pro Einwohner als in Ragusa und Siracusa, nicht einmal in Mailand. In den Häfen lagen Yachten, die waren so luxuriös wie jene in Portofino und Monte Carlo.

Rund um die Städte entstanden große Einkaufszentren, eines nach dem anderen, die immer leer standen und doch nicht schlossen. Auch Tankstellen reihten sich plötzlich in kurzer Abfolge aneinander, wo es früher doch gar keine gab. Die alten Gesetze des Marktes, so machte es den Anschein, galten hier nicht. Die Nachfrage neigte gegen Null, das Angebot aber war riesig.

Irgendwann war klar, dass die Mafia diese Provinzen, die nach außen *babba* wirkten, als große Waschmaschinen für ihr schmutziges Geld benutzte. Natürlich geht im Waschgang eine ganze Menge Geld verloren, manchmal bis zu

70 Prozent der investierten Beträge. Denn damit das Geld auch ganz rein wird, frei von jedem Verdacht, müssen auch Steuern dafür entrichtet werden.

Doch die Summen, die das Verbrechen abwirft, sind so riesig, dass das, was übrigbleibt, immer noch genügt, um alle reich zu machen. Ein Teil des Geldes fließt den Familien zu, deren Väter, Onkel, Söhne im Gefängnis sitzen. Die Mafia hat ihr eigenes Vorsorgesystem.

Auch der Staat hatte sich lange Zeit blenden lassen vom guten Ruf der Region. Er kontrollierte sie kaum, die Präsenz der Polizei war spärlicher als im restlichen Süden des Landes. Das Klima war nicht nur ideal für das Gedeihen der Tomaten, es gediehen auch die Kartelle. Im Schatten wuchsen gar mehrere Syndikate gleichzeitig. Sie operierten nebeneinander, manchmal auch gegeneinander. Wenn immer möglich, taten sie es aber ohne viel Aufsehen.

Die Mutationen der Mafia

Die Cosa Nostra beherrschte über drei Jahrzehnte hinweg die sizilianische Mafia. Bis 2006. Angeführt wurde sie in dieser Zeit von den Corleonesi, den Familien aus Corleone im Hinterland von Palermo.

Ihr letzter großer Boss war Bernardo Provenzano, und dieser hatte eine besondere Verbindung zu Land und Erde, zu Vieh und Gemüse. Er war Bauer. Sie nannten ihn »*Zu Binnu u tratturi*«, »Onkel Bernardo der Traktor«. Schießen könne er »wie ein Gott«, hieß es von Provenzano. Wenn man das Bild des Agromafioso idealtypisch einer Person zuordnen müsste, böte sich »Onkel Bernardo der Traktor« an, ja er würde sich aufdrängen wie eine Karikatur. Dabei war er nur einer von vielen Bauern und Hirten mit einer kriminellen Karriere.

Als sie Provenzano im April 2006 verhafteten, auf einem Bauernhof bei Corleone, waren die Italiener erstaunt. Dieser ungebildete, knorrig-kauzige Mann hatte es also geschafft, sich 43 Jahre lang zu verstecken, sogar daheim in Corleone, und alle zu narren. Er regierte Cosa Nostra mit sogenannten *pizzini*, kleinen Papierzetteln. Darauf standen Anweisungen, es waren Befehle von oben, von ihm, dem Boss der Bosse. Die Zettel mussten immer zerstört werden, nachdem sie gelesen worden waren.

So funktionierte die Kommunikation damals, sie war abhörsicher. Zwei Kinder zeugte Provenzano in der langen Zeit seiner »Flucht«, wie die Italiener es nennen, wenn ein Mafioso untertaucht. Es wurden zwei Söhne: Angelo, geboren 1975, und Francesco Paolo, geboren 1982. Der Zweitgeborene sollte moderne Sprachen studieren und Lehrer werden.

In der Zeit vor »Zu Binnu« hatte Salvatore »Totò« Riina Cosa Nostra geführt, auch er war Corleonese. Und dieser Riina sagte einmal: »Ohne Geld und Respekt bist du eine Null gemischt mit dem Nichts.« Er hatte die sizilianische Mafia verändert wie bis dahin keiner vor ihm in ihrer ganzen, zweihundertjährigen Geschichte. Ihre Essenz hatte er umgepolt und sie letztlich ruiniert.

Riina stellte sich gegen den italienischen Staat, er forderte ihn militärisch heraus, wo die Strategie aller Mafias doch immer gewesen war, sich mit dem Staat zu arrangieren, still und heimlich, mehr oder weniger harmonisch. Man hatte einander gewähren lassen, Politiker dafür fanden sich immer, so lief das Geschäft für beide Seiten am besten. Auch im wirtschaftlichen Establishment hatte man sich mit dieser

Regelung abgefunden. Die Mafia war eine unbequeme Alliierte der Elite, aber eben doch: eine Alliierte.

Doch dann zerbrach das Gleichgewicht, der stille Pakt fiel auseinander. Wie und warum genau, darüber wird noch immer debattiert. Vier Jahrzehnte später.

1975 hatte der italienische Staat plötzlich damit begonnen, viel härter gegen die Mafiosi vorzugehen. Angetrieben wurde er von Richtern, Polizisten und Politikern, die es wirklich ernst meinten mit dem Kampf gegen Cosa Nostra. Sie führten keine Scheingefechte, sie gingen den ganzen Weg. Wen der Staat nun wegsteckte, der war wirklich weg. Haft nach »41 bis«, einem Artikel im italienischen Strafvollzugsgesetz, war und ist das härteste Verwahrungsregime in der westlichen Welt. Die Italiener nennen es auch »*carcere duro*«, hartes Gefängnis. Erdacht wurde es als Mittel im Kampf gegen den Terrorismus und gegen die Mafia. Es sieht Isolationshaft und ständige Bewachung vor, jede Post wird kontrolliert. Selbst der Hofgang ist streng limitiert. Es schnitt die Bosse komplett ab von der Außenwelt, von ihren Familien, den Clans.

Früher war das immer anders gewesen, und die Bosse befahlen auch aus dem Gefängnis. Zuweilen war es für sie sogar ein Vorteil, einzusitzen, etwa während der Clanfehden, da waren sie drinnen sicherer als draußen und behielten die Gesamtlage besser im Blick. Doch Artikel »*41 bis*«, der so heißt, weil die Gesetzgeber die alte Zahlenabfolge im Gesetz nicht ändern mochten und die wichtige Novelle deshalb einfach als Zusatz an Artikel 41 anhängten, zog die Paten aus dem Verkehr. Das »*bis*« war kein Zusatz, es war entscheidend. Das Kommunizieren wurde viel schwieriger. Die Aura ihrer Macht verblasste.

Einige Jahre später startete Riina die »*fase stragista*«, so nennt man die »Ära des Terrorismus« der Mafia, und diese

Phase sollte alles verändern – für Cosa Nostra selbst, aber auch für das organisierte Verbrechen im ganzen Land. Mit Bomben und vielen *omicidi eccellenti*, Prominentenmorden: an Politikern, Richtern, Polizeichefs.

Am Dreikönigstag 1980, an einem Sonntagmorgen, brachte Cosa Nostra Piersanti Mattarella um. Mattarella war damals Präsident der sizilianischen Regionalregierung, ein junger, mutiger Mann, der die Mafia bekämpfen wollte, 44 Jahre alt war er. Der Christdemokrat saß im Auto neben seiner Frau. Sie wollten zur Messe fahren, der Killer schoss durchs Fahrerfenster.

Es war der Auftakt einer langen Serie von Morden an berühmten Vertretern des Staates. Alle waren sie politisch motiviert, so auch der Mord am Präfekten von Palermo, Carlo Alberto dalla Chiesa, im Herbst 1982. Der Staat reagierte mit einem Großprozess, der die Organisation in ihrem Kern treffen sollte. Es war, als hätte er schon lange alles bereit gehabt für diesen Moment, nur keinen passenden Ort.

Für den »*maxiprocesso*«, den Großprozess, bauten sie in Palermo, nicht weit vom legendären Gefängnis Ucciardone, in kurzer Zeit eine Halle, die so groß war, dass sie Hunderte fasste. »Raumschiff«, nannte man diese Halle, oder »Bunkeraula«. Im hinteren Teil des Saals waren Zellen mit Gitterstäben eingerichtet, damit die Angeklagten den Verhandlungen beiwohnen konnten. Die Zellen sahen aus wie Käfige im Tierpark. Die Sicherheitstechnologie im Bunker aber war hochmodern. Die Italiener sollten sehen, dass der Staat ernst macht.

In diesem Prozess wurde zum ersten Mal eine neue Norm aus dem Strafgesetzbuch angewandt, die den Kreis viel weiterzog als alle vorherigen und der Mafia in der Folge Hunderte hohe Haftstrafen eintrug. Die Norm »*416 bis*« verschärfte nicht nur das Strafmaß für den Tatbestand »Zugehörigkeit zur Mafia«, auf den nun ein Gefängnisaufenthalt zwischen zehn und fünfzehn Jahren stand, auch für einfache Mitglieder. Sondern sie definierte zusätzlich, was der Staat alles unter einem Mafioso verstand. Als mafiös gilt seitdem, wer die einschüchternde Kraft der Organisation nutzt, um sich einen wirtschaftlichen Vorteil zu verschaffen, zum Beispiel im Wettbewerb um einen öffentlichen Bauauftrag. Falls die Organisation für die Umsetzung ihrer Ziele mit Waffen droht oder zumindest welche zur Verfügung hat, sind Strafen bis 26 Jahre möglich. Außerdem statuiert das neue Gesetz, dass alle Güter, die sich die Mafia auf diese Art erworben hat, vom Staat beschlagnahmt werden.

Erlassen wurde es nach dem Mord am Präfekten. Der Prozess war in jeder Beziehung »maxi«. Allein die Anklageschrift umfasste insgesamt 750 000 Seiten. 474 mutmaßliche Mafiosi wurden dem Gericht vorgeführt, viele von ihnen waren Kader der Organisation. Manchmal standen sie in Gruppen in den Käfigen, riefen Kommentare in die Aula, lachten höhnisch über die Vorwürfe, die man ihnen machte. Das Verfahren dauerte 638 Tage, es taktete die Nachrichten im Land. 600 Journalisten reisten an, auch viele ausländische waren da.[3]

Über Italien hing damals die oft schon enttäuschte Hoffnung, der Staat würde es diesmal schaffen, der Mafia beizukommen. Doch Riinas Terror sollte da erst richtig beginnen, er war als Rache angelegt. »Man muss zuerst Krieg führen, bevor man Frieden schließen kann«, sagte er einmal.[4] Noch mehr Brutalität, noch prominentere Morde, noch mehr Tote. Auch viele unbeteiligte Menschen gerieten ins Feuer von Cosa Nostra.

Am 23. Mai 1992, um 17.57 Uhr, sprengte die Mafia per

Fernzündung ein Stück der Autobahn A29, bei der Ausfahrt Capaci. Drei gepanzerte Fiat Croma wirbelte es durch die Luft, in einem saß Giovanni Falcone, der große Anti-Mafia-Richter aus Palermo, und seine Frau Francesca Morvillo, auch sie Richterin. In den anderen Wagen saßen die Leibwächter. Fünf Tote, 23 Verletzte.

Nur zwei Monate später, am 19. Juli 1992, um 16.58 Uhr, detonierte eine weitere Bombe. 90 Kilogramm Sprengstoff waren in einem gestohlenen Auto deponiert worden, das auf einem Parkplatz an der Via D'Amelio in Palermo vor der Hausnummer 21 stand. Dort lebten die Mutter und die Schwester von Paolo Borsellino, dem anderen großen Mafiajäger jener Zeit. Er kam zu Besuch, es war ein Sonntag, er wurde zum Inferno. Sechs Tote, 24 Verletzte.

Mit diesen beiden Attentaten hatte Riina den Bogen überspannt. Die Italiener waren geschockt. Alle romantische Folklore, so es sie denn jemals gegeben hatte, war weg. Selbst in ihren Hochburgen verlor Cosa Nostra an Gunst. Die alten Gleichgewichte waren weggesprengt.

Ein halbes Jahr nach dem Mord an Borsellino wurde Riina verhaftet. Sie nannten ihn »U curtu«, den Kurzen, weil er klein gewachsen war, und »La belva«, die Bestie, weil er im Umgang mit seinen Gegnern so unvorstellbar unmenschlich war. Er saß auf der Rückbank eines Autos mit Fahrer, mitten in Palermo, an einer Straßenampel im Morgenverkehr, als die Polizei seinen blutigen Ritt stoppte. Auch er hatte als Flüchtiger gegolten, jahrzehntelang. Dabei hatte er die meiste Zeit daheim in Palermo verbracht.

Damals begann der Niedergang der Corleonesi. Der Angriff auf den Staat war misslungen, der militärische Flügel hatte verloren, seine Mitglieder kamen ins Gefängnis. Verwahrt nach »41 bis«.

Provenzano übernahm die Leitung und versuchte, die Mafia wieder an den Staat heranzuführen, er wollte wieder einen Pakt schließen, der ihnen etwas Ruhe bescheren würde. Er sollte der vorerst letzte Chef der *cupola* sein, des Spitzengremiums von Cosa Nostra. Provenzano starb 2016, mit 83 Jahren, in einem Mailänder Gefängnis. Ein Jahr später starb auch Riina, in Parma, er wurde 87.

Erst nach ihrem Tod gab es Versuche, die Macht in dieser streng hierarchischen Organisation wieder zu bündeln. Davor hätte niemand gewagt, die Führung für sich zu beanspruchen. Die Bosse waren zwar weggesperrt gewesen, greis und ohne Aussicht auf eine Freilassung, aber solange sie auch nur noch einen Hauch Leben in sich gehabt hatten, galt ihre Autorität.

Eine neue *cupola* sollte entstehen, die sich wie ein Dach auf die *commissioni regionali* legen würde, die regionale Verwaltungsebene von Cosa Nostra. Diese wiederum verfügen über die *commissioni provinciali*, die Kommissionen in den Provinzen, denen je mehrere *mandamenti* angehören, kleinere Befehlseinheiten, die ihrerseits jeweils aus drei, vier Clans bestehen. Diese ganze Struktur sollte neu definiert werden. Doch bis heute sind offenbar alle Versuche verpufft.

Die lange Herrschaft der Corleonesi hatte Cosa Nostra geschwächt, plötzlich war die alte Mafia nicht mehr Herrin daheim, wenigstens nicht mehr überall auf der Insel.

Das neue Großbusiness der Mafia, der Handel mit Kokain, entging ihr fast ganz. Die kalabrische 'Ndrangheta, von der damals noch kaum jemand sprach, hatte den Trend zu dieser neuen Droge und deren Potenzial fürs Geschäft viel eher erkannt als die sizilianische. Die kleinen Rivalen vom Festland, sie wuchsen schnell und völlig ungestört. Cosa Nostra, die davor den Heroinhandel beherrscht hatte, war abgelenkt, absorbiert von Riinas Krieg gegen den Staat. So setzte sich die 'Ndrangheta auch in Sizilien fest, selbst in jenem Teil, der vermeintlich *babba* war.

Und dann wuchs noch eine weitere Mafia heran, eine lokale und besonders gewalttätige. Sie nannte sich Stidda, sizilianisch für Stern. Die ersten Stiddari waren Mitglieder von Cosa Nostra, die von der Mutterorganisation rausgeworfen worden waren. Familien aus der Gegend. Auch sie nutzten das Machtvakuum, das sich da geöffnet hatte. Sie waren besonders brutal, weil es bei der Stidda keine Hierarchie gab, die ein bisschen Ordnung vorgab, wie das die *cupola* bei Cosa Nostra tat. Sie funktionierte gewissermaßen instinktiv, roh, schnell, mit blutigen Fehden.

Doch trotz dieser Entwicklung: Unter Provenzano hatte sich Cosa Nostra wieder gemäßigt. Sie tauchte ab in die Zwischenwelt, die ihr so lange behagt hatte. Mit Länderkäufen im Ragusano zum Beispiel, in der Gegend der Tomaten, einer unverdächtigen Ecke der Insel. Im Südosten der Insel investierte sie in Grundstücke: 20 000 Hektar Land kauften sich die Corleonesi zusammen, allein in der Gegend rund um Ragusa.[5] Cosa Nostra war es immer schon wichtig, dass das Land, das sie beherrschte, das Territorium, das sie unterjochte, ihr auch wirklich gehörte. Nicht nur als Idee, sondern materiell. Der Landbesitz und das Geschäft mit den Lebensmitteln, die darauf wachsen, ist ihr noch wichtiger als den anderen italienischen Großkartellen. Bis heute gründet ihre Macht auf der Kontrolle des Landes, der physischen Markierung des Herrschaftsgebiets.

Phoenix im Sturzflug

Die erste große Recherche des Journalisten Paolo Borrometi im Jahr 2011 handelte von Sozialwohnungen in Modica, sie gingen dort unter der Hand weg. Nicht die Bedürftigen erhielten sie, sondern die gut Vernetzten. Borrometi nannte die Namen derer, die im Hintergrund Regie führten und daran verdienten. Das gab viel Gerede, man war es nicht gewohnt, dass Namen genannt wurden. Im Ragusano, der umliegenden Region, kauften sich die Politiker ihre Stimmen zusammen, auch dafür interessierte sich Borrometi, und auch ihre Namen nannte er. In Scicli etwa, dem Drehort der beliebten Fernsehserie *Commissario Montalbano*, beeinflussten die örtlichen Bosse jahrelang die Wahlen. Ein Straßenkehrer verwaltete das Business mit den Wahlplakaten. Es kamen nur die an die Mauern, die er zuließ. Auch das deckte Borrometi auf, es war eine Anekdote aus einer großen Mafiasaga. Die Stadtverwaltung von Scicli wurde wenig später aufgelöst.

Paolo Borrometi war 14, als er zum ersten Mal vom Schicksal von Giovanni Spampinato hörte, einem Reporter der Abendzeitung *L'Ora* aus Palermo, den die Mafia 1972 getötet hatte. Spampinato war 26, als er starb. Umgebracht hatte ihn der Boss, gegen den er gerade ermittelte. Doch statt sein Gedenken zu ehren, hieß es, dieser Spampinato habe den Tod gesucht, er habe schließlich mächtige Familien provoziert, selbst schuld. Das Muster wiederholte sich bei Borrometi, der sich von Spampinatos Beispiel inspirieren ließ.

Aus seinen Artikeln über die Clans wurden dann aber Mafiaprozesse, mehr als ein Dutzend davon, gegen 33 Bosse, von vier Familien. Borrometi enttarnte Strohmänner, er nannte Vor- und Nachnamen der mutmaßlichen Paten dahinter, zeigte Fotos von jedem einzelnen, warf Licht in ihre Unterwelt, er zeichnete die Netzwerke nach. Die Strafverfolger brauchten nur den Spuren und den Namen zu folgen, die ihnen der Journalist lieferte, und sie mit den eigenen Informationen zu kreuzen. In einigen Fällen begannen die Untersuchungen des Staates erst, nachdem *La Spia* berichtet hatte.

In Pachino kamen sie so auf Salvatore Giuliano, den Boss der *pomodorini*, und auf seine Familie. Die Giulianos, eine Zweigstelle der Cosa Nostra aus Catania, waren der beherrschende Clan in Pachino. Schon lange. Salvatore hatte schon einmal 24 Jahre wegen Zugehörigkeit zur Mafia im Gefängnis gesessen: Drogenhandel, Erpressung, Waffen.

Als er 2013 wieder freikam, wegen guter Führung einige Jahre früher als vorgesehen, gründete er eine Firma, die im Geschäft mit den Tomaten mitmischen sollte: die *Azienda Fenice Società Agricola*, kurz *Fenice*. Der Name sollte wohl eine Allegorie auf sein Leben sein: *Fenice* ist das italienische Wort für Phoenix. Sein Aufstieg aus der Asche.

An die Spitze setzte er seinen Sohn Gabriele, dessen Strafregister damals noch blank war, und den Sohn eines anderen Bosses. Eine Maskerade, eigentlich leicht durchschaubar. Aber niemand fragte. Die Zöglinge schafften es, ins Konsortium IGP aufgenommen zu werden. Die Abkürzung steht für *Indicazione geografica protetta*: geschützte geografische Kennzeichnung. Die Europäische Union garantiert mit diesem Label, dass ein Produkt auch tatsächlich aus dem Ort kommt, der auf der Verpackung des Herstellers steht, und dass es den Standards genügt, die man sich dort gibt.

Die Kirschtomate aus Pachino IGP soll also aus dieser Ecke Siziliens kommen, wo Afrika nicht mehr weit weg ist, in genau jener Erde wachsen, unter der weißen Sonne des

Südens vom Süden reifen, wenn auch eine Plastikplane zwischen der Pflanze und dem Himmel liegt. Außerdem sollen ihre Anpflanzung und Ernte den Richtlinien entsprechen, die in einem dafür definierten Katalog festgelegt wurden. Welcher Hersteller es auf die Liste schafft, entscheidet das Konsortium vor Ort, das Kontrollorgan. Und davon hängt ab, ob eine Firma oder eine Kooperative es zu wirtschaftlicher Fortüne bringt. Oder eben nicht. Ohne Label, ohne IGP, ist der Export schwierig, gerade ins entfernte Ausland. Der Transport kostet eine Menge, wenn dann der Preis nicht stimmt, bleibt nichts übrig. Welcher Kunde in Kanada, der Tomaten aus Pachino möchte, weil er um deren unvergleichbare Süße weiß, kauft welche ohne Gütesiegel, wenn er auch IGP bekommen kann?

Fenice schaffte es auf die Liste des Konsortiums, das ging ganz einfach: Die Söhne der Bosse saßen im Kontrollgremium. Politik und Geschäft flossen ineinander, die alte Geschichte.

Salvatore Giuliano hatte nach seiner Freilassung als Erstes versucht, die Gemeindewahlen zu steuern. Das gelang zwar nicht wie gewünscht: Bürgermeister wurde der Kandidat der Gegenseite. Doch da der Rivale nicht genügend Stimmen gewonnen hatte, um allein zu regieren, bestimmten die zwei Gemeinderäte von Giulianos Gnaden das Schicksal der Verwaltung. In der Bar von einem der beiden, dem *Scacco matto*, Schachmatt, so entdeckte die Polizei nach einer Weile, fanden jeweils die Versammlungen der Mafia statt.

In der Zwischenzeit hob *Fenice* ab. Nach kurzer Zeit war das Unternehmen schon die Nummer Zwei unter den Exporteuren in Pachino. Paolo Borrometi schaute sich die Einträge des Konsortiums genauer an. Bei *Fenice* fehlte das

Dokument, das für ihren Leumund garantieren sollte: das Anti-Mafia-Zertifikat. Ohne dieses *certificato* hätten die Tomaten der Giulianos das Label IGP nicht erhalten dürfen.

36 Stunden nach Veröffentlichung des Artikels wurde *Fenice* aus dem Konsortium geworfen. Auf *La Spia* erschienen auch Fotos der Bosse, von ihren Söhnen, von einigen Handlangern – und solche von Tomatenkisten aus Karton mit dem geschwungenen Namen der Firma. Für das Business des Clans war das verheerend, ein Verlust von Millionen. Auf einen Schlag brachen die Bestellungen ein. Aus dem Phoenix wurde ein Ikarus.

Dafür wollten sich die Giulianos am Journalisten rächen. Im Frühjahr 2018 hörten die Ermittler zufällig mit, wie Salvatore Giuliano mit einem Boss der Santapaolas, einem alten Clan aus Catania, über einen Mordplan redete. Sie wollten Borrometi mit einer Autobombe töten. Das sei sicherer, sagten sie, dann seien alle tot, auch die fünf Männer der Leibwache, die der Staat Borrometi an die Seite stellte, Tag und Nacht. Schießen, das sei zu riskant, da drohe Gegenfeuer. Wenn er das nächste Mal nach Sizilien komme, um in einem der vielen Prozesse auszusagen, würden sie zuschlagen, sagten sie.[6]

Bei einem der Söhne der Giulianos, der beim Gespräch dabei war, schaute das Handy, das mit einem so genannten »telematischen Virus« präpariert war, ein Stück weit aus der Gesäßtasche. Den Virus können die Mafiajäger auf Distanz platzieren, übers Netz. Es gibt den Ermittlern die Möglichkeit, nicht nur die Telefongespräche abzuhören, sondern auch die nähere Umgebung des Mobiltelefons. Hätte Giuliano Junior es ganz in der Tasche stecken gehabt, dann wäre das Übertragungssignal zu schwach gewesen. Man hätte die Mafiosi nicht reden hören.

Paolo Borrometi hatte zu jenem Zeitpunkt schon fünf Todesdrohung erhalten, von vier Clans. Einer hatte nun also einen genauen Plan, wie sie ihn umbringen würden. Weil Borrometi redete, als alle schwiegen, weil er den Mythos vom *babba* zerschlug, der allen so behagte. Die Giulianos wurden verhaftet, in letzter Minute. Und auch die Gemeindeverwaltung von Pachino wurde aufgelöst, per Dekret aus Rom. Sie war von der Mafia infiltriert.

Feste nach Feierabend

Das Business mit dem roten Gold ist ein groteskes Margengeschäft, ein Pokerspiel, bei dem der Bauer immer verliert. Die Hersteller verkaufen ein Kilogramm der geliebten Kirschtomaten aus Pachino, dieser süßen Versuchung, frisch ab Feld für etwa 50 Cents, manchmal fällt der Preis auch auf 30 Cents. Im Frischmarkt und im Supermarkt in Mailand kostet das Kilo dann aber schon 7,50, in London 14, in Kanada 16 Euro.[7] Alle verdienen: die Kommissare, die Mittelsmänner, die Mafia, die Supermärkte. Die ehrlichen Tomatenbauern aber schaffen es oft kaum, ihre Kosten zu decken bei diesem Preis.

Zuweilen wird der Markt von Pachino auch geflutet mit importierten, billigen Tomaten aus Ländern, in denen es überhaupt keine Rechte für Feldarbeiter gibt, zum Beispiel aus China. Das Dumping treibt die sizilianischen Hersteller in die Verzweiflung. Damit es sich überhaupt noch ein bisschen rechnet, die Tomaten zu ernten, arbeiten sie mit so genannten *caporali*, wörtlich: Korporäle, Feldwebel. So nennt man in Italien Mittelsmänner, die jeden Morgen Tagelöhner, *braccianti*, zu miserablen Bedingungen anheuern. Die Zahl der *braccianti* in Italien wird auf 400 000 bis 430 000 geschätzt.[8]

Viele dieser Erntehelfer sind ordentlich gemeldete Zuwanderer aus Osteuropa, vor allem aus Rumänien, Polen und Bulgarien, die mit der Aussicht auf eine gut bezahlte Stelle nach Italien gelockt werden. Die meisten erhalten fiktive Verträge, in denen ein viel höheres Gehalt ausgewiesen ist, als das, was sie tatsächlich erhalten. Und kürzere Arbeitszeiten stehen ebenfalls in den Verträgen. Soziale Leistungen gibt es nur auf dem Papier, eingelöst werden sie fast nie.

Schutzlos ausgeliefert sind afrikanische Einwanderer ohne Papiere. Ihr Anteil ist in den Jahren der großen Migrationswellen über das zentrale Mittelmeer stark angewachsen. Zwischen 2014 und 2017 setzten jedes Jahr zwischen 150 000 und 190 000 Migranten von Libyen über nach Italien, die meisten von ihnen waren Schwarzafrikaner ohne Aussicht auf politisches Asyl. Wer es nicht in den Norden von Europa schaffte, dem blieb nur die Arbeit auf den Feldern im Süden. Viele wurden schon in den Auffanglagern angeworben, kaum hatten sie angelegt. Der Mafia gefiel die Ausweglosigkeit dieser Menschen, sie machte sie gefügig.

Das System des *caporalato* ist im ganzen Land verbreitet, auch im Norden, es funktioniert überall ähnlich. Im Süden Italiens sind die Standards bei der Unterbringung und der Versorgung allerdings schlechter als etwa in der Lombardei, der Emilia Romagna, der Toskana und in Umbrien. Besonders prekär sind die Bedingungen im kalabrischen Rosarno und im Foggiano, der Gegend in Apulien. Weiße Arbeiter sind besser bezahlt als schwarze, Männer besser als Frauen.

Verboten wäre das *caporalato* eigentlich überall. Seit 2011 gibt es dazu einen eigenen Paragrafen im italienischen Strafgesetzbuch, 2016 verschärfte das Parlament die Geld- und

Haftstrafen für den Tatbestand. Doch abgesehen von einzelnen Razzien und Polizeioperationen passiert fast nichts. In der Regel bewegt sich der Staat vor allem dann, wenn es mal wieder ein Unglück gegeben hat, einen verunfallten Bus mit vielen toten Arbeitern, einen Brand in einem der Ghettos, einen Erschöpfungstod.

Die papierlosen Feldarbeiter versammeln sich zwischen 5 und 7 Uhr morgens auf den Hauptplätzen der Städte oder an Straßenkreuzungen und warten dort auf die *caporali*. In vielen Fällen handelt es sich bei den Korporälen um Männer, die früher selbst auf Feldern gearbeitet hatten, ebenfalls unter den Anweisungen eines *caporale*, und dann die Rolle gewechselt haben. Marokkaner, Albaner, Rumänen. Bezahlt werden sie von den italienischen Landwirtschaftsfirmen, schwarz. Die wiederum entrichten für jeden ausländischen Erntehelfer eine Steuer an die Mafia, zumindest im Süden Italiens ist das so.

Die Mittelsmänner wählen sich die Arbeiter aus und bringen sie mit Bussen auf die Felder. Oft sind die Äcker weit weg. Für Hin- und Rückfahrt werden den Arbeitern drei bis fünf Euro vom Lohn abgezogen. Da bleibt dann am Abend nicht viel übrig. Es gibt Felder in Italien, auf denen Tagessätze von 20 oder 25 Euro bezahlt werden, im Durchschnitt sind es 30 bis 35 Euro.[9] Für neun, zehn Stunden Arbeit. Jedem Arbeiter wird ein Mindestziel für den Tag vorgegeben, zum Beispiel 100 Kisten Tomaten. Schafft er die nicht, sind die Chancen gering, dass er am nächsten Tag, wenn er wieder auf der Piazza oder an der Kreuzung steht, noch einmal berücksichtigt wird.

Untergebracht sind die »Sklaven der Moderne«, wie die italienischen Zeitungen sie nennen, in Zeltlagern, Garagen, Blechhütten, verlassenen Fabrikhallen. Für Wasser und Strom sorgen private Hilfsorganisationen. Kleine Slums sind das. Immer mal wieder brennt ein Lager ab, weil die Menschen im Winter frieren und Feuer machen.

In Pachino arbeiteten früher auch Italiener auf den Tomatenfeldern, bis in die Siebzigerjahre. In den Achtziger- und Neunzigerjahren übernahmen Tunesier und Marokkaner, bis auch sie die schlechten Arbeitsbedingungen satthatten. Dann kamen Rumäninnen und Polinnen. Und Eritreer, Äthiopier, Somalier, Sudanesen, Ivorer, Senegalesen, Malier.

Am meisten beschäftigte die Justiz das Schicksal vieler junger und sehr junger Rumäninnen, die von einer Bande von Landsleuten unter Vortäuschung falscher Tatsachen nach Italien geholt worden waren. Man versprach ihnen eine feste Arbeit und ein würdevolles Zuhause, stattdessen wurden sie verdingt, geschlagen und sexuell missbraucht. Es waren auch Minderjährige dabei, wie 2018 die »*Operazione Boschettari*« ergab, die »Polizeioperation Waldbewohner«. Die hieß so, weil viele der Opfer in ihrer Heimat Obdachlose gewesen waren.

Als sie dann in Pachino ankamen, wurden sie, wie es im Kommuniqué der Polizei nach den Festnahmen hieß, auf »entsetzliche« Art misshandelt. Man verbot ihnen jeglichen Kontakt zur Außenwelt. Sie durften weder mit ihren Verwandten in Rumänien noch mit Italienern reden. Untergebracht waren sie in Häusern ohne Heizung. Die Bande sperrte sie ein, brachte sie jeden Morgen auf die Felder und trieb sie in »sklavenartiger« Weise vor sich her, wie die Polizei schrieb. Wenn sie nicht schnell genug arbeiteten, erfuhren sie »beispiellose« Gewalt. Geld erhielten sie nie. Bezahlt wurden sie, wenn überhaupt, in Naturalien.

Bekannt wurde der Fall, weil ein rumänischer Feldarbeiter den Mut fand, die Peiniger anzuzeigen. Die Firmen, die mit diesen *caporali* arbeiteten und wohl einiges von deren Methoden mitbekamen, mochten nicht zur Polizei gehen. Warum auch? Das Geschäft lief gut. Und die Bande schaffte es, alles aus ihren Leuten rauszuholen. Außerdem gab es Geschichten von *festini agricoli*, von Sexpartys auf dem Feld nach Feierabend. Junge Rumäninnen wurden dazu genötigt, mal von ihren Sklaventreibern, mal von den Landbesitzern. In keiner Gegend Italiens kommt es zu mehr Abtreibungen pro Einwohner als in dieser Ecke Siziliens. 2016 etwa waren es 111 allein unter jungen Rumäninnen.[10] Da sich viele örtliche Ärzte aus Gewissensgründen weigern, die Operationen vorzunehmen, kommt es immer wieder zu tragischen Unfällen. Auch diese traurige Geschichte lastet auf der Bande. Zwei von fünf Bandenmitgliedern waren Frauen.

»*Plastic Connection*«

Früher gab es frische sizilianische Tomaten jeweils nur zwischen Juni und Oktober, während ihrer Erntezeit. Das war ihre Saison. Nun will sie jeder immer essen können, das ganze Jahr über, auch und gerade im Winter. Im Norden bringt die Tomate etwas Farbe ins Grau, wenn es draußen kalt ist. Etwas Sommer. Beim *ciliegino* kommt noch die süße Note dazu.

In Pachino gab es früher offene Felder rund um die Stadt herum und bis hinunter zum Meer. Eine schöne Landschaft, alles Natur, sie leuchtete grün und rot. Dann, als die Tomatenproduktion unter Druck geriet, begannen die Hersteller, ein Gewächshaus nach dem anderen zu bauen, bis es ein ganzes, blitzendes Meer davon gab.

Die Kirschtomaten, die *ciliegini*, und die Rispentomaten,

die *datterini*, ließen sich nun das ganze Jahr ernten. Damit die Befruchtung der Blüten funktionierte, flog man Hummeln aus Holland ein. Aber bald reichte auch das nicht mehr aus, um die Nachfrage zu decken. Man half mit Chemie nach und spritzte die Sträucher, die köstlichen *pomodorini* wurden jetzt gedopt.

Für die Mafia eröffnete die Bewirtschaftung von Treibhäusern ein neues Geschäftsfeld, es sollte ein Millionenbusiness werden. Besonders interessant waren die Plastikhüllen der Gewächshäuser. Die Planen müssen jedes Jahr zwei Mal neu gespannt werden. 15 000 Tonnen davon alle sechs Monate, das kostet eine Menge Geld. Eine Familie beherrschte bald den Markt: die Donzellis, die im Ruf standen, einen guten Draht zu den maßgeblichen Clans der Stidda zu haben. Der Chef der Familie, Giovanni Donzelli, hatte schon in den Neunzigerjahren wegen Zugehörigkeit zur Mafia im Gefängnis gesessen. Nun waren sie zurück und fast konkurrenzlos.

Sie machten aber nicht nur Geld mit dem Bespannen der Treibhäuser, sie boten auch an, die alten einzusammeln, sie zu recyceln und neu zu verkaufen – oder zu entsorgen. Für das Recycling gibt es staatliche Zuschüsse, das ist sehr lukrativ. Für die fachgerechte Aufbereitung wären jeweils viele Waschgänge nötig, da das Plastik nach monatelanger Dauerbesprühung voller Pestizide ist. Hoch giftig, fast nicht rettbar. Muss es entsorgt werden, gehört es in die Kategorie Sondermüll, bei dem eine Serie von Vorschriften zum Schutz der Umwelt gelten. Auch dafür gibt es öffentliche Subventionen aus einem Ökofonds.

Die Donzellis boten die Entsorgung billiger an als die paar Konkurrenten, die sich gegen sie behaupten wollten. Das war kein Wunder, die Umwelt kümmerte die Familie nicht. Sondermüll wurde oft wie normaler Müll entsorgt, unter dem Boden verscharrt, auf illegalen Halden abgeladen, zwischen den Treibhäusern liegen gelassen oder einfach verbrannt, in freier Natur. Das Zeug brennt gut, die Rauchwolken sind dunkelgrau, fast schwarz.

In einem seltenen Interview für das italienische Fernsehen, im Programm *Cose Nostre* auf *Rai Uno*, sagte Giovanni Donzelli einmal, die Vorwürfe wegen der toxischen Abfälle seien eine *minchiata*.[11] Das ist ein vulgäres Wort für Blödsinn, das man sonst nicht oft im Fernsehen hört.

Eine *minchiata*? Das Gift der Pestizide und deren Rückstände machen die Menschen krank, es tötet Tiere, verseucht das Grundwasser. Und dieses Grundwasser, mit dem man hier in Fülle gesegnet ist, ist lebenswichtig für die Tomaten, die süßen *pomodorini*. Die vielen Quellen waren sogar einer der Hauptgründe dafür, dass man in Pachino und Umgebung überhaupt je damit begonnen hatte, Tomatenpflanzen zu setzen. Eine Umweltbombe sei das, klagt die italienische Umweltorganisation *Legambiente* schon lange. In solchen Dingen dachte die Mafia noch nie sehr weit in die Zukunft: Das schnelle Geld war immer wichtiger. Doch sie riskiert auch, ein einträgliches Geschäft zu verlieren.

Als die *Guardia di Finanza*, Italiens Steuerpolizei, 2017 ihre Operation »*Ghost Trash*« durchführte, auf deutsch: Geistermüll, filmte sie, was sie in Pachino und in den Gemeinden rundherum entdeckt hatte: 20 Tonnen gefährliche Abfälle in freier Natur. Es gibt das kurze Video mit dem Logo der Polizei auch im Netz, ohne Ton. Es sind apokalyptische Bilder geworden. An den Stahlverstrebungen verlassener Gewächshäuser hängen Fetzen alter Plastikplanen, sie flattern lose am Gestänge. Die Fetzen sehen aus wie Geister, jeder einzelne, ein Landstrich voller Geister. Tomaten sieht man keine.

Terror aus Box 65

Weiter landeinwärts liegt Vittoria, eine Stadt mit 65 000 Einwohnern. Hierhin kommt die Tomate aus Pachino als Erstes. Vittoria ist der Umschlagplatz für Gemüse und Früchte aus Sizilien, eine Drehscheibe. Der *ortomercato* von Vittoria, erbaut 1986, 246 000 Quadratmeter Geschäftsfläche, ist der größte seiner Art in Süditalien und der zweitgrößte im ganzen Land. Nur der in Mailand ist noch größer, dort kommen die Tomaten später auch noch vorbei.

Der Markt von Vittoria habe von Beginn weg unter der Kontrolle der Mafia gestanden, sagt Borrometi – »seit der Gründung«.[12] Da sie die ganze Produktions- und Transportkette vom Feld bis zum Markt beherrschte, hatte sie »zwangsläufig« auch hier das Sagen. Selbst der Polizeiposten im Innern des Marktes war unterwandert. Der sizilianische Schriftsteller, Regisseur und Zeitungsgründer Giuseppe Fava sagte einmal, in Vittoria verdiene ein Gemüsebauer mehr als ein Oberarzt oder ein Richter. Gemeint war nicht der Bauer an sich, sondern die, die mit dem Gemüse und den Früchten ihr Vermögen machen. Cosa Nostra tötete ihn mit fünf Schüssen in den Nacken, an einem Januarabend 1984 in Catania. Fava hatte sich gerade das Theaterstück angeschaut, in dem sein Enkel mitgespielt hatte. Seine Mörder warteten vor dem Theater.

Von Pachino nach Vittoria sind es 75 Kilometer. Das ist keine große Distanz, wenigstens theoretisch nicht. Doch in dieser Ecke Siziliens wurde das Autobahnnetz nie ausgebaut, das Lamento darüber ist chronisch, es tendiert langsam zur Resignation. Güterzüge fahren hier keine.

Der Transportweg führt über eine Straße zweiter Kategorie, die SS115. Die ist fast auf der ganzen Strecke zweispurig, eine für jede Fahrtrichtung. Eineinhalb Stunden braucht man dafür im Auto, ohne Verkehr. Die SS115 lässt keine Stadt aus auf dem Weg. Durch Ispica muss man quer hindurch. Ein Lastwagen, voll beladen mit den *pomodorini*, braucht zweieinhalb, vielleicht drei Stunden bis Vittoria.

Die Szenerie aber ist zauberhaft, rau und schön. Nach Ragusa kommen schroffe Hügel, dahinter erstrecken sich kilometerweit grüne Ebenen mit den typischen *muretti*. So nennt man die kleinen Trockenmauern aus Natursteinen, die ganz ohne Hilfe von Mörtel gebaut werden. Sie schützen das Land vor Wind und Wetter, sie teilen und begrenzen es. Und sie geben den satten Ebenen diese Struktur. Aus der Höhe betrachtet, sehen sie aus wie Reisfelder.

Dann kommt Vittoria, eine blasse Stadt, grau und staubig, hohe Arbeitslosigkeit, kaum Perspektiven. Tausende junge Einheimische zogen schon weg. Dafür ziehen Rumänen her, etwa gleich viele, um auf den Feldern und den Baustellen zu arbeiten. Am Stadteingang von Vittoria steht der Friedhof. Ein kleines Straßenschild an der Kreuzung nach dem Friedhof weist den Weg zum Grossistenmarkt. Die Wurzeln der alten Pinien am Rand der Zugangsstraße haben deren Belag aufgerissen. Die Bodenwellen auf der rechten Fahrbahn sind so hoch, dass alle nur auf der linken fahren, im Gegenverkehr. Auch die Lastwagen.

Auch Vittoria galt früher als *babba*, obschon: Es hieß, die Stadt sei etwas weniger verschlafen als Ragusa und Siracusa, die Provinzgrenze ist nicht weit weg. Der Kronzeuge Rosario Avila sagte in einem Prozess, die mächtigsten Familien in Vittoria, die der Stidda angehören, seien so stark, dass sie den *pizzo*, das Schutzgeld, gar nicht eintreiben müssten. Die Unternehmer würden sich ohne Aufforderung bei den Clans melden und nach dem Tarif fragen. So gefürchtet sind sie.

Der Begriff *pizzo* hat eine erstaunliche Geschichte, er stammt vom Sizilianischen *fari vagnari u pizzu*: den Schnabel netzen.[13] Einem Reisenden, der Durst litt, bot man ein Glas Wasser oder Wein an. Später wurde daraus eine kleine Gabe für einen Freund, der einem einen Gefallen tut. Heute sind der Spruch und seine Abkürzung eine Metapher dafür, wie die Mafia sich parasitär am Reichtum anderer labt. In Vittoria also brauchten die Clans der Stidda nicht einmal Gewalt anzudrohen, um sich den Schnabel zu netzen. Die Geber kamen von sich aus und ließen sich den Tarif mitteilen. Das hat nicht einmal Cosa Nostra geschafft.

Avila ist eine berühmte Person in der Stadt. Er sollte umgebracht werden, weil er sich in die Tochter aus einem rivalisierenden Clan verliebt hatte. Der Mord misslang. Die Tochter bezahlte mit Schlägen, ihre eigene Familie richtete sie so übel her, dass sie danach keine Zähne mehr hatte. Im Krankenhaus erzählte sie, sie sei gestürzt.

Die dunklen Geschäfte in Vittoria kreisten immer um den Markt da draußen, am Ende der aufgerissenen Straße, vorbei an verlassenen Unterständen und Treibhäusern mit zerfetzten Planen, im Stadtteil Fanello. Der Komplex ist umgeben von einem Stahlzaun, rundherum, zwei Meter hoch.

Großmärkte sind keine Publikumsmärkte, in den Hallen wird nicht um den einzelnen Kunden gebuhlt. Da kommen nur die Akteure zusammen, die dem Gemüse und den Früchten einen Preis geben und es dann weiterverladen für die Reise in alle Welt. Auch die Tomaten aus Pachino. Manchmal macht dieselbe Kiste Tomaten zunächst eine Reise von Vittoria nach Fondi, dem Großmarkt im Süden Roms, und kehrt dann wieder zurück nach Vittoria. Frischer werden die Tomaten auf der Reise natürlich nicht, doch ihr

Preis steigt mit jeder zusätzlichen Etappe weiter an. So verdienen mehr Leute daran.

Im Markt von Vittoria gibt es 70 sogenannte »Boxen«, durchnummeriert von 1 bis 70. Sie gleichen großen Garagen. Darin wird die Ware abgeladen und aufgetürmt, bevor sie umgeladen und fortgebracht wird. Jede Box gehört einer Firma. Theoretisch wenigstens. Die Ermittler fanden heraus, dass so viele Boxen in Wahrheit von der Mafia geführt wurden, dass sie 2018 gleich alle 70 beschlagnahmten und schlossen. Die Clans hatten sich auch mit den Polizisten abgesprochen. Die hätten eigentlich dafür sorgen sollen, dass genau das nicht passiert: dass keine Kartelle den Markt beherrschen, die den Preis der Tomaten bestimmen und die Herkunft des Gemüses und der Früchte fälschen.

Auch in diesem Fall kamen die ersten Hinweise von *La Spia*, dem Portal des Journalisten Paolo Borrometi. Box Nummer 59 und Box Nummer 65 erschienen ihm als besonders suspekt.

Die »59« war Rosario Dominante zugeordnet worden, dem Enkel eines berühmten Bosses. Hinter der »65« versteckte sich Venerando Lauretta, der Chef des gleichnamigen Clans, der schon mehrmals verurteilt worden war, unter anderem wegen Waffenhandels. Sein Name schien nicht direkt im Verzeichnis des Markts auf, dafür brauchte er Strohmänner, wie das andere auch taten. Auf Italienisch nennt man sie *prestanomi*, von *prestare*, leihen, und *nome*, Name. Strohmänner leihen ihre Namen aus. Ob sie nun wollen oder nicht. Die Mafia kann einen Strohmann auch zwingen, seinen Namen herzugeben. In den Verhandlungen vor Gericht kommen dann meistens die Namen der wahren Besitzer ans Licht.

Die Clans dominierten alles. Jeder Last- und Lieferwagen,

der den Markt verließ, bezahlte eine Steuer – nicht an den Staat, nicht an ein Konsortium, sondern an die Stidda. Das war schon immer so, auch in anderen Märkten in Italien, wo andere Clans regieren, nahm sich die Mafia stets ihren Teil.

Im 19. Jahrhundert und bis in die Fünfzigerjahre des 20. Jahrhunderts war die Landwirtschaft der größte Geschäftszweig im Land. Wer darin tätig war, hatte automatisch mit den Städten und den Märkten zu tun. Cosa Nostra fungierte seit ihren Anfängen als Mittlerin zwischen den Bauern und dem Markt. Großgrundbesitzer, sogenannte *latifondisti*, stellten Männer an, die ihre Bauern kontrollierten und drangsalierten und dann die Produkte gewinnbringend verkauften. Wenn nötig, sollte ein Kunde auch zu seinem Glück gezwungen werden. Sie waren also gleichzeitig *caporali* und Grossisten.

Aus dieser Funktion im Dienst der Elite entwickelte sich Siziliens Mafia. Die anderen großen italienischen Kartelle hingegen, die 'Ndrangheta und die Camorra, kamen aus dem Volk – von unten gewissermaßen.

An den Märkten aber waren sie alle interessiert. In vielen *mercati* im Land verlangte die Mafia früher auch eine Abgabe auf das Wiegen der Ware. Jede einzelne gewogene Ware kostete etwas, es waren kleine Beträge, 100 Lire zum Beispiel. Doch in der Summe zahlte sich das Prinzip aus.

Als dann in gewissen Regionen im Süden die Zeiten des Exports anbrachen und die Produkte auch ins restliche Inland und ins Ausland ausgeführt wurden, wurde aus dem lokalen ein nationales und internationales Geschäft. Das galt für Sizilien, Kalabrien, Kampanien und Apulien. In allen diesen Regionen entwickelte sich die Mafia in je unterschiedlicher Form. Während in der kleinen Region Basilicata, im Molise und in den Abruzzen, wo die Landwirtschaft fast ausschließlich dem Konsum der ansässigen Bevölkerung diente, keine Kartelle heranwuchsen. Die Verbindung zwischen Mafia und Landwirtschaft, sie existierte schon immer.

In Vittoria bestimmte die Mafia nicht nur den Preis des Gemüses, sie hatte auch ein Monopol auf alle Utensilien, die es für den Anbau, die Ernte und den Transport brauchte: auf das Plastik für die Treibhäuser, die roten und grünen Kisten für die Früchte und das Gemüse, das Verpackungsmaterial, die Holzpaletten für den Transport. Alles kam von der Mafia, Konkurrenten ließ sie nicht zu.

Zunächst beherrschte lange Zeit die Familie Consalvo das Geschäft, bis sie 2015 aufflog. Giacomo Consalvo, der Boss, rühmte sich immer, dass er Totò Riina, die »Bestie«, persönlich kannte. Das sollte wohl seinen Ruf festigen, sein Einschüchterungspotenzial. In einem abgehörten Gespräch sagte Consalvo: »Die Kisten bringe ich, nur ich, in Vittoria befehle ich.« Das Business war ihm so wichtig, dass er einem seiner Söhne, der sein eigenes Ding drehen wollte, mit dem Tod drohte. »Du kriegst eine Kugel in den Kopf«, sagte er zu ihm. Als Giacomo Consalvo festgenommen wurde, beschlagnahmte die Polizei Güter und Besitztümer im Wert von mehr als sieben Millionen Euro.

Nach Consalvo übernahm Giambattista »*Titta*« Ventura, der neue Boss von Vittoria. Die Venturas bewirtschafteten vor allem drei Geschäftsfelder: Drogen, Särge, Gemüse. Ihre Firma *Linea Pack* war schnell ohne Konkurrenz. Er war so mächtig, dass sich im Markt alle an ihn wandten, auch in privaten Angelegenheiten. »*Titta*« war der Vater von Maria Concetta, die sich in einen Rivalen verliebt hatte, den Kronzeugen Rosario Avila. Und der erzählte den Ermittlern auch, dass die Venturas fast den Kopf verloren hätten wegen der Artikel von Paolo Borrometi.

Für seine Drohgebärden benutzte »*Titta*« Facebook, auch das wäre bei der alten Cosa Nostra unvorstellbar gewesen. »Ich reiß' dir den Kopf ab«, schrieb er Borrometi in einem Post. »Von nun an bin ich dein schlimmster Albtraum, bis ins Jenseits verfolge ich dich. Wenn du willst, können wir uns auch auf der Polizeiwache treffen, den Kopf reiße ich dir auch dort ab. Du wirst nur kurz leben, du kleine Scheiße. Der Blitz Gottes soll dich treffen, lass mich in Ruhe, ich finde dich überall.« Ein anderes Mal, nachdem Borrometi einer nationalen Zeitung ein Interview gegeben hatte, in dem auch die Venturas vorkamen, postete »*Titta*«: »Ich vertraue auf Gott, ich bin mir sicher, dass dieser Borrometi eines Tages bezahlen wird für seine Missetaten. Gott ist groß!!!«

Im September 2017 nahmen Staatspolizei und Carabinieri in einer gemeinsamen Großoperation fünfzehn Mitglieder des Clans fest, unter anderem den Boss, Giambattista Ventura. Die Operation trug den Namen »*Survivors*«, Überlebende, weil nun auch die letzten Venturas, die noch frei gewesen waren, ins Gefängnis kamen. Die Polizei beschlagnahmte unter vielem anderen auch ein Treibhaus vor den Toren Vittorias, 20 000 Quadratmeter groß. Als die Leute abgeführt wurden, sagte einer von ihnen: »Borrometi wird büßen.«

Auch aus Box 65, dem Markstand von Venerando Lauretta, gab es explizite Drohungen, die zu den Akten gehören. »Dein Herz wird in der Pfanne braten«, ließ Lauretta ausrichten. »Ich werde es essen, hast du verstanden, du Bettnässer? Wo du dich auch versteckst, ich werde dich finden, obschon dein Leben nicht einmal die Fahrkarte für die Reise wert ist. Wie schade, dein Vater ist Anwalt, und du ein

Vollidiot. Scheißkopf. Du bist eine wandelnde Scheiße, aber nicht mehr lange, ich werde vor deiner Tür stehen. Ich muss lachen, wenn ich an den Tag denke, an dem du mir in die Hände gerätst, ich werde dir die Finger in die Augen stecken, bis du blind bist. Du hast einen sakrosankten Knopf gedrückt, nicht einmal Jesus Christus kann dich noch retten. Auch wenn sie mich festnehmen, ich werde jemanden schicken. Jetzt sorge ich dafür, dass dir die Lust am Leben vergeht. Es gibt nichts mehr zu überlegen, ich habe entschieden, ich setze meine Freiheit dafür aufs Spiel. Geh und zeig mich an, ich will den Preis bezahlen für das, was ich dir antun werde. Wie ein Mann. Bis bald. *Venerando*.«[14]

Babba war nur noch eine ferne Erinnerung, ein leises Echo. Der *ortomercato* von Vittoria wurde einem Sonderkommissar unterstellt, einem Überwacher vom Staat. Auch die Stadtverwaltung von Vittoria wurde *commissariata*, wie die Italiener sagen, wenn der Bürgermeister abgesetzt wird und ein Statthalter aus Rom den Platz übernimmt. Die lokale Politik steckte mit drin im Geschäft mit dem Gemüse. Alle Firmen, die davor eine Box im *ortomercato* besessen hatten, wurden rausgeworfen.

Es gab neue Ausschreibungen. Wer sauber war und das beweisen konnte, durfte sich für eine Box bewerben. Einen langen Katalog von Kriterien hatte die neue Verwaltung ausgearbeitet, das wichtigste war wieder mal: das Anti-Mafia-Zertifikat. Jede Verbindung zu den Clans sollte gekappt, alle schlechten Grashalme rausgezupft werden. So gut es eben geht. Es geht selten gut. »Der Sonderkommissar schaffte es, die Mafia im Markt fürs Erste etwas zu bremsen«, sagt Borrometi, »mehr nicht. Die ganze Kette der Lebensmittelproduktion bleibt unterwandert, der Markt ist nur ein Glied darin.«[15]

Der *mercato* von Vittoria ist ein trostloser Ort, die Kandelaber auf dem Parkplatz sind verrostet, überall liegt Abfall. Die Bar vor dem grünen Zugangstor ist noch immer dieselbe wie früher, ein junges Paar führt sie jetzt. Sie heißt *Bar Rizza*. Vor dem Eingang stehen ein paar rote Plastikstühle, die Sonne hat die Farbe verbrannt. In den Auslagen bei der Kasse gibt es nur zwei Artikel: Zigaretten und Lotteriescheine. *Gratta e vinci*, Kratze und gewinne. Hoch über der Theke hängt ein Schild, darauf steht: »Wenn du klaust, sieht dich Gott und du kommst in die Hölle. Wenn ich dich erwische, gehst du auch in die Hölle, doch davor machst du einen Umweg übers Krankenhaus.«

»Du bist tot«

Das rote Gold aus Pachino, die Korporäle auf den Feldern, die Mafia im Konsortium, die Mafia im Business mit den Plastikplanen für die Gewächshäuser, mit den Kisten für die Tomaten, der Verpackung, den Holzpaletten, die Mafia im Markt von Vittoria – diese Geschichten trugen Paolo Borrometi und seiner kleinen Internetzeitung *La Spia* nationale Berühmtheit ein. Die großen italienischen Blätter übernahmen seine Recherchen, das Fernsehen berichtete darüber. Plötzlich war die Agromafia greifbar, sie hatte ein Sakrileg begangen: Sie vergriff sich an den geliebten *pomodorini*, den Prinzessinnen der Tische.

Für Borrometi begann ein neues Leben. Die Polizei hatte so viele Todesdrohungen abgefangen, sie war schon so oft zu Tatorten gerufen worden, dass sie ihn aufforderte, die Insel zu verlassen und nach Rom zu ziehen, weil sie ihn da leichter schützen könne. Die ersten Drohungen hatte es 2012

gegeben, Borrometi war damals 29. Zunächst waren es Er-
mahnungen, anonyme Anrufe, etwa:»Kümmere dich um
deinen eigenen Scheiß.« Sie schickten ihm Pistolenkugeln in
Umschlägen, mit der Post zu ihm nach Hause.»Pass auf«,
ritzte einer auf die rechte Flanke seines Autos.

Als er trotzdem immer weiter publizierte, passten sie ihn
einmal im Landhaus der Familie ab. Borrometi war da, um
seinen Hund zu füttern, wie jeden Tag um 15 Uhr. Zwei ver-
mummte Männer warteten auf ihn. Einer sagte:»Du hast
dich nicht nur um deinen eigenen Scheiß gekümmert.«
Dann brachen sie ihm die Schulter, dreifach, und traten ihm
ins Gesicht, als er schon am Boden lag. 50 Sekunden lang,
vielleicht eine Minute. Borrometi nimmt bis heute Schmerz-
mittel, die Schulter ist nie wieder komplett verheilt.

Einige Wochen später verübten sie einen Brandanschlag
auf seine Wohnung, im siebten Stock eines Hochhauses in
Modica. Sie brauchten dafür so viel Brennflüssigkeit, dass
auch der achte und neunte Stock ausbrannten. Die Haustür
aber war brandfest. Unten, im Hauseingang, hatte jemand
an die Wand geschrieben:»Borrometi, du bist tot.«

Danach sagte ihm die Polizei:»Paolo, es geht nicht mehr,
du musst weg von hier, weg von Sizilien.«[16] Gefährdungs-
level 1, dafür sieht das italienische Innenministerium ein
Dispositiv mit fünf Carabinieri, zwei gepanzerten Autos
und einem ständigen Wachdienst vor der Haustüre vor. Sieben Männer sind dabei, wenn Borrometi zu öffentlichen
Veranstaltungen geht. Es ist immer dieselbe Szene. Ein Auto
fährt vor, das andere wartet an der Straßenecke. Die Männer
im ersten Wagen steigen aus und warten, bis der zweite
Wagen hält, dann schirmen sie den sizilianischen Reporter
beim Aussteigen ab, als wäre er ein Star aus Hollywood.

Jahrelang lebt er schon so. Interviews mit seinen Informanten führt er über Skype, nach Sizilien fährt er nur noch, wenn ihn ein Gericht zitiert. Will er mit Freunden essen gehen, dann muss er der Leibwache zwei Tage zuvor Bescheid sagen. Die geht voraus, durchsucht das Lokal, manchmal beschließt sie in letzter Minute einen Restaurantwechsel. Am Strand war er schon seit vielen Jahren nicht mehr, auch im Kino nicht. Und das alles wegen der *pomodorini*.

Paolo Borrometi hat ein Buch geschrieben, es ist eine Sammlung seiner Recherchen, mit Vor- und Nachnamen. Es ist gleichzeitig seine Autobiografie, sie trägt den Titel *Un morto ogni tanto*, »Ein Toter ab und zu«.[17] Der Titel nimmt das Zitat aus dem abgehörten Telefongespräch eines Bosses auf. Der fand, ein Toter ab und an diene der Sache, das schrecke ab.

Gemeint war Borrometi, wegen der Tomaten. Er hat die Agromafia gestört, die Mafia, die mit unseren Tellern spielt. Er schreibt:»Die Mafia ist auf dem Land geboren, und auf dem Land findet sie zurück zu ihrer Berufung.«

Im Reich der Viehdiebe

Die »*Mafia dei pascoli*«, Mafia der Weiden, ist dafür der beste Beleg, wobei es ihr nicht so sehr ums Weiden von Vieh und um die Bewirtschaftung der Erde geht, sondern ums Abgrasen gigantischer Summen von öffentlichen Zuschüssen für die Landwirtschaft. Und die kommen vor allem aus dem Topf der Europäischen Union.

Der Begriff »Mafia der Weiden« stammt aus der äußersten nordöstlichen Ecke Siziliens. Er ist keine offizielle Bezeichnung, eher eine journalistische Kreation, die sich langsam institutionalisierte. Ihr Sinn ergibt sich aus der fast unglaublichen Geschichte des *Parco Nazionale dei Nebrodi*, eines Nationalparks.

Er liegt im Hinterland von Messina, der Stadt an der Meerenge zwischen der Insel und der italienischen Halbinsel, dem Stretto di Messina. Von allen Städten Italiens ist Messina eine der trübsten und hässlichsten, und sie kann gar nicht so viel dafür. 1908 wurde sie fast ganz zerstört von einem schlimmen Erdbeben, zwischen 90 000 und 120 000 Menschen starben damals. Der Wiederaufbau war eine Jahrhundertanstrengung, es ging auch viel schief dabei. Noch heute leben Menschen in kleinen Häusern, die einmal als provisorische Unterbringungen gedacht waren.

Auch in Messina neigte man immer dazu, die Mafia zu unterschätzen. Sie hatte ein tolles Tummelfeld, einen Park von rarer und wilder Schönheit in den Bergen der Nebrodi. So heißt diese südliche Fortsetzung des Apennins, der Gebirgskette, die sich durch ganz Italien zieht – 1500 Kilometer lang, von Ligurien im Nordwesten bis nach Sizilien. Von den Anhöhen der Nebrodi sieht man die Äolischen Inseln Salina, Stromboli, Filicudi, Alicudi, Lipari, Vulcano, Panarea. Sie liegen im Tyrrhenischen Meer, scheinbar idyllisch. Dabei ist das keine friedliche Ecke. Im Bauch der Erde rumort und brodelt es ständig, da reiben sich tektonische Platten aneinander. Und das nährt die Vulkane in der Gegend. Auch den Ätna sieht man von den Nebrodi, und der sorgt immer wieder für Spektakel, mit Feuer und Rauch. Schön und gefährlich.

Mit einer Gesamtfläche von 87 000 Hektar ist der Naturpark der Nebrodi das größte Naturschutzgebiet der Insel, die Lunge Siziliens. Ein Paradies für Wanderer, mit Seen, Wasserfällen, wohlriechenden Wäldern und einer Vielfalt an

Pflanzen und Tieren. Die grüne Pistazie von Bronte zum Beispiel kommt von dort. Sie ist eine Köstlichkeit, sie war einst importiert worden aus den südöstlichen Gestaden des Mittelmeers, wahrscheinlich aus dem Libanon. Die Pistazie wird von Gütesiegeln geschützt und teuer gehandelt, in Sizilien machen sie daraus ein Pistazienpesto. Auch das *Nero siciliano* kommt von hier, besser bekannt unter dem Namen »Schwarzes Schwein aus den Nebrodi«. Es ist dem Wildschwein nicht unähnlich, seine Schlachtprodukte sind Delikatessen.

Die örtlichen Clans von Cosa Nostra nutzten den Park immer schon als Rückzugsgebiet, er bot unendlich viele Verstecke für Bosse auf der Flucht. Die 24 Gemeinden und ihre Behörden bekamen die Präsenz der Mafia stark zu spüren, die Furcht machte viele Menschen stumm.

Am meisten Angst vor den Clans haben die Bauern. Sie fürchten um ihre Tiere, die Pferde, die Lämmer, vor allem aber um die Kühe. Viehdiebstahl ist ein altes Mittel der Mafia, um weitläufige Landstriche zu kontrollieren und zu terrorisieren. In Sizilien allein, das von allen italienischen Regionen am stärksten betroffen ist von dem Phänomen, verschwinden jedes Jahr Zehntausende Tiere, scheinbar spurlos, im ganzen Land sind es etwa 150 000.[18] Die Familien Riina und Provenzano hatten ihre kriminellen Karrieren einst mit Viehdiebstahl begonnen.

Die Bauern wissen, wer ihnen die Tiere wegnimmt, doch nur wenige haben den Mut, die Diebe anzuzeigen. Wenn mal ein Polizeiauto auf dem Hof gestanden hat, sind sie für immer gezeichnet. Dann kommt noch mehr Vieh weg, dann brennt in der Nacht auch mal die Scheune ab. Die Mafia warnt ihre Opfer oft mit toten Tieren, mit abgetrennten Ziegenköpfen zum Beispiel, die sie ihnen nach Hause schickt.

Oder mit Katzenköpfen, Schweineköpfen, Vögeln ohne Kopf. Manchmal tötet sie auch Haustiere, um die Menschen in ihren innersten Affekten zu treffen, und um ihnen zu zeigen, dass sie schon ganz nahe sind – im Garten, zu allem fähig.

In den Nebrodi stiehlt die Mafia aber nicht nur, um die Bauern einzuschüchtern: Sie schlachtet die Tiere auch in ihren eigenen, klandestinen Schlachthöfen. Ohne jede Kontrolle. Weder schauen dort Veterinäre vorbei, noch werden die Normen für Hygiene und tiergerechte Schlachtung respektiert. Das italienische Fernsehen zeigte schon Bilder aus solchen *maccellerie clandestine*, es sind schreckliche Bilder aus Hinterhöfen und verlassenen Fabrikhallen. Man sieht darauf Felltürme, Blutlachen, haufenweise Kadaver – und das improvisierte Schlachtarsenal der Clans.

Cosa Nostra handelt mit dem Fleisch. Fleisch aus den Nebrodi ist gefragt, Bio im besten Sinn: Im Naturpark bewegen sich die Tiere so frei wie sonst kaum woanders, auf schier endlosen Weiden. Rosario Crocetta, ein früherer Gouverneur Siziliens, nannte das Geschäft mit den gestohlenen und illegal geschlachteten Tieren ein »Milliardenbusiness« von Cosa Nostra, dessen Herz in den Nebrodi schlage.

Interessant für das Geschäft waren nicht nur die gesunden Tiere der Bauern, sondern auch die kranken – die mit Tuberkulose oder Brucellose. Die waren sogar besonders interessant, weil der Staat die Betriebe für ihren Verlust mit hohen Prämien entschädigte. Natürlich sollten die Tiere dann jeweils unter Aufsicht geschlachtet werden, und zwar ganze Herden von ihnen, um die Ausbreitung von Krankheiten zu bremsen. Doch das passierte längst nicht immer. In manchen Fällen wurden die Prämien kassiert, die Tiere geschlachtet und das Fleisch auf den lokalen Markt gebracht. Die Mafia konnte auf Tierärzte zählen, die dafür die nötigen Dokumente fälschten.

Und so breiteten sich die Seuchen weiter aus, vor allem in den Nebrodi. 2014 entfielen 80 Prozent aller in Italien registrierten Fälle von Tuberkulose und Brucellose bei Rindern auf den Naturpark. Es gab auch Menschen, die sich infizierten. Wie viele es waren, wurde nie klar. Die Mafia importierte billige Pharmaka aus Osteuropa, von denen niemand genau zu wissen schien, wofür sie wirklich gut sind. Manche klangen nur ähnlich wie zugelassene Arzneimittel. Gouverneur Crocetta setzte eine Taskforce ein, die den Viehdieben und falschen Fleischern das Handwerk legen sollte. Man nannte sie bald »Team der Vegetarier«.

Grasen im Park

Das eigentliche Problem im Park aber war ein anderes, es handelte vom Betrug mit europäischen Fördergeldern im ganz großen Stil und das schon seit der Jahrhundertwende, ohne dass der italienische Staat zunächst im besonderen Maße reagiert hätte. Jedenfalls ließ er das Treiben lange Zeit geschehen. Bis 2013, damals erhielt der Nationalpark einen neuen Präsidenten. Die Aufgabe ist ein Nebenamt, schlecht bezahlt, man nimmt es aus Passion wahr.

Giuseppe Antoci, so hieß der neue Mann, war Filialleiter einer Regionalbank und hatte in dieser Funktion mit einem Mitglied der parlamentarischen Anti-Mafia-Kommission in Rom zu tun gehabt. Diesem Abgeordneten kam die Idee, ihn, einen Nichtpolitiker, für das Amt vorzuschlagen. Antoci sagt heute, er habe ja keine Ahnung gehabt, was ihn da erwartete: »Mir lag nur der Schutz der Natur am Herzen.«[19] Politisch wollte er auf jeden Fall unabhängig bleiben. Politik, das war nicht sein Ding.

Antoci war erst der zweite ordentliche Präsident des Parks seit dessen Gründung 1993. Sein Vorgänger war nach zehn Jahren durch einen Zwangsverwalter ersetzt worden, dann wechselten sich Kommissare in schneller Folge ab, bis Antoci nominiert wurde. Man sagte ihm:»Könnten sie den Park ein bisschen in Ordnung bringen?« Zumindest den Behörden war also bekannt, dass da etwas nicht stimmte.

Die »*Mafia dei pascoli*« hatte sich ein teuflisch geniales Business aufgebaut, eines mit 2000-prozentiger Gewinnmarge, an dem sie sich nicht einmal die Hände schmutzig machen musste, jedenfalls nicht so wie beim Drogenhandel und beim Eintreiben des Schutzgeldes.

Nach einigen Monaten hatte Antoci das System durchschaut, ein Polizist und ein Bürgermeister halfen ihm dabei. Es ging so: Alle großen Mafiafamilien Siziliens mieteten staatliches Pachtland im Park und kassierten dafür Subventionen aus dem Landwirtschaftsfonds der EU, ohne sich um das Land zu kümmern. Die Idee der Zuschüsse ist es, Bauern zu unterstützen, die in wirtschaftsschwachen oder schwer zugänglichen Gebieten arbeiten. Solche Bauern gibt es in den Nebrodi viele, sie erfüllen beide Kriterien: Die meisten sind arm, und sie arbeiten in den Bergen.

Doch die Mafia verdrängte und bedrohte sie, bis sie ganz still waren. Einmal hörten die Ermittler zu, wie ein Boss aus den Nebrodi seine Macht beschrieb:»Wir können denen da, den Dörflern, die Grundstücke wegnehmen, alles können wir ihnen wegnehmen, und sie müssen still sein. Denn wenn sie aufmucken, wenn sie sich uns in den Weg stellen, töten wir sie, alle, dann ist es vorbei – basta.«[20]

Wenn ein Bauer es dennoch wagte, sich gegen die Clans

zu wehren, stahl ihm die Mafia das Vieh oder die Ernte, zündete Ställe und Traktoren an. Und manchmal tötete die »Mafia der Weiden« auch. Es gibt in den Nebrodi eine lange Liste nie gelöster Mordfälle. Sie werden auch deshalb nie gelöst, weil niemand den Mut hat zu reden.

Auf dem Pachtland der Mafia weideten keine Tiere, es wurden darauf auch keine Bioprodukte hergestellt, welcher Art auch immer. Oft schauten die vermeintlichen Pächter nicht einmal vorbei, neue Jobs schufen sie auch nicht. Antoci rechnete vor, wie viel Geld die Mafia mit diesem System allein auf Sizilien über die Jahre verdient haben könnte – sauberes, öffentliches Geld, überwiesen aufs Bankkonto. Er kam auf drei Milliarden Euro in zehn Jahren, von 2007 bis 2017.

Ein Rechenbeispiel: Für 1000 Hektar Agrarland bezahlten die Pächter 36 400 Euro im Jahr, da war die Mehrwertsteuer schon inbegriffen. Für diese Fläche erhielten sie je nachdem, was sie vorgaukelten, mit dem Land zu machen, zwischen 700 000 und 1,3 Millionen Euro. Die Verträge hatten in der Regel eine Laufzeit von sechs bis neun Jahren. Es kam vor, dass die Mafia über ihre Anwälte und Notare Verträge fälschte. Da schienen auch Verstorbene als Pächter auf oder Bauern, die gezwungen worden waren, anstelle der Clans Verträge zu unterzeichnen, und dann doch nichts zu sagen hatten. Jeder wusste Bescheid, keiner redete. Manche, weil sie mitverdienten. Alle anderen, weil sie Angst hatten.

An den meisten Ausschreibungen nahm die Mafia aber direkt teil. Die Familien bewarben sich mit ihren eigenen Namen, damit auch allen möglichen Konkurrenten klar war, dass sie es gar nicht erst versuchen sollten. Damit sich alle fürchteten. Mit *pezzi da novanta* gingen sie ins Rennen, mit Schwergewichten also. Das Wort kommt ursprünglich aus dem Sizilianischen: *pezzu i nuvanta* nannte man früher Kanonenkugel mit 90-Millimeter-Kaliber.

Der Betrug war auch deshalb möglich, weil es im italienischen Reglement für solche öffentlichen Ausschreibungen einen durchlässigen Passus gab. Für Beträge unterhalb einer gewissen Schwelle brauchten die Bewerber kein Anti-Mafia-Zertifikat vom Präfekten vorzuweisen, dem Statthalter des italienischen Innenministers in den Provinzen. Diese Schwelle lag bei 150 000 Euro. Für alle Beträge unter 150 000 Euro reichte deshalb eine Selbstzertifizierung. Die Mafia konnte also von sich selbst behaupten, sie sei nicht die Mafia, und das Dokument war gültig und regelkonform. Sie nahm natürlich nur an Ausschreibungen teil, die unter 150 000 Euro lagen, also für Flächen von weniger als 4000 Hektar Land. Größere Stücke wurden ohnehin fast nie auf einmal vergeben.

Bei den Versteigerungen der Pachten meldete sich manchmal nur ein einziger Bieter. Weil das aber nach außen nicht wirklich glaubwürdig aussah, fingierten die Clans oftmals eine Konkurrenz, die pro forma mitbot. Der Ausgangspreis wurde dann minimal erhöht – es sollte schließlich nicht teurer werden. Einmal betrug das Plus einen Euro. Den Zuschlag erhielt immer die Mafia.

Drei Milliarden Euro also. Man teilte sich den Kuchen auf, alle aßen mit.

Gaetano Riina zum Beispiel, der Bruder von Totò Riina, erhielt Agrarsubventionen aus Brüssel. Für die Italiener war er ein Mafioso, in Europa aber sollte das niemand erfahren, er schrieb sich einfach selbst sauber. Salvatore Seminara, der mutmaßliche Boss von Cosa Nostra in der Provinz Enna, verdiente so Hunderttausende Euro. In mindestens einem Fall vertrat er die Interessen eines Toten, wenigstens auf dem Papier. Auch die Familien Pruiti und Catania, die den Santapaolas nahestehen, bewirtschafteten Ländereien, die sie mit Betrugsmethoden erworben hatten. In Belmonte Mezzagno, einer Gemeinde in der Provinz Palermo, ergaunerte sich ein Clan Geld aus Europa auf einem Stück Land, das der Staat bereits konfisziert hatte, weil man den früheren Besitzern Verbindungen zu Cosa Nostra nachgewiesen hatte.

In einem Fall schaffte es die Mafia auch, einen Fußballplatz als Agrarland zu deklarieren. Ein Teil des Flughafens von Trapani kam ebenfalls auf die Liste, auch dafür erhielt man Landwirtschaftszuschüsse. Und für eine Parzelle auf dem Luftwaffenstützpunkt der Nato in Niscemi: Die Grundstücke, auf denen die Radaranlagen für die Kontrolle des südlichen Mittelmeers stehen, waren als Weideland ausgewiesen. Auch dafür gab es Geld von der Europäischen Union.

Nun kann man sich natürlich fragen, warum die lokalen Behörden solchen Missbrauch nicht entdecken und bestrafen. Auf Sizilien stellt man sich solche Frage allerdings schon lange nicht mehr. Aus Brüssel gab es immer wieder Rügen. Italien wurde aufgefordert, besser zu überprüfen, wer da alles an den europäischen Tröpfen hänge. Viel passierte nicht. Am Ende braucht es immer den Mut Einzelner.

Nach einem Jahr im Amt schlug Antoci eine Revolution vor, nämlich die Einführung eines »Legalitätsprotokolls«. Der Name wurde schnell landesweit bekannt, da und dort nannte man es auch »*Protocollo Antoci*«. Ab sofort sollte in den schönen und trüb besetzten Nebrodi niemand mehr Land pachten dürfen und europäische Zuschüsse dafür erhalten, der es nicht ehrlich meint. Die wichtigste Neuerung war: »Schwelle Null Euro«. Jeder, der sich bewarb, sollte nun ein Zertifikat vom Präfekten präsentieren, der für seinen Leumund garantierte. Und zwar für jede Pacht, mochte diese auch noch so klein sein.

Das risikofreiste Business, das die Mafia jemals besaß, das bequemste auch, es geriet plötzlich in ernsthafte Gefahr.

Bei den ersten Ausschreibungen mit dem neuen Protokoll präsentierten sich Leute, für die der Präfekt von Messina nicht garantieren wollte. Antoci erhielt Einschüchterungen. »Wir werden dich schlachten«, stand in einem Brief. Der Staat reagierte schnell und stellte ihn unter Personenschutz, mit jeder Todesdrohung wurde der Schutz verstärkt. Antoci konnte sich nicht mehr frei bewegen, es ist das traurige Los der Rechtschaffenen. »Für das Amt erhielt ich 730 Euro im Monat, davon lebt man nicht«, sagt Antoci, er habe eine Frau und drei Töchter. Die Bank, bei der er eigentlich angestellt war, hatte Verständnis für seinen Nebenjob, sie gab ihm Freiheiten. Für 730 Euro riskierte er sogar sein Leben.

In der Nacht auf den 18. Mai 2016, um 2 Uhr früh, versuchte die Mafia, Giuseppe Antoci zu töten. Ihn und seine Leibwächter. Antoci nahm an einer Gemeindeversammlung in Cesarò teil, einem Bergdorf in den Nebrodi, 1150 Meter über dem Meeresspiegel. Viele Leute kamen, es ging um die Zukunft des Dorfes, um Bauprojekte. Auch viele Junge waren da. Es gab ein Podiumsgespräch, und da einige Teilnehmer verspätet waren, zog sich alles in die Länge. Danach gab es Pizza.

Antoci sprach noch eine Weile mit dem Bürgermeister von Cesarò, der war besorgt. Er fürchtete sich vor der Reaktion der Mafia, nachdem man ihr einige lukrative Pachtverträge in seiner Gemeinde weggenommen hatte. Antoci beruhigte ihn: »Mach dir keine Sorgen, warum sollten die etwas gegen dich haben?«, sagte er zu ihm. »Ihr Problem bin ich.«

Dann stieg er in den Wagen der Leibwache, mitten in der Nacht. Er setzte sich auf den Rücksitz und schlief sofort ein. Auf halbem Weg nach Hause, nach einer Kurve, musste der Fahrer stoppen, auf der Straße lagen große Steinquader. Sie versperrten die Durchfahrt. Ein Steinschlag?

Es fielen die ersten Schüsse aus dem Hinterhalt, sie weckten Antoci, es folgte eine lange Serie von Schüssen. Die Kugeln prallten ab am gepanzerten Wagen. Die Attentäter zielten auf die Pneus des Wagens, sie wussten, dass das Auto gepanzert war. Sie wollten es fahruntüchtig machen, um es mit Molotowcocktails in Brand zu stecken. Die Lage erschien ausweglos.

Doch dann, nur kurz nach den ersten Schüssen, kam ein zweites Auto zur gesperrten Stelle. Darin saßen der Polizeikommissar aus dem nahen Sant'Agata di Militello und einige seiner Leute, die an der Gemeindeversammlung in Cesarò ebenfalls teilgenommen hatten. Sie eröffneten das Feuer auf die Attentäter und schlugen sie so in die Flucht. Wie durch ein Wunder kam niemand zu Schaden.

Der Anschlag war ein Schock für Italien, er kam für viele überraschend, davor war es lange still gewesen. 24 Jahre nach den Morden an den Richtern Falcone und Borsellino hatte die Mafia erneut einen hohen Funktionär des Staates umbringen wollen, ausgerechnet den Präsidenten eines Nationalparks. Er war der »*Mafia dei pascoli*« zu gefährlich geworden, der Agromafia. Sie verlor ihr Land.

Antocis »Protokoll der Legalität« galt bald für ganz Sizilien. Und seit 2017, nach einer Abstimmung im römischen Parlament, gilt es auch im übrigen Italien. Für seinen Mut und sein Engagement erhielt Antoci viele Auszeichnungen, unter anderem den *Ordine al merito della Repubblica Italiana*, den Verdienstorden der italienischen Republik, so etwas wie ein Ritterschlag. Es ist eine der höchsten Auszeichnungen in Italien, verliehen wird sie vom Staatspräsidenten.

Doch solche Anerkennung hält selten lange an. Als auf Sizilien die Regionalverwaltung wechselte, war auch Antocis Mandat im Nationalpark schnell vorbei, sechs Monate vor dem ordentlichen Ende. »Ich habe aus den Medien von meiner Entlassung erfahren«, sagt Antoci.

Er kehrte wieder ganz zurück zu seinem alten Job bei der Bank, nur dass er jetzt keinen Schritt mehr alleine machen durfte. Vier Leibwächter begleiten ihn überall hin. Ein Jeep des Militärs steht Tag und Nacht vor dem Einfamilienhaus der Familie, zwei Soldaten schieben Wache. Viele Dinge, die früher zu seinem Alltag gehörten, musste er aufgeben: Er reitet nicht mehr, fährt nicht mehr Auto, mal schnell in die Pizzeria mit den Töchtern geht auch nicht mehr.

Schon kurz nach der Entlassung begann in einigen sizilianischen Medien das Gerede, Antoci habe vielleicht alles erfunden, auch das Attentat, zu viele Fragen seien offen. Es war wie bei Paolo Borrometi. In Sizilien nennt man die Taktik *mascariamento*, der Begriff kommt vom sizilianischen Verb *mascàriare*, es meint verleumden, nur viel kräftiger. Mit dem *mascariamento* sollen Gegner da getroffen werden, wo es sie besonders verletzt, sie sollen nicht mehr aufstehen können. Die Verleumdungsindustrie hat immer Konjunktur. Im Süden Italiens fällt es vielen schwer, Menschen zu glauben, die sich selbstlos Gefahren aussetzen. Ohne unmittelbar erkennbaren Nutzen, ohne Aussicht auf Geld und Privilegien.

Solche Geschichten hält man gemeinhin für unwahrscheinlich, wenigstens bis zum Gegenbeweis und bis die

Polizei dann doch zuschlägt. Im Januar 2020 wurden 94 Personen festgenommen, von denen man annimmt, dass sie Mitglieder der »Mafia der Weiden« sind. 151 Landwirtschaftsbetriebe beschlagnahmte der Staat, alle in den Nebrodi. Es ist die bisher größte Operation gegen die Clans, die sich an den Kassen der Europäischen Union mästen. Sie kam für viele überraschend.

In der Zwischenzeit ist der Polizeikommissar aus Sant'Agata di Militello, der Giuseppe Antoci und seinen Leibwächtern das Leben gerettet hatte, versetzt worden. Auch der Quästor aus Messina, ein enger Alliierter Antocis und zuständig für die Nebrodi, ist weg. Eine Wegbeförderung, ein Posten in Rom. Ewig hallt das Bonmot aus dem *Gattopardo* nach, dem Roman von Giuseppe Tomasi di Lampedusa über sein Sizilien: »Wenn wir wollen, dass alles bleibt, wie es ist, dann ist es nötig, dass sich alles verändert.« Immer und immer wieder.

Olivenöl vom »Dünnen«

Auch die sizilianische Mafia hat sich verändert, um sich selbst treu zu bleiben. Das Herrschaftsende der Corleonesi bedeutete nicht das Ende von Cosa Nostra, das Machtzentrum verschob sich nur etwas weiter nach Südwesten. Nach Castelvetrano, 31 000 Einwohner. Das wenigstens ist die wahrscheinlichste These. Der Rest ist ein Rätsel.

Man weiß nicht einmal, ob Matteo Messina Denaro aus Castelvetrano, den man nun für den mächtigsten Boss von Cosa Nostra hält, noch lebt. Aber das macht ihn erst richtig interessant. Leben und Tod, die ganz großen Kategorien der Existenz, sind in Sizilien nicht gleich definiert wie anderswo.

Im Jargon der Mafia unterscheiden sie zwischen Toten und toten Toten. Auch wer keine Rolle mehr spielt, ist tot. Ein entmachteter Boss zum Beispiel, einer ohne Gefolgschaft. Tot im herkömmlichen Sinn sind nur die *morti morti*, die toten Toten. Bei Messina Denaro, geboren 1962, den sie auch »*U siccu*« nennen, den Dünnen, ist offenbar die ganze Palette zwischen prallem Leben und totem Tod möglich.

Niemand will ihn gesehen haben in den vergangenen zehn, zwanzig Jahren, obschon er über die Jahre hinweg fast alles zu beherrschen schien, die ganze Wirtschaft der Region: Supermärkte, Hotels, Restaurants, Bars, Zementfabriken – viel Agrarland auch, auf dem er Olivenbäume pflanzen ließ für sein eigenes, hoch gelobtes Olivenöl. Allein mit dem Olivenöl soll er jedes Jahr Dutzende Millionen Euro verdient haben. Käse machte er offenbar auch.

Insgesamt 200 Carabinieri und Polizisten suchen dauerhaft nach MMD. Das ist das Akronym seines Namens, eine Marke. Das FBI hält ihn für den gefährlichsten Kriminellen nach dem mexikanischen Drogenboss Joaquín »*El Chapo*« Guzmán. Doch in der sizilianischen Deutung zählt Guzmán nicht mehr, den haben sie gefasst, er sitzt im Gefängnis. In Palermo würden sie sagen: »*El Chapo*« ist tot. Immer, wenn in Sizilien eine Bande auffliegt, von der es heißt, sie habe die *cupola* neu besetzt, erinnern sich die Italiener an Matteo Messina Denaro. Gemessen an der Größe von MMD wirken alle anderen wie kleine Fische.

Doch wo versteckt sich Messina Denaro? Vielleicht ist er nie weggegangen aus Castelvetrano. Vielleicht wird er da von den Seinen wie ein Robin Hood verehrt, geschützt von einem Netz von Komplizen, von Unternehmern und Politikern, womöglich von Teilen des italienischen Geheimdienstes. Auch diese These gibt es. Besitzt er etwa Beweise für unsägliche Geheimnisse, über Verhandlungen zwischen Staat und Mafia zum Beispiel, die ihn unangreifbar machen?[21]

Matteo kam als Sohn eines Bosses zur Welt. Francesco Messina Denaro, den sie »Don Ciccio« riefen, war eng verbunden mit der mächtigsten Familie der Stadt, den D'Alìs von der Privatbank *Banca Sicula*, die ihm Ländereien schenkte und alle Türen öffnete. Der Vater brachte seinem Lieblingssohn das Business bei: Erpressung, Unterwanderung der Gemeindepolitik, das Morden, den Drogenhandel. Auch der Vater galt jahrzehntelang als flüchtig. »Don Ciccio« starb an einem Herzinfarkt, in seinem Bett in Castelvetrano. Seine Frau ließ den Leichnam vor die Tore der Stadt bringen. Sie legten ihn unter einen Olivenbaum, bedeckten ihn mit einer teuren Decke aus seltenem, schwarzem Schafsfell, unten schauten die polierten Schuhe heraus. In beiden Sakkotaschen trug der Tote Heiligenfigürchen, der Bischof aus Palermo schickte einen Priester für das letzte Geleit.

Das war 1998, der geliebte Sohn war nicht dabei. Matteo Messina Denaro war 1993 untergetaucht, als die Ermittler einen Haftbefehl gegen ihn ausstellten, zunächst wegen vierfachen Mordes. An allen großen Attentaten jener Zeit soll er beteiligt gewesen sein, auch an den Anschlägen auf Falcone und Borsellino. Er soll einmal gesagt haben:»Mit all den Leuten, die ich getötet habe, könnte man einen ganzen Friedhof füllen.«[22]

Messina Denaro hatte sich mit den Corleonesi verbündet. Mit Totò Riina und Bernardo Provenzano, den beiden Bauern. Solange die herrschten, war der glamouröse »Dünne« aber nur eine Zusatznummer von Cosa Nostra. Als sie Provenzano fassten, fanden sie in dessen Versteck *pizzini* von Messina Denaro. MMD zeichnete als »Alessio«. Bis heute ist unklar, warum Provenzano die Zettelchen aufbewahrte, wo er doch allen drohte, die die *pizzini* nicht zerstörten. Messina Denaro entwickelte die Methode weiter, verlängerte die Kette der Überbringer, verfeinerte die Codes auf den Zetteln. Die Polizei filmte einmal zwei ältere Herren, die einen mit Klebeband eingewickelten *pizzino* für Messina Denaro unter einen Felsen auf dem Land legten. Rundherum stand hohes, sonnengetrocknetes Gras. Vielleicht war das nur die erste Etappe einer langen Reise. Doch näher kamen sie Messina Denaro bisher nie.

Auf zehn Milliarden Euro wurde sein Vermögen einmal geschätzt, und da war der Gewinn aus dem Drogenhandel gar nicht eingerechnet. Zehn Milliarden, damit wäre MMD einer der reichsten Italiener überhaupt. Er ließ kein Geschäft aus, alle wurden sie geführt von Strohmännern und *fedelissimi*, den Getreusten.

Einer von ihnen war Pino Grigoli, der es auf scheinbar wundersame Weise zum »König der Supermärkte« brachte. So nannte man ihn. Grigoli führte in den Sechziger- und Siebzigerjahren einen kleinen Lebensmittelladen in Castelvetrano, der gab nicht viel her. Umgerechnet weniger als 2000 Euro im Jahr wies er beim Finanzamt jeweils aus. 1974 brannte sein Laden aus, und Grigoli beschloss, sich der Cosa Nostra anzuschließen. Er sollte ein enger Vertrauter von Messina Denaro werden. So eng, dass der Boss seine Schwester als Patin schickte, als Grigolis Tochter getauft wurde.

Als die Maskerade aufflog, liefen 43 Supermärkte der Marke *Despar* in den Provinzen Trapani und Agrigento sowie 40 Verteilzentren für Lebensmittel auf den Namen von Grigoli. Dazu zwölf Firmen, 220 Villen und 60 Hektar Land. Der Staat konfiszierte alles, der Gegenwert wurde auf eine Milliarde Euro geschätzt.

Auch der internationale Kunsthändler Gianfranco Becchina galt als *fedelissimo* von MMD. Zwei Kronzeugen von Cosa Nostra belasteten ihn schwer, einer von ihnen war Pino Grigoli. Becchina war in den Siebzigerjahren von Castelvetrano in die Schweiz ausgewandert, nach Basel, arbeitete dort in einem Hotel und eröffnete später eine Kunstgalerie. Er handelte auch mit archäologischen Fundstücken.

20 Jahre blieb er in der Schweiz, dann zog er zurück in die Heimat und erkundete auch andere Geschäftsfelder, wurde Bauunternehmer, kaufte Ländereien und machte Olivenöl. Das ging alles so schnell, dass sich schon bald Gerüchte breitmachten. Sein *olio verde*, ein Öl von Oliven aus der Valle del Belice, erhielt das Gütesiegel DOP, die höchstmögliche Garantie. Das Kürzel steht für *Denominazione di origine protetta*, auf Deutsch: geschützte Ursprungsbezeichnung. Vergeben wird es von der Europäischen Union. Becchina rühmte sich einmal, dass sein Öl auch im Weißen Haus konsumiert werde.

Für die ermittelnde Staatsanwaltschaft war der Fall zunächst klar, die Aussagen Grigolis waren detailliert. Becchina soll einen Teil der Einnahmen, die er aus seinen vielen Geschäften machte, dem »König der Supermärkte« übergeben haben, der sie dann weiterreichte an den Schwager von Messina Denaro. 2017 beschlagnahmte der Staat alle Besitztümer Becchinas, auch die Olivenhaine, die Presse und das Öl. Für den Vorwurf Grigolis, Becchina sei ein Mitglied der Mafia, fanden die Ermittler allerdings keine Beweise.

Beim Olivenöl von *Fontane d'oro* in Campobello di Mazara waren sie sich aber ganz sicher. Die Firma war unter den Namen von zwei Brüdern eingetragen, hinter denen sich Francesco Luppino versteckte, ein Vertrauter des Bosses. Luppino saß zwar im Gefängnis, führte die Geschäfte aber über seine Frau, die ihn besuchte und seine Anweisungen weitergab an die Strohmänner. *Fontane d'oro*, auf Deutsch:

Goldbrunnen, wurde geschlossen. Die Firma hatte jedes Jahr mehrere Millionen Euro Gewinn gemacht.

Dem Staat gelang also eine ganze Reihe von Schlägen gegen das Imperium des »Unsichtbaren«. *L'invisibile* lautet auch der Titel eines Buches über Messina Denaro, geschrieben von einem sizilianischen Journalisten, der sich direkt an den Boss wendet, als schriebe er ihm einen offenen Brief. Das Buch ist zur anerkannten Referenz geworden.[23] Doch obschon es Kronzeugen gibt aus der direkten Entourage von Messina Denaro und obschon keine andere italienische Stadt eine ähnlich große Polizeidichte aufweist wie Castelvetrano: MMD bleibt ein Enigma, ein Phantom.

Teresa Principato, die frühere Staatsanwältin von Palermo, verbrachte acht Jahre ihres Lebens mit der Jagd nach dem Superboss, bevor sie nach Rom abberufen wurde. Sie war es, die Cousins, Onkel, Neffen und Geschäftspartner verhaften ließ. Bei jeder neuen Festnahme in seiner Entourage schreiben die Zeitungen: »Die Schlinge zieht sich zu.« Bald sei er geliefert. Seit Jahren heißt es das.

Eigentlich schon seit 25 Jahren, einem Vierteljahrhundert. Auch der Bruder Messina Denaros, früher Angestellter in der Bank der D'Alìs, sitzt in einem Hochsicherheitsgefängnis. Verbrannte Erde, so wurde Principatos Strategie genannt. Sie führte zu keinen nennenswerten Ergebnissen.

Im Milieu fragte man sich, warum sich der Boss das gefallen ließ, ohne zu reagieren. Aber vielleicht ist auch das Teil des Plans. Die neue Mafia tötet so selten wie möglich, damit der Staat die oberste Führungsetage in Ruhe lässt und damit sie sich in der legalen Wirtschaft breitmachen kann, mehr und mehr. Principato sagte einmal: »Messina Denaro genießt Schutz von allerhöchster Stelle. Er bewegt sich, wie er will, er kommt und geht.« Vermeintlich spurlos.

Und er verdient sein Geld auch mit Olivenöl. Das passt in die Geschichte. Cosa Nostra kommt eben vom Land, und auf dem Land findet sie zurück zu ihrem Ursprung. Auf den Tomatenfeldern von Pachino, auf den Gemüsemärkten, in den Orangenhainen, auf den Weiden der Nebrodi. Es gab auch schon Spekulationen, Matteo Messina Denaro habe sich ein neues Gesicht auf den Kopf transplantieren lassen. Aber ob das wahr ist?

2 – Kalabrien: Im Schatten des rauen Bergs

*»Die Welt ist zweigeteilt: Es gibt Kalabrien und das,
was noch Kalabrien werden wird.«*
Ein alter Boss der 'Ndrangheta zu einem jungen

»Oro verde«, grünes Gold

Ohne gutes Olivenöl, nach mechanischem Verfahren und
ohne Wärmeeinwirkung gewonnen, gibt es keine mediter-
rane Küche. Es ist die Butter des südlichen Mittelmeers. Nur
gesünder und leichter. Überall wird es dazugegeben: auf
gegrilltes Gemüse, in die Pastasaucen, auf den Fisch, auf die
Bistecca alla fiorentina, auf den Salat, auf das nackte Brot. Es
ist reich an Wirkstoffen. Es soll gut sein fürs Herz, für die
Leber, den Magen, jedoch nur, wenn es natürlich gewonnen
ist, wenn die Früchte von Hand geerntet werden, wenn sie
filtriert und kalt gepresst werden, bei nicht mehr als 25 Grad,
und das Öl dann dekantiert wird. Der Säuregehalt: nicht
mehr als 0,8 Gramm pro 100 Gramm.

So soll es sogar das Leben verlängern. Flüssiges, ge-
schmeidiges Elixier aus dem Süden. Beim ewigen Versuch,
dem Mittelmeerraum eine gemeinsame Kulturerzählung
angedeihen zu lassen, landet man immer beim Olivenbaum,
bei der Olive und ihrem Öl, diesem Lebenssaft der Region.

Und darum scheint es nur richtig, dass Olivenöl erster
Güte auch mal so viel kostet wie eine sehr gute Flasche

Wein. Steht ein Liter hingegen für weniger als sieben Euro im Supermarkt, kann es sich kaum um »Natives Olivenöl Extra« aus Italien handeln. Sieben Euro würden nur die Kosten decken, die allein bei der Produktion anfallen. Damit der ehrliche Hersteller auch noch etwas verdient, so lautet die Faustregel, muss der Liter im Laden mindestens zehn bis fünfzehn Euro kosten. Zumindest bei den kleineren Produzenten ist es so. Größere machen es mit der Masse. Hohe Preise sind an sich natürlich keine Garantie für Güte, sonst würden einfach alle ihre Preise anheben. Umgekehrt aber gilt: Kostet ein Olivenöl nur ein paar Euro, ist es kein »*Extra Vergine*«.

Mit ungefähr 300 000 Tonnen im Jahr, je nach Ernte, ist Italien einer der Marktführer. Ein Drittel der Produktion geht ins Ausland, der Rest reicht nicht einmal für den Binnenbedarf. Jeder Italiener konsumiert im Durchschnitt jährlich zwölf Liter Olivenöl, bei einer Bevölkerung von 60 Millionen macht das einen Verbrauch von 720 000 Tonnen. Oder andersherum: Mehr als zwei Drittel des Olivenöls, das in Italien verzehrt wird, kommt aus dem Ausland. Zum Beispiel aus Spanien, dem größten Exporteur weltweit. Bei Deutschen liegt der Verbrauch bei einem Liter im Jahr.

Italien zählt fünf exzellente Regionen für Olivenöle, jede einzelne kennt wiederum eigene Varietäten, mit eigenem Charakter und einer begeisterten Anhängerschaft. Das apulische Öl erkennt man an seiner herben Note, es macht etwa die Hälfte der nationalen Produktion aus. Das ligurische ist eher mild und fein, das toskanische intensiv und fruchtig, das umbrische rund und nussig, das sizilianische sonnig und frisch.

Das kalabrische Olivenöl hingegen scheint selten ganz oben auf den Ranglisten der Besten auf. Der Baumbestand in der Region an der Stiefelspitze ist riesig. Zum Teil wachsen sich die Haine zu Wäldern aus, ziemlich wild. Die Früchte fallen überreif zu Boden, werden oftmals erst eingesammelt, wenn sie schon verdorben sind, und dann zu Lampantöl verarbeitet, die niedrigste Güteklasse des Olivenöls. Es riecht ranzig, unbehandelt ist sein Säuregehalt viel zu hoch für den Verzehr. Der Begriff Lampantöl spricht für sich, früher goss man es in die Öllampen, die das Licht in die Städte von ganz Europa brachten.

Einer unwissenden Kientel kann man aber auch Minderwertiges verkaufen, als wäre es das Versprechen auf ein mediterranes Erlebnis, auf eine seidig träufelnde Freude zu Tisch. Etwa einer amerikanischen Kundschaft. Und das war eines der Geschäftsmodelle der Piromallis, eines kalabrischen Clans von ehemaligen Olivenpflückern aus Gioia Tauro, der die Entwicklung der früher besonders archaischen Mafia Kalabriens zu einer neuen, modernen, globalen Organisation prägt wie wenige. Aber zunächst geht es nun auf einen Berg.

Der Aspromonte

Kalabrien ist keine wirtliche Region, keine dieser sanften Gegenden, die einen in den Arm nehmen und herzen. Sie sei ungastlich, schrieb schon Corrado Alvaro (1895–1956), sie zwinge ihre Kinder in die Emigration. In die Flucht, so nannte es der Schriftsteller. Und selbst die, die ihre Heimat nicht verlassen, seien auf der Flucht, auf einer inneren Flucht. Alvaro war Kalabreser.

Kalabrien ist eine der ärmsten Regionen Europas. Die Arbeitslosigkeit ist hoch, Industrie gibt es fast keine, und schlecht angebunden sind ihre Städte auch. Kalabrien gehört zu Italien, aber oftmals fühlt es sich so an, als sei die Region abgekoppelt vom Rest des Landes. Die Unwirtlichkeit an der Stiefelspitze hat zunächst vor allem mit den geografischen Gegebenheiten zu tun, mit dem rauen Berg, der schwer und mächtig auf ihr liegt und genau so heißt: Aspromonte, von *aspro* und *monte*, rauer Berg eben.

Vom Deck der Fähren, die die Menschen und die Lastwagen mit den Tomaten aus Pachino über die Meerenge von Messina bringt, im 40-Minuten-Takt hin und her zwischen Sizilien und dem italienischen Festland, wirkt der Berg wie ein gigantischer Felsblock, der aus dem Himmel gefallen ist und nun alles verstellt. Oft ist er vom Nebel eingehüllt, das lässt ihn noch wuchtiger erscheinen. Dramatisch, dunkel.

Links führt die Autobahn vorbei, die A2, die *Autostrada del Mediterraneo*, die hier alle immer noch A3 nennen. Nach dem Hafen von Villa San Giovanni steigt sie sofort steil an und gräbt sich in diese massive Felswand, mit einer fast unendlichen Serie von Tunnels und Brücken.

Man muss diesen Berg einmal gesehen haben, um ein Gefühl für Kalabrien zu bekommen. Und für die Kalabresen.

Der Aspromonte bedeckt einen großen Teil der Region. Er bestimmt und besetzt das Denken der Menschen viel mehr als die zwei Meere, die Kalabrien umspielen, das Ionische und das Tyrrhenische. Dafür reicht ein Blick auf die Speisekarte: In Reggio Calabria etwa isst man viel Schwein und fast keinen Fisch, dabei liegt die Stadt am Wasser.

Die Rauheit der Berge mit ihren Riten, ihren Legenden und Hirten und das offene Meer zur Welt und zur fremden Moderne – in diesem Spannungsfeld ist eine mächtige und mysteriöse Mafia gewachsen. Eine Organisation mit 60 000 Mitgliedern, verteilt auf dreißig Länder und fünf

Kontinente. Mit einem Jahresumsatz von rund 55 Milliarden Euro, das ist mehr als McDonalds und Deutsche Bank zusammen erwirtschaften. 3,5 Prozent des italienischen Bruttoinlandprodukts.[1] Ihr Geld macht sie mit Geschäften in allen möglichen Bereichen, mit Drogen- und Waffenhandel, mit Glücksspiel, Olivenöl, Orangen, Restaurants. Sie hat einen kuriosen Namen. Er beginnt mit drei Konsonanten, denen ein Apostroph vorgestellt ist: 'Ndrangheta. Oder klein: 'ndrangheta. Der Name ist ein Zungenbrecher, selbst für Italiener. Die Betonung liegt auf der ersten, krummen Silbe.

Wo er herkommt, ist nicht bekannt. Vielleicht kommt er vom Griechischen *andragatia*: Männlichkeit, Geradlinigkeit, Mut. Die Gegend gehörte mal zur Magna Graecia, den in Süditalien gegründeten Kolonien der antiken Griechen. In der Organisation selbst gebrauchen sie den Namen ohnehin nicht. Man hält sich für die *onorata società*, die ehrenwerte Gesellschaft. So ähnlich sehen sich auch Cosa Nostra und die neapolitanische Camorra. Ehre ist für sie keine moralische Kategorie, schon gar keine moderne. Sie beziehen den Wert aus dem mittelalterlichen Verständnis.

Antonino Calderone, ein Kronzeuge der sizilianischen Mafia, sagte es einmal so: »Wir sind Mafiosi, die anderen sind gewöhnliche Männer. Wir sind Ehrenmänner. Nicht weil wir einen Eid abgelegt haben, sondern weil wir die Elite der Kriminalität sind. Wir sind den normalen Verbrechern weit überlegen. Wir sind die schlimmsten von allen.« Und schlimm, so sollte man das verstehen, ist gut.

Glaubt man der Legende, der viele Mafiosi anhängen, dann haben drei spanische Ritter der geheimen Sekte Garduna im 14. Jahrhundert die dergestalt ehrenwerte Gesellschaft nach Italien gebracht: Osso, Mastrosso und Carcagnosso, so sollen sie geheißen haben. Sie waren aus dem heimatlichen Toledo geflohen, nachdem sie ihre Schwester gerächt, deren Ehre in Blut gewaschen hatten. Sie versteckten sich dann 28 Jahre, elf Monate und 29 Tage lang in Tuffhöhlen auf Favignana, einer Insel vor Sizilien. Bis sie, so der Mythos, den Schlüssel zu allen Mysterien gefunden hatten.

Osso setzte über nach Sizilien und gründete Cosa Nostra. Mastrosso reiste etwas weiter, zu den Abhängen des Aspromonte, und rief die 'Ndrangheta ins Leben. Und Carcagnosso ließ sich in Kampanien nieder und gründete die Camorra. Jedem jungen Mafioso gibt man diese Geschichte mit, die Ursprungssaga dient der Glorifizierung. Die Gesellschaft soll stärker sein als die leibliche Familie. Einer ihrer Eidesschwüre geht so: »Ich schwöre auf diesen Dolch der Verschwiegenheit, dessen Spitze im Blut badet, dass ich meinen Kameraden treu sein werde, dass ich Vater, Mutter, Schwestern und Brüder verleugne und alle meine Pflichten erfülle, wenn nötig, auch mit dem Blut.«

Wer in die 'Ndrangheta aufgenommen werden will, darf in der Familie niemanden haben, der mal betrogen wurde, nicht mal einen Onkel, eine Nichte. Gehörnte, *cornuti*, wären eine Schmach sondergleichen für die ganze *società*, was natürlich nicht heißt, dass sie frei davon ist. Mitglied wird man auf zwei Arten, beide hängen am Blut. Ist die Familie 'ndranghetista, zählt die Erblinie, die Blutlinie. Es geht aber auch ohne kriminelle Vergangenheit, allerdings ist dann ein Initiationsmord nötig, am besten an einem Boss. Je prominenter das Mordopfer, desto größer ist auch die Wahrscheinlichkeit, dass eine rivalisierende 'ndrina, wie die Clans genannt werden, ihre Arme öffnet. Entweder fließt das Blut in den Adern, oder es fließt aus Wunden.

Die Traditionen werden schon in Wiegenliedern weitergegeben, von den Müttern, sie sind die wahren Bewahrer.

Viele Kinder der 'Ndrangheta kommen als Halbwaisen zur Welt, ihre Väter sind tot oder sitzen mit langen Haftstrafen im Gefängnis. Eines dieser Wiegenlieder geht so: »Hör mir zu, geliebter Sohn, du bist als Sohn ohne Vater geboren, er wurde getötet, von Verrat und Schande.«[2] So bettet die 'Ndrangheta ihre Kleinsten, darin steckt der Keim der *vendetta*, der Blutrache.

Solche Geschichten voller Gewalt und verquerer Ehre haben das Narrativ über die kalabrische Mafia über die Jahrzehnte hinweg geprägt. In der Wahrnehmung der meisten Italiener war sie eine bizarre Bande knorriger Hirten von einem rauen Berg, die einen Dialekt sprachen, den sonst niemand verstand im Land. Mafia aus der Serie B, hieß es auch. Die Serie B ist Italiens zweite Fußballliga.

Die Geringschätzung gefiel der 'Ndrangheta gut, ihre Mitglieder mochten den prahlerischen Auftritt nie, nicht wie Neapels Camorristi. Es gab auch keine glamourösen Filme über sie, wie es sie über Siziliens Cosa Nostra und deren Ableger in Amerika gab. Möglichst wenig Aufmerksamkeit erregen, das war immer eines der Gesetze der 'Ndrangheta, es passte auch gut zur Mentalität ihrer Mitglieder. So wuchs sie lange Zeit unbeachtet, bis in die Siebzigerjahre. Sie war schon längst Serie A, eigentlich schon ganz oben in der Champions League, als sie noch als Folklore aus dem Aspromonte belächelt wurde.

Auf der großen, auch internationalen Bildfläche erschien sie zum ersten Mal nach einem blutigen Vorfall in einer Sommernacht im Jahr 2007 vor der Pizzeria *Da Bruno* in Duisburg, weit weg von Kalabrien. Sechs junge Kalabresen wurden ermordet, regelrecht hingerichtet. In Italien spricht man seither vom Massaker von Duisburg: »*La strage di Duisburg*«. Davon wird noch die Rede sein müssen. Damals kippte die Wahrnehmung, für immer. Nicht nur in Italien, auch im Ausland.

In der langen Geschichte italienischer Verbrechersyndikate war keines je globaler, als es das kalabrische heute ist. Und gleichzeitig so archaisch in seinen Ritualen.

In einem abgehörten Gespräch sagte ein Boss alter Schule zu einem Nachwuchsboss der 'Ndrangheta einmal: »Die Welt ist zweigeteilt: Es gibt Kalabrien und das, was noch Kalabrien werden wird.«[3] Kalabrien ist hier als Synonym von 'Ndrangheta gemeint. Die Aussage ist zu einem Bonmot geworden, tausend Mal wiederholt. In den italienischen Medien wird es immer dann bemüht, wenn wieder eine Razzia gelungen ist, ein kleiner Sieg über die scheinbar Unbesiegbaren.

80 Prozent des Kokains, das in Europa konsumiert wird, kommt von der 'Ndrangheta. Die Kalabresen sind die Grossisten, die Großhändler, die Broker. Sie importieren den Stoff direkt aus Südamerika, bringen ihn über italienische, holländische und belgische Häfen nach Berlin, Paris, Mailand, strecken ihn und verkaufen ihn dann weiter an die Dealer. Den letzten Akt in der Handelskette, den Verkauf an die Kunden, hat die 'Ndrangheta schon lange ausgelagert.

Offenbar kommt keine Mafia des Westens billiger an das Kokain als die 'Ndrangheta. 1000 Euro soll sie das Kilogramm beim Ankauf kosten, für die pure Ware. Aus dem einen Kilogramm lassen sich vier oder fünf machen, 20 Prozent Reinheit des Stoffs reicht nämlich aus, um ihn an den Mann bringen zu können. Der Verkauf bringt dann im Durchschnitt etwa 180 000 Euro.[4]

Kein Geschäft ist einträglicher als der Handel mit Koks, bei keinem ist der Multiplikationsfaktor höher. Die ganze Logistik hinter der Einfuhr und dem Vetrieb ist aber hoch kompliziert. Zuweilen führt er über Transitstationen im Westen Afrikas, jede Spur soll verwischen.

Einmal hörten italienische Ermittler mit, wie ein Groß-händler der 'Ndrangheta mit Bitcoins bezahlt werden wollte. Kryptowährungen gefallen der Mafia, man kann sie leicht online oder über befreundete Broker erwerben, anonym. Und sie lassen sich einfach in konventionelles Geld wech-seln, egal welcher Währung. Kontrollen sind schwierig. Die Clans fächern ihr Portfolio an Besitztümern und Investitio-nen möglichst breit. Mit Hilfe von Softwares verschleiern sie ihre Identität. Im Netz entstehe ein »virtuelles Finanz-paradies«, warnt Italiens nationale Anti-Mafia-Behörde. Eine Waschmaschine für schmutziges Geld, simpel zu be-dienen.

Die 'Ndrangheta war auch auf dem Gebiet der Krypto-währungen Avantgarde, wenigstens unter den Kartellen. So arbeitet man zwar auf eine ziemlich moderne Art und Weise. Doch ihre wichtigsten Sitzungen hält die kalabrische Mafia bis heute hier unten ab, in dieser armen, unwirtlichen Ge-gend entlang der Strada Statale 106.

San Luca und der Skorpion

Die Straße ist fast 500 Kilometer lang, sie führt von Reggio Calabria bis Taranto in Apulien. Nimmt man den Stiefel, zeichnet die SS106 exakt die Sohle nach. Man nennt sie auch »Jonica« oder »Todesstraße«, weil so oft darauf Menschen bei Autounfällen umkommen. Auf weiten Strecken ist Ge-genverkehr. Manchmal verengen sich die zwei Spuren noch zusätzlich: Die Brücken sind so schmal, dass ein Lastwagen nicht an einem Auto vorbeikommt. Es sind Fertigbrücken, alle gleich, als hätte der italienische Staat sie in einem Bauhaus im Dutzend gekauft. Die »*centosei*« ist eine Metapher für Kalabrien.

Nach 86 Kilometern kommt Bovalino, ein Badeort wie viele am südlichen Teil der Ionischen Küste. Im Sommer füllt sich Bovalino für kurze Zeit mit Touristen, der Strand ist schön. Wenn das Licht passt, leuchtet das Wasser wie in der Karibik. Kaum ist die Saison vorbei, versinkt Bovalino jedoch in trostloser Abgeschiedenheit. Die Bahnlinie trennt die kleine Stadt vom Strand, auch das ist hier überall so. In manchen Gemeinden gibt es nur eine oder zwei Unterführungen. Selbst an der Küste hat man nur widerwillig mit dem Meer zu tun.

Viele Strandgemeinden haben eine Schwester im Landesinnern. Die meisten von ihnen kleben an den Abhängen des Aspromonte, eigentlich sind sie die Muttergemeinden. Früher zog man sich jeweils dahin zurück, wenn Piraten an den Küsten anlandeten, von oben konnte man sich besser verteidigen. San Luca ist so eine Muttergemeinde, neun Kilometer im Landesinnern, zu erreichen über eine Provinzstraße voller Schlaglöcher, vorbei an halbfertigen, fahlen Häusern. Bei manchen fehlt nur noch der Anstrich, bei anderen stechen Stahlstäbe in den Himmel, an denen der Beton der oberen Stockwerke befestigt werden sollte. Sie sind schon lange verrostet.

Am Eingang des Orts steht ein Schild, darauf steht: »*Benvenuti a San Luca, Comune d'Europa*«. Gemeinde Europas. Als müsste das speziell hervorgehoben werden.

San Luca ist so etwas wie das Hauptquartier der 'Ndrangheta, deren ideelle Hauptstadt, obschon sie nur 4000 Einwohner zählt. Ein Dorf, nicht mehr, an den rauen Berg gebaut, fahlgrau und matt, durchzogen von einer *fiumara*,

wie man die für Süditalien typischen Flüsse mit ihren weiten, wilden Betten nennt. Im Sommer sind sie ausgetrock-
net, in den regnerischen Jahreszeiten aber verwandeln sie
sich in reißende Flüsse, die alles mit Wucht in die Tiefe zerren: Erde, Steine, Bäume. Die *fiumara* in San Luca heißt
Bonamica, gute Freundin. Aber das ist ein Widerspruch in
sich: Gute Freundinnen sind die *fiumare* nirgends, sie lassen es nicht zu, dass sich Agrarland nachhaltig entwickeln
kann.

Zu Fuß ist San Luca ein Albtraum. Das Gefälle vom Dorfeingang bis hinauf zum Hauptplatz mit dem Rathaus, einer
Eiche und einigen Palmen, ist so groß, dass hier außer den
Kindern alle kurze Distanzen mit dem Auto zurücklegen.
Oder mit dem Motorrad, ohne Helm. In italienischen Gegenden mit starker Mafiapräsenz fahren viele ohne Helm.
Das hat nur unwesentlich damit zu tun, dass man sich in
diesen Orten weniger um die Verkehrsregeln schert: Man
will vor allem nicht verwechselt werden, das kann lebens-
rettend sein.

Die Hauptstraße heißt Corso Corrado Alvaro. Der Schriftsteller war ein Sohn San Lucas, der berühmteste von allen,
sieht man von den berüchtigten ab. Der Vater von Alvaro
arbeitete als Lehrer in San Luca. Bekannt wurde er, weil er
die Schüler ständig durchfallen ließ. Nicht etwa, weil sie
dumm gewesen wären oder er besonders streng. Sondern
weil er verhindern wollte, dass sie früh schon in den Fängen
der Kinderarbeit landen.

Sehenswürdig ist in San Luca nichts, keine Kirche, kein
Monument. Straßenschilder gibt es nur wenige, die Straßen-
namen sind mit Farbe an die Hauswände geschrieben,
manchmal auch von Hand hingemalt. Geschäfte und Lokale?
Eine Konditorei, *Dolci Sapori*, liegt in einer Kurve. Die Pizze-

ria *Il Mulino*. Ein Minimarket, ein Tabakladen mit Lotto-annahmestelle, eine Bar. Auch hier sind viele Häuser unfertig, manchen sieht man an, dass schon seit vielen Jahren nicht mehr an ihnen gebaut wurde. Bei anderen stehen Marmorsäulen neben der Eingangstür, sie sollen antik wirken. Die Wache der Carabinieri ist bewehrt mit einem hohen Stahlzaun, sie wirkt wie eine Festung, als müsste sie sich nach außen schützen. Das modernste Gebäude im Dorf ist das Besucherzentrum für den *Parco Nazionale*, den Nationalpark des Aspromonte.

Wenn man von oben, vom Friedhof, auf den Ort hinunterschaut, erkennt man eine spezielle Form mit klaren Konturen: einen Skorpion. Man findet ihn auch auf Amuletten an Halsketten, als Tattoo an Schultern, manchmal auch auf der Hand, zwischen dem Daumen und dem Zeigefinger, vor allem bei Männern. San Luca ist angelegt wie dieses Spinnentier. Keine Bauerweiterung hat die Form verändert, höchstens hat sie den Schwanz etwas verlängert. Der giftige Skorpion, er ist ein Bekenntnis.

Am Rand von San Luca steht ein großer Bau, der nicht so recht in die Szenerie passt. Ein massives, verwildertes Wohnhaus mit mehreren Stockwerken. Es ist viel größer als alle anderen Häuser des Orts, völlig disproportional. Als die Polizei es im Sommer 2009 stürmte, fuhr sie mit Baggern vor. Diese rissen die doppelten Böden im Erdgeschoss auf, gruben sich in die Tiefe und hoben dort geheime Räume aus. Über dem Haus kreiste unterdessen ein Hubschrauber, niemand sollte der Polizei entkommen.

Als Antonio Pelle alias »*Ntoni Gambazza*«, Hinkebein, dort lebte, wurden in einem der Räume, der hinter tönernen Weinregalen versteckt war, jeweils die Rollen in der Organisation vergeben. Es wurden da auch neue Mitglieder getauft. Auf einem Tisch standen Statuen von Madonnen, Padre Pio war dabei, und Bildchen von Heiligen. Religiöse Symbole sind wichtige Komponenten für die Riten der 'Ndrangheta.

Wie McDonalds

Antonio Pelle, das Oberhaupt der gleichnamigen 'ndrina, war so etwas wie der Patriarch von San Luca, wobei: Man nannte ihn »*la Mamma*«. Falsch wäre auch der Eindruck, dass die 'Ndrangheta einen Superboss hat wie die Cosa Nostra, einen Boss der Bosse, einen *capo dei capi*, der über allem schwebt. Die kalabrische Mafia sträubte sich immer dagegen, sich eine allzu zentralisierte Form zu geben. Natürlich gab es immer wieder Leute, die möglichst viel Macht für sich selbst nehmen wollten, aber sie wurden zurückgebunden.

Die 'Ndrangheta ist horizontaler angelegt als die sizilianische Mafia, weniger pyramidal. Es gibt da keine Familie, keinen örtlichen Clan, der alles beherrscht, wie es die Corleonesi jahrzehntelang drüben auf der Insel taten. Kalabriens Mafia verteilt sich hauptsächlich auf vier große Zentren: Reggio Calabria, Locri und Umgebung, Crotone und Hinterland, Gioia Tauro und die Ebene. Dann gibt es jene Ableger im Ausland, die aus der ersten Welle der Emigration am Ende des 19. und zu Beginn des 20. Jahrhunderts hervorgegangen sind: in Kanada, den USA, Südamerika, in Australien. Eher neueren Datums sind all jene in Europa: in Deutschland, Belgien, den Niederlanden, der Schweiz, Frankreich, in Osteuropa. Schaut man sich die breite Streuung ihrer weltweiten Präsenz an, leuchtet ein, dass es wohl tatsächlich unmöglich wäre, alles über eine zentrale Hierarchie zusammenzuhalten, über einen Boss.

Die 'Ndrangheta ist eher wie eine internationale Holding organisiert, die überall ungefähr gleich funktioniert, aber deren Filialen auch eine gewisse Autonomie haben.

Sie wird mit McDonalds verglichen. Wie die Restaurantkette, die in den USA ihren Hauptsitz und ihre identitären Wurzeln hat, ist bei der 'Ndrangheta immer klar, wo ihr Ursprung ist, welche Kultur sie bestimmt. McDonalds passt sich in seinen Filialen überall auf der Welt immer ein bisschen an den jeweiligen Markt an, ohne dabei seine Essenz zu verlieren. Bei der kalabrischen Mafia ist das ähnlich. Überall auf der Welt sind ihre Bräuche und Schwüre dieselben. Die 'Ndrangheta hat sich ein Set von Grundregeln gegeben, die unabhängig von hierarchischen Veränderungen immer dieselben bleiben, eine Art Verfassung. Eine Verfassung des Verbrechens. Sie liegt wie ein unverrückbares Dach über allem. Sie heißt auch so: *crimine*.

In einer kriminellen Welt, so heißt es, überleben nur die, die sich klare Regeln geben, die diese Regeln in die Köpfen ihrer Mitglieder meißeln, geduldig und unnachgiebig, über Generationen. Es braucht sie nicht unbedingt in geschriebener Form, irgendwann sind sie festgeschweißt in der Mentalität der Mitglieder. Es passierte denn auch nur selten in der Geschichte der 'Ndrangheta, dass die Ermittler Dokumente fanden, etwa eine Liste mit Traditionen und Rangordnungen.

So gelang den Kalabresen die Kolonialisierung der Welt. Um beim Bild von McDonalds zu bleiben: Die regionalen Ableger in aller Welt, die sogenannten *locali*, sind wie ein Franchise, das das Original repliziert. Im operativen Handeln sind sie frei, sie brauchen also nicht für jede Entscheidung und jedes Geschäft eine Erlaubnis aus Kalabrien einzuholen. Die Verfassung aber, gewissermaßen die Lizenz, ist sakrosankt. Sie kommt aus Kalabrien. Auch die Strategien, die großen Pläne für die Bewirtschaftung neuer Geschäfte etwa, werden in Kalabrien festgelegt, immer. Urheberrechte gibt es auch: Das Geld aus den Lizenzgebühren dient neuen Investitionen.

100 Jahre hat der Staat gebraucht, um die Organisationsstruktur der 'Ndrangheta einigermaßen zu verstehen. Das lag nicht nur daran, dass deren Mitglieder in der Vergangenheit immer eisern schwiegen, selbst wenn ihnen die Justiz Haftprivilegien oder gar Freiheit anbot gegen Insiderinformationen: Die *omertà*, das Gesetz des Schweigens, wurde in keiner Mafia so strikt befolgt wie bei der kalabrischen. Die 'ndrine sind Familien, verpetzt wird da selten. Außerdem wussten die 'Ndranghetisti aus dem unteren Teil des Organigramms selbst nicht, wer weiter oben stand und welchen Grad diese Personen bekleideten. Auch das machte das Verpfeifen fast unmöglich.

Grundsätzlich unterscheidet die Mafia zwischen Mitgliedern und Außenstehenden. Letztere gelten als *contrasto*, Kontrast, also als wahre und mögliche Gegner. Wer sich der 'Ndrangheta in Ergebenheit nähert, gilt als *contrasto affiliato*, angegliederter Kontrast – immer noch auf der Gegenseite, aber mit Aussicht auf den Sprung in die Organisation. Für die Aufnahme als *picciotto*, dem tiefsten Grad, braucht es eine Taufe. Und die befolgt genau definierte Rituale und Gelöbnisse, die die Identität schärfen sollen. Die spirituelle Dimension dient dazu, der Mitgliedschaft eine ewige, dämmerfreie Gültigkeit zu verleihen. Im Gegenzug sind die 'Ndranghetisti bereit, ins Gefängnis zu gehen, zu töten, zu sterben.

Zurück zu Antonio Pelle, der »*Mamma*« aus San Luca.

Den Namen »*Gambazza*« trug er, weil er beim Gehen ein Bein nachzog. Warum er hinkte, wurde nie ganz klar. Nach einer Legende hat er sich beim Hantieren mit einer Waffe versehentlich in den Oberschenkel geschossen.

Es gibt gute Gründe, warum man den Mafiosi Spitznamen gibt, der offensichtlichste hängt an einer historischen Konstanten: Die Clans gehen aus Familien hervor. Außer den Zugeheirateten und den Aufgenommenen tragen alle denselben Nachnamen. Nicht selten geht zudem im Süden der Vorname des Großvaters auf Söhne und Enkel über. Darum ist es schwierig, die Männer allein an ihren Namen auseinander zu halten. Spitznamen sollen auch helfen, einen Mafioso schnell erkenntlich zu machen, dabei werden Fama oder Äußerlichkeiten unterstrichen.

Francesco Pelle zum Beispiel, ein besonders grausames Mitglied der Familie, wird »*Ciccio Pakistan*« gerufen: *Ciccio* ist die Verniedlichung von Francesco, Pakistan nennt man ihn deshalb, weil er vage südasiatische Gesichtszüge und eine etwas dunklere Hautfarbe hat. Francesco Strangio aus der gleichnamigen 'ndrina trägt den Spitznamen »*Ciccio Boutique*«, weil er einen kleinen Laden besaß, bevor sie in verhafteten. Giuseppe Morabito, einer der mächtigsten 'Ndranghetisti in der Geschichte der kriminellen Organisation, hieß auch »*U tiradrittu*«, weil er im Ruf stand, außergewöhnlich gerade schießen zu können. Nino Imerti, ein Boss aus Reggio Calabria, wurde »*Nano feroce*« genannt, brutaler Zwerg, weil er klein und grausam war. Als die Polizei Giuseppe De Stefano abführte, Boss des gleichnamigen Clans und davor einer der dreißig meistgesuchten Kriminellen im Land, sagte der beim Vorbeigehen in die Kameras: »*Ciao belli*«, Hallo ihr Schönen. Und lächelte. Seitdem nennt man ihn »*Ciao Belli*«.

Bei »*Gambazza*« war es offensichtlicher. Geboren wurde Antonio Pelle 1932 als Sohn armer Leute, in eine Hirtenfamilie. Sie gehörte nicht zur »Ehrenwerten Gesellschaft«, Antonio Pelle ging nicht zur Schule, nicht einmal in die Primarschule. Schon als Kind trieb er Ziegen durch die Wälder des Aspromonte, die gleich hinter dem Friedhof von San Luca beginnen.

Als Pelle ein junger Mann war, fiel ihm auf, wie viel angesehener die waren, die sich der 'Ndrangheta angeschlossen hatten. Er beschloss, dass er auch dazugehören möchte. In seinem Fall gab es dafür nur den zweiten Weg: den Weg über das verflossene Blut. Bei einer Schießerei in den Wäldern waren zwei bekannte Mafiosi umgekommen. Pelle, der damals schon verheiratet war und ein Kind hatte, ging zur Polizei und zeigte sich selbst an. Ob er es tatsächlich gewesen war, der sie erschossen hatte, er allein, wird man nie erfahren.

Für Pelle war das eine Chance. Er wusste, dass er dafür ins Gefängnis kommen und seine Familie für eine Weile nicht mehr sehen würde. Doch das nahm er in Kauf. Die andere Familie, die 'Ndrangheta, war ihren Mitgliedern immer wichtiger. Für Pelle hieß das auch, dass er, wenn er wieder aus dem Gefängnis kam, eine respektierte Person sein würde. Und so war es dann auch. Wegen guter Führung kam er bald wieder frei. Auch das ist ein Muster: Häftlinge der 'Ndrangheta galten immer schon als Paradehäftlinge, sie sind diszipliniert, melden sich freiwillig für Zusatzaufgaben, verlieren nie ein böses Wort gegen Wärter und Gefängnisbehörde.

»*Gambazza*«, der einfache Hirte, wurde zu einer zentralen Figur der Organisation, zum *capocrimine*, wie die regionalen Chefs heißen. Wie zentral er war, das merkten die Ermittler aber erst, als er tot war. Die Spieler von San Luca Calcio, dem Fußballverein des Orts, trugen am Spieltag nach Pelles Tod Trauerflor am Arm. Die Taufen neuer Mitglieder der 'Ndrangheta fanden auch weiterhin unter einem Foto von Pelle statt. Pelle war so mächtig, dass er sich, als er an einem schlimmen Bandscheibenvorfall litt, einfach in ein Krankenhaus in der Gegend einliefern lassen konnte. Registriert unter seinem eigenen Namen.

Die halbe Familie war am Bett versammelt, als die Polizei vorbeischaute. »Jetzt ist alles vorbei«, sagte er, als die Beamten das Zimmer betraten.[5] Alles, das hieß auch, dass er seine ganze Organisation in Gefahr sah.

Die *santisti*

Von »*Gambazza*« sagte man, er sei ein Mittler gewesen, einer, der immer nach Frieden strebte zwischen den Clans von San Luca, und den man genau dafür aufsuchte. Doch sein Talent als Friedensstifter war überschaubar. In den Siebzigerjahren, als die 'Ndrangheta ihre erste große Transformation durchlief, wäre die »Gesellschaft« fast auseinandergefallen. Einige Clans fanden, es sei Zeit, höhere Ziele anzustreben: Sie wollten den Sprung vom recht rudimentären Banditentum in den Bergen zur »*Mafia imprenditrice*« wagen, zur unternehmerischen Mafia, die sich neu organisiert und modernes Business macht.

Bis dahin war die 'Ndrangheta das einzige Kartell, das überhaupt keine übergeordnete Hierarchie besaß. Keine »*Mafia alta*«, wie man sagt, keine obere Mafia. Dann kamen die Erneuerer und zogen eine Ebene mit 33 Mitgliedern rein, die sie *santa* nannten, die Heilige. Sie sollte das Fußvolk von der Strategiezentrale trennen und sich erstmals in der Geschichte mit der Politik und den Eliten arrangieren. Sie traten dafür den Logen der Freimaurer bei, die im Süden besonders stark sind, oder gründeten selbst welche. Die klare Grenze zwischen dem Verbrechen und der Legalität sollte aufgebrochen werden. Man stellte sich nicht mehr gegen den Staat und die Zivilgesellschaft, sondern man paktierte mit dem Staat, tauchte ein ins Establishment. Plötzlich galt nicht mehr: Wer nicht dazugehört, ist ein *contrasto*, die Grenzen verschwammen. Die 'Ndranghetisti saßen nun in geheimen Zirkeln mit Leuten, die sie davor bekämpft hatten, mit Notaren, Beamten, Anwälten, Militärs, Politikern, sogar mit Polizisten.

Die Revoluzzer nannten sich *santisti*, auf ihre Rücken tätowierten sie sich ein kleines Kreuz. In der Mythologie der neuen 'Ndrangheta schienen nun auch Referenzen auf, die zuvor unvorstellbar gewesen waren: Giuseppe Garibaldi und Giuseppe Mazzini zum Beispiel, zwei zentrale Figuren des *risorgimento*, der Einigungsbewegung Italiens im 19. Jahrhundert. Zwei Patrioten und gleichzeitig hohe Mitglieder der Freimaurer. Das war die Konzession an die Logen, für die Organisation nicht weniger als eine kulturelle Revolution.

Der Strategiewechsel kam nicht überall gut an, er führte gar zu zwei blutigen Kriegen, den sogenannten »*Guerre della 'Ndrangheta*«. Der erste dauerte von 1974 bis 1976. Im zweiten Konflikt standen sich die Clans Di Stefano und Imerti gegenüber, von 1986 bis 1992 kamen etwa 700 ihrer Mitglieder um. Die Familien waren auf gutem Weg, sich gegenseitig ganz auszurotten. Dann aber passierte etwas Erstaunliches: Salvatore »*Totò*« Riina, der Pate der sizilianischen Cosa Nostra, griff ein und bremste ihren Vernichtungskampf mit seiner Mediation. Auch einige Außenstellen im Ausland drängten auf Frieden.

Die 'Ndrangheta war in den Siebzigerjahren exponentiell gewachsen, über Nacht sozusagen: Sie schlich sich in die großen Bauprojekte ein, etwa in den ewigen Bau der A3, der Verlängerung der *Autostrada del Sole* von Salerno bis Reggio Calabria. Die A3 war bis zu ihrer Einweihung an Weihnachten 2016 eines der großen unvollendeten, ewig verspäteten Infrastrukturprojekte des Landes, eine Karikatur dessen, was im Süden alles schiefläuft und wie oberflächlich sich Rom um den *Mezzogiorno* kümmert. Mehr als 50 Jahre dauerte es, bis die Bauarbeiten ganz fertig waren. Die A3 war zur Lachnummer geworden, dabei war sie alles andere als das: Sie war eine Rampe für die Mafia.

Es flossen viele Milliarden für den Straßenbau, und die 'Ndrangheta wollte sich einen Teil davon abgreifen. Doch dafür brauchte sie große Baufirmen mit Zementmischern, mit Asphaltiermaschinen und mit Ingenieuren, die an den Ausschreibungen für die vielen Teilstücke überhaupt teilnehmen konnten. Einen Apparat zum Mitmachen und, vor allem, zum Mitverdienen. Die »Mafia der Hirten«, die sich bis dahin mit Erpressung und etwas Zigarettenschmuggel finanziert hatte, musste sich schnell diversifizieren. Oder wenigstens das Geld zusammenbekommen, um Firmen anzumieten bzw. zu kaufen.

Die gewählte Methode für die Geldbeschaffung war nicht neu, sie war damals gerade eine traurige Mode und sollte die Italiener jahrzehntelang terrorisieren: Die 'Ndrangheta begann, reiche Unternehmer, Manager und deren Verwandte zu entführen, die sie erst wieder freiließ, wenn sie Lösegeld erpresst hatte. Während gleichzeitig in den Siebziger- und Achtzigerjahren linke und neofaschistische Terrorgruppen mit politischen Motiven Menschen kidnappten, ging es der kalabrischen Mafia nur ums Geld. Das war der Masterplan. Und er ging auf. Zwischen 1969 und 1993 entführte die 'Ndrangheta, je nach Schätzung, 500 bis 600 Personen.[6] Einige Dutzend Geiseln kehrten nie mehr heim, auch das gehörte zur Strategie: Nur die Angst trieb die Erpressten zum Zahlen. Mit den Entführungen nahm die 'Ndrangheta umgerechnet etwa eine halbe Milliarde Euro ein und spielte nun mit im Baubusiness. Sie bildeten also den Grundstein für die weltweite Expansion. Bei jeder neuen Bauausschreibung nahmen die Geiselnahmen zu, gewissermaßen schon in der Nacht nach der Publikation, der Trend lässt sich gut nachzeichnen: Die Korrelation war unübersehbar.

Mit dem Lösegeld stieg die 'Ndrangheta ins Baugeschäft ein. Das gab dann so viel her, dass sie ganz massiv ins Drogenbusiness investieren konnte. Und die Einnahmen aus dem Handel mit Kokain waren wiederum dermaßen gigantisch, dass die kalabrische Mafia damit alles aufkaufen konnte, was sie wollte: Ländereien, Firmen, Immobilien, Restaurants.

Heilige Kühe

Nach dem Friedhof wird die Straße eng und steil, sie schlängelt sich hoch von San Luca in den nieslingen Nebel des Bergs. Rauf zur *Pietra Cappa*, dem Monolithen in Kopfform, dem größten Europas, und weiter zum *Santuario della Madonna di Polsi*, so etwas wie das Herz Kalabriens. Und, fast zwangsläufig, auch der 'Ndrangheta.

Eine Weile blitzt in der Ferne noch ab und zu das Meer

auf, dann ist es ganz weg. An den gefährlichsten und steilsten Stellen, wo ständig der Berg herunterkam, haben sie die Straße mit Mauern befestigt und Betonbahnen gelegt. Manchmal ist die Straße aber auch nur Schotter. Navigationssysteme rechnen immer viel zu wenig Zeit ein für den Weg von San Luca nach Polsi. Es sind nur 19 Kilometer, aber dafür braucht man eine Stunde. Ein Kreuzweg, eine Via Crucis am Steuer ist das. Und immer wieder dunkelt der Nebel die ganze Landschaft ein, Winde peitschen ihn die Abhänge hinunter. Der Gegenverkehr aber zeigt: Da gibt es Fahrer, die kennen jede Kurve so gut, dass sie nichts zu sehen brauchen.

Ständig begegnet man Tieren, die scheinbar wild unterwegs sind. Auch Kühen. Die Geschichte der *vacche sacre*, der heiligen Kühe der 'Ndrangheta, fasziniert und irritiert die Italiener seit vielen Jahren. Niemand darf sie vertreiben, auch wenn sie Ackerland zertrampeln und auf privatem Grund grasen. Niemand darf ihnen etwas antun. Ein bisschen wie in Indien, nur dass diese Kühe der Mafia gehören.

Erfunden haben das System der *vacche sacre* zwei kalabrische Familien in den Siebzigerjahren. Einige ihrer Clanchefs waren festgenommen worden, es mangelte an Leuten, die den eigenen Besitz vor den Begehrlichkeiten der Rivalen schützten. Dafür sollten die heiligen Kühe sorgen. Bald wurden sie aber auch eingesetzt, um fremde Ländereien zu erobern. Man ließ sie da weiden, wo sie nicht hingehörten, bis die eigentlichen Besitzer, die das Drohsignal der Mafia richtig interpretierten, ihren Anspruch auf das Land aufgaben. Wenn das jeweils nicht ausreichte, um einen Bauern oder einen Hirten zu brechen, dann half die Mafia mit Viehdiebstahl nach, oder sie verbrannte ganze Ernten, zerstörte

Maschinen und Traktoren, wie man das auch aus Sizilien kennt. War das Land gewonnen, setzte man dort die Kühe aus. Wie Wachpersonal, nur heilig.

Wie in Sizilien geht es auch in Kalabrien vor allem darum, über den Landbesitz an möglichst viele Zuschüsse aus Europa zu kommen, eines der Hauptgeschäfte der Agromafia. Wenn es Subventionen für Granatäpfel gibt, dann bietet die Mafia über ihre Strohfirmen an, Granatäpfel in großer Menge zu liefern. Sind es Pfirsiche, dann eben Pfirsiche. Sie gibt vor, 100 zu produzieren auf einem passend großen Land, gewinnt den Wettbewerb, erntet die Zuschüsse, stellt dann aber nur 20 oder 30 her. Wer kontrollieren soll, schaut weg oder ist ohnehin Komplize.

Das Risiko beim Betrug? Minimal. Die Strafen für solche Vergehen sind tief, die Verfahren dauern aber eine Ewigkeit, die meisten verjähren. Fällt dennoch mal eine Haftstrafe, beträgt sie selten mehr als vier Jahre. Und unter vier Jahren muss in Italien kaum jemand ins Gefängnis.

Nach der *Pietra Cappa* geht es noch einmal einige Kilometer weiter bis Polsi, einem Weiler in einer Talsohle, wie eingekesselt, rund herum hängen Felsvorsprünge ins Tal. Administrativ gehört die Siedlung zur Gemeinde von San Luca, obschon sie eine Stunde Autofahrt und tausend Spitzkehren entfernt liegt, vorbei an Canyons, durch dichte Wälder aus Buchen und Steineichen.

Jedes Jahr zum 2. September pilgern Kalabresen in großer Zahl zum Wallfahrtsort der Madonna von Polsi, manche gehen einen Teil des Wegs zu Fuß. Nach einer Legende soll hier ein Hirtenjunge nach tagelanger Suche einen entlaufenen, kleinen Stier gefunden haben, der an eben dieser Stelle mit den Klauen im Boden scharrte. Ein eisernes Kreuz kam zum Vorschein. Da soll ihm die »Madonna des Berges«

erschienen sein, wie man sie auch nennt. Sie forderte ihn auf, an genau dieser Stelle eine Kirche zu bauen. In dieser Geschichte war alles drin: der Berg, der Hirte, die Verklärung.

Kirche und Kloster sollen aus dem 9. Jahrhundert stammen, man nimmt an, dass Basilianer, Mitglieder eines katholischen Mönchsordens, sie errichtet haben. Die Originalstatue der Madonna soll zwei Jahrhunderte später an der tyrrhenischen Küste gefunden worden sein. Darum gilt der Ort auch als Kreuzung zwischen den Meeren, dem Tyrrhenischen und dem Ionischen, und dem Berg. Der heilige Bund.

Die Festivitäten dauern jeweils vier Tage, vom 30. August bis zum 2. September, damit auch alle etwas davon haben. Es wird viel gesungen, gebetet, gegessen und Tarantella getanzt, der schnelle Volkstanz. Wenn die heilige Maria zur Prozession um das Kloster getragen wird, zünden die Menschen Feuerwerk. So treiben sich die Pilger selbst in die Ekstase.

Bis vor wenigen Jahren gehörte auch das Schlachten von Ziegen zum Ritual für die Madonna vom Berg. Die *fiumara* Bonamica trug dann nicht nur Wasser ins Tal, sondern auch viel Opferblut. Auf Druck von Hygienikern und Tierschützern wurde die Tradition aufgegeben. Doch noch immer gibt es an langen Tafeln rund um die Kirche der Madonna vor allem Ziege. Als *antipasto*: Ziegenkäse. Als Vorspeise: Maccheroni mit Ziegenragù. Als Hauptgang: Ziegenbraten mit Sauce.

Der Zauber der Jungfrau von Polsi betört auch die andere Gesellschaft, die *onorata società*. Lange kursierte das Gerücht, die 'Ndrangheta halte ihre Strategiesitzung, ihr Gipfeltreffen, jeweils in Polsi ab, zeitgleich mit dem Fest, damit sich der Segen der Madonna auch auf ihr Tun lege. Hohe

Kader aus aller Welt würden einfliegen und dort die neuen Dienstgrade und Zuständigkeitsbereiche bestimmen. Doch mindestens so hartnäckig wie das Gerücht hielt sich der Hohn derer, die solche Geschichten als Fantasterei abtaten.

Dann, im Jahr 2007, montierten die Carabinieri Kameras und Mikrofone, die alles aufzeichneten. Sie filmten eine Gruppe von Männern unter der Statue der Madonna. Die nahmen an der Prozession teil, sie fielen nicht auf, sie sahen aus wie alle anderen Pilger, waren auch ähnlich gekleidet. Einer ging am Stock. Doch was sie redeten, unterschied sie vom Rest der Wallfahrer. Sie sprachen darüber, wie oft man sich in Zukunft treffen wolle, um die Chargen zu verteilen.

Es fielen Dienstgrade im Gespräch, *vangelo* etwa, Evangelium, und *santo*, Heiliger. Auch das ist eine alte Versuchung der Mafia: Für Titel und Riten bedient sie sich gerne beim Vokabular und der Liturgie der Kirche. Damit heiligt sie die Mittel, wenigstens für sich. In Polsi besprachen die Männer, wer die neuen Titel verleihen würde. Einer erzählte, wie sie das in seinem *locale* handhaben. Er stand einer Filiale in Argentinien vor.

Die ganze Terminologie der 'Ndrangheta war nun auf Tonband festgehalten, dekliniert von den 'Ndranghetisti selbst. Die Carabinieri nannten ihre Operation »*Il Crimine*«. Gemeint war damit nicht das Verbrechen, die wörtliche Übersetzung des Begriffs, was in diesem Fall auch gepasst hätte. Gemeint waren das oberste Verwaltungsorgan und der Regelrahmen der kalabrischen Mafia, die Macher und Hüter des Grundgesetzes der 'Ndrangheta.

1969 war es der Polizei schon einmal gelungen, ein heimliches Gipfeltreffen der Führung zu stürmen. Damals trafen sich 130 'Ndranghetisti auf dem Montalto, einer Spitze des Aspromonte im Hinterland von Reggio Calabria, 2000 Meter über dem Meeresspiegel. Man einigte sich offenbar darauf, dass die Sitzungen trotz aller Gefahren weiterhin auf dem rauen Berg stattfinden sollten. Siebzig Teilnehmer konnten gefasst werden, sie wurden auf die Wache gebracht. Die meisten von ihnen sagten, sie hätten Pilze gesammelt.[7]

Nach der Operation 2007 richtete der Staat in Polsi eine Wache der Carabinieri ein. Die ist aber nur einmal im Jahr besetzt, zum Fest der Madonna. Man nimmt nun an, dass sich die Clans irgendwo in der Nähe treffen, wohl nicht weit weg. An einem Ort, der denselben Zauber verströmt, den Zauber aus dem Berg.

Oft essen sie dann miteinander, wie die 'Ndranghetisti nach jedem Treffen, nach jeder Beförderung, nach jeder Feier und jeder Taufe eines *picciotto* sich zu Tische setzen. Diese Essen werden *mangiate* genannt, eigentliche Gelage. Am Tisch wird alles diskutiert und alles geteilt. Bankette waren immer schon Gelegenheiten, Allianzen zu festigen und aus kriminellen Freundschaften Wertegemeinschaften zu schmieden. Es gibt dann Wein, serviert mit der rechten Hand. Am Kopf des Tisches sitzt der ranghöchste Teilnehmer, dem das Mahl zuerst gereicht wird. Alles folgt einer festen Liturgie, überall auf der Welt.

Die Schwäche der kalabrischen Bosse für gutes Essen ist legendär. Frank Cotroni, ein Pate aus Mammola bei Locri, der im kanadischen Montréal regierte, kochte fürs Leben gerne. Auch im Gefängnis, für die Mithäftlinge. Kurz vor seinem Tod sammelte er seine liebsten Rezepte in einem Buch – Stockfisch mit Kartoffeln, Schwertfisch vom Grill, Bohnensalat. Von Giuseppe Morabito, dem Boss aus Africo, einer Stadt an der Statale 106, wissen die Italiener, dass er sich von seinen Verwandten seine Leibspeisen ins Gefängnis bringen lässt: Lamm, Parmesan, Büffelmozzarella, Tomaten und Basilikum für eine *Insalata caprese*. Bohnen soll auch er ganz besonders gern mögen.

Der Chefdeuter aus Catanzaro

Nach Catanzaro, dem Hauptort Kalabriens, 90 000 Einwohner, hundert Kilometer weiter östlich auf der Strada Statale. Catanzaro ist die zweitgrößte Stadt der Region, die Nummer 2, in jeder Hinsicht. Trotzdem begab es sich Anfang der Siebzigerjahre, dass das regionale Parlament nach langer Polemik und einer schweren Revolte Catanzaro als Hauptort dem doppelt so großen, politisch bedeutenderen und strategisch besser platzierten Reggio Calabria vorzog. Man fand einen Kompromiss: Manche Institutionen sollten in Catanzaro angesiedelt werden, andere in Reggio. Das ist nicht sehr praktisch, doch so ließen sich die Gemüter wenigstens etwas beruhigen. Und es brachte Bauaufträge für beide Städte. Wichtig aber war vor allem der Sitz des höchsten Gerichts in der Region. Der Appellationshof steht in Catanzaro.

Dort hat Nicola Gratteri sein Büro, der Oberstaatsanwalt, geboren 1958 in Gerace, einem Dorf im Nationalpark des Aspromonte. Er ist der beste Kenner der 'Ndrangheta. 14 Bücher hat er schon geschrieben über das Phänomen der kalabrischen Mafia, die meisten davon zusammen mit Antonio Nicaso, einem Historiker und Publizisten. Gratteri tourt durch Italien, besucht Schulen, tritt bei internationalen Konferenzen auf und erklärt den Kollegen anderer Länder, wie sie mit der Mafia von daheim umgehen müssen. Was die Welt über die 'Ndrangheta weiß, verdankt sie Gratteri.

Wenn sie von außen auch unverrückbar erscheint mit ihrem archaischen Gebaren: Sie hat sich in den vergangenen Jahrzehnten, seit den Siebzigerjahren, mehrmals völlig neu erfunden und dabei ihren Ursprung nie vergessen. Sie hat den geografischen Kontext ihres Handelns erweitert, das Herz aber immer in Kalabrien belassen. Ihren Auftritt hat sie verändert, sie kommt nun modern und gebildet daher. Ihre Mitglieder kleiden sich gut, nicht mehr wie Hirten im Sonntagsrock. Die Logik ihres Handelns aber ist die alte geblieben.

Das Geld aus den Entführungen diente der Investition ins Baugeschäft, und das Geld aus dem Baugeschäft wiederum bildete ab den Neunzigerjahren die Grundlage für einen neuen Masterplan. Die 'Ndrangheta schickte damals mit einem Teil ihres Kapitals Leute nach Südamerika, die dort heimisch werden sollten, hauptsächlich in Kolumbien. Sie heirateten sich ein in die kolumbianische Gesellschaft, knüpften Kontakte zu allen maßgeblichen Machtzentren, auch in jene, die den Staat herausforderten. Zur *Farc* zum Beispiel, den *Fuerzas Armadas Revolucionarias de Colombia*, einer linken Guerillagruppe. Der Masterplan sah vor, dass die Brückenköpfe in Kolumbien, Peru und Bolivien nach einigen Jahren so stark verankert sein würden, dass sie die engsten Handelspartner der Einheimischen wären.

Die Kalabresen hatten nämlich viel früher als alle anderen italienischen Kartelle verstanden, wie groß der Markt für Kokain werden würde. Weltweit, vor allem aber im reichen Westen, wo es nicht von den Verlierern der Gesellschaft konsumiert wird, sondern vom Establishment – von Bankern, Schauspielern, Politikern. Und der Stoff kam nun mal aus Südamerika.

Die Broker der 'Ndrangheta ersetzten die Mittelsmänner

von früher. Sie kauften das Kokain direkt bei den Produzenten vor Ort ein und bezahlten dank ihrer Verbindungen dafür viel weniger als die gesamte Konkurrenz. Massiv weniger sogar, zuweilen bezahlten sie nur etwa halb so viel wie die Marktrivalen. Die Hersteller schätzten die kalabrische Mafia, weil sie im Gegensatz zu anderen kriminellen Organisationen vertrauenswürdig zu sein schien. Sie redet nicht, die Familien gelten als undurchdringbar. In Kalabrien sagt man: »Blut entfärbt nicht.«

Der Aufstieg zur Weltmacht im Kokainhandel gelang aber auch deshalb, weil sich Siziliens Cosa Nostra in der entscheidenden Phase der Expansion einen brutalen und selbstzerstörerischen Abnützungskampf mit dem italienischen Staat lieferte. Sie war mit sich selbst beschäftigt. Bis dahin hatten Sizilianer den Drogenhandel beherrscht. Es war vor allem jener mit Heroin, einem tödlichen Stoff, mit dem die Kalabresen lieber nicht so viel zu tun haben mochten. Nicht etwa, weil er tötet, sondern weil das Geschäftsmodell mit Kokain einfach einträglicher ist und die Kundschaft nicht so schnell wegstirbt.

Bald war die 'Ndrangheta im Drogenhandel dermaßen beherrschend, dass sie auch Sizilien belieferte – oftmals direkt, manchmal in Absprache. Sie hatte sich auf der Insel festgesetzt. Und das ist wahrscheinlich der spektakulärste Beleg für ihre Macht: Wer hätte gedacht, dass die Mafia aus der Serie B einmal die große Cosa Nostra ausspielen würde.

Der Kokainhandel flutete die Kassen der 'Ndrangheta wie kein Geschäft zuvor. Zu Beginn des neuen Jahrtausends war die kalabrische Mafia die liquideste von allen. Als dann 2008 die Finanz- und Wirtschaftskrise einsetzte, war die 'Ndrangheta eine Bank. Buchstäblich. Eine *Bad Bank*, im engsten Sinn des Wortes. Während Italiens legale Geldinstitute keine großen Kredite mehr vergaben, um den Unternehmen mit Schwierigkeiten über die Baisse zu helfen, gab es da plötzlich eine Alternative. Die 'Ndrangheta kaufte sich alles zusammen, was billig auf dem Markt zu haben war, und das war eine ganze Menge. Firmen eben, Restaurants, Hotels, Bars, Land.

Die Geschichte war ihr also hold. Ausgerechnet in dem Moment, da sie nicht mehr wusste, wo sie mit all dem Geld hinsollte, das sie aus dem schmutzigen Geschäft mit den Drogen eingenommen hatte, gab es eine Chance, einen Teil des Kapitals in der legalen Wirtschaft anzulegen – und reinzuwaschen. Im Zentrum und im Norden des Landes auch, nie zuvor war das einfacher gewesen. Sie brauchte gar nicht viel Gewalt anzuwenden, manchmal gar keine. Nicola Gratteri sagte einmal, die Unternehmer würden heute nicht immer erpresst, sie suchten die Hilfe der Mafia aktiv. Dank der Mafia könnten sie Sondermüll billiger entsorgen, was ihre eigene Gewinnmarge erhöht. Dank der Mafia haben sie Zugang zu billigeren Arbeitskräften. Viele Unternehmer haben die Finanz- und Wirtschaftskrise überhaupt erst überlebt dank der Mafia.

Er kenne die Welt der 'Ndrangheta gewissermaßen von innen, sagt Gratteri, sie umgebe ihn sein ganzes Leben lang schon, ihre Sprache und Reflexe seien ihm dermaßen geläufig, dass er sie sofort verstehe. »Ich hatte nur Glück. Wäre ich in eine Familie hundert Meter weiter unten an unserer Straße in Gerace geboren worden, wäre ich jetzt vielleicht ein Mafiaboss.«[8]

So nahe liegt das alles beieinander. Eine Studie ergab, dass keine Mafia in Italien die Gesellschaft und Wirtschaft ihrer jeweiligen Region so stark durchdringt und prägt, wie es die 'Ndrangheta in Kalabrien tut. Der geschätzte Wert liegt bei 27 Prozent. Man spricht auch vom »Indikator für die Kriminalitätsrate«. Jeder vierte Kalabreser ist also von dem Phänomen betroffen oder daran beteiligt, in der einen oder anderen Form. Diese Quote ist viel höher als in Neapel, wo die Penetration der Camorra zwölf Prozent beträgt, und in Sizilien, wo Cosa Nostra und Stidda zehn Prozent erreichen sollen.

In seiner langen Laufbahn als Mafiajäger hat Gratteri Schulkameraden verhaftet, die neben ihm die Bank gedrückt hatten. Einen nahm er in Miami mit 300 Kilogramm Kokain fest. Er ließ Bosse abführen, die mit ihm barfuß Fußball gespielt hatten in den Gassen von Gerace.

So wird der Kampf auch zur persönlichen Mission. Bei seinen öffentlichen Auftritten sieht man Gratteri diesen persönlichen Bezug aber nie an. Scheinbar teilnahmslos sitzt er in Fernsehstudios, zurückgelehnt, als langweilten ihn die Fragen. Vielleicht ist es aber auch ganz anders, und er versucht nur, möglichst pragmatisch zu wirken. Seit 1989 steht Gratteri unter ständigem Polizeischutz. 2005 haben die Carabinieri bei Gioia Tauro ein Arsenal von Waffen gefunden, von dem sie annahmen, dass es für die Beseitigung von Gratteri vorgesehen war: Sprengstoff, Raketenwerfer, Kalaschnikows, eine Handgranate.

Selbst beschreibt er sich gerne als »die einfachste Person der Welt«. Nirgendwo sei er glücklicher als unter Bauern, die kein Italienisch sprechen würden, nur Kalabrisch, die mit ihm über Salat, Reben, Auberginen und Tomaten reden. Das seien auch die einzigen Menschen, die ihm erlaubten, mal etwas auszuspannen. Alle anderen wollten immer irgendetwas über einen Prozess oder eine Ermittlung wissen, das sei nicht weiter erstaunlich. »In Italien halten sich

50 Prozent der Menschen für Richter und die anderen
50 Prozent für Trainer der Fußballnationalmannschaft«,
sagt Gratteri.

Am Hafen der Piromallis

Von Catanzaro am Ionischen Meer kommt man ganz leicht
rüber ans Tyrrhenische, auf der *Strada Statale 19* nach Lamezia Terme, Vibo Valentia, Rosarno, Gioia Tauro. Der Aspromonte hat hier, fast genau in der Mitte der Sohle, ein Erbar-
men mit den Autofahrern. Eine Schneise ist es nur, ein enges
Tal, man ist schnell drüben.

Plötzlich öffnet sich das Land auf weite Ebenen, die sich
bis zur Küste ziehen, überflutet von Licht. Es ist ein helleres,
leuchtenderes Licht als auf der anderen Seite, reflektiert
vom Meer. Der raue Berg verschwindet im Rückspiegel. Auf
dem fruchtbaren Boden dieser Ebenen gedeiht alles, Kiwis,
Bergamotten, Zitronen, vor allem aber Orangen. Es sind
nicht die gepriesensten Orangen, aber sie sind saftig.

In dieser Gegend herrscht die Familie Piromalli, ein alter
Clan der 'Ndrangheta mit Verbindungen zur sizilianischen
Cosa Nostra. Die Piromallis gelten als Inbegriff der modernen 'Ndrangheta, weil sie schnell und still arbeiten, möglichst auf Gewalt verzichten, sich politisch vernetzen und
ihr schmutziges Geld in sauberen Geschäften anlegen. Man
nennt sie auch die »Elite der globalen 'Ndrangheta«.

Gewachsen ist die Familie einst im Schatten der Olivenbäume, im Glanz des »*oro verde*«, des grünen Goldes. Nach
dem Zweiten Weltkrieg dünkte es Girolamo Piromalli alias
»*Don Mommo*«, den großen Chef der aufstrebenden 'ndrina,
es sei endlich Zeit, dass die Landbarone, denen es so gut

ging, etwas abgeben. »*Don*« ist ein Adelstitel aus dem Mittelalter, der sich ins Heute gerettet hat, auch bei der 'Ndrangheta.

»*Don Mommo*« drängte den Landbesitzern seine Leute als Wachpersonal auf den Feldern und als Zwischenhändler in den Märkten auf. Dann erpresste er sie. Es dauerte nicht lange, dann gehörten die Ländereien den Piromallis. Aus Landwächtern wurden Besitzer, aus Besitzern wurden Herrscher. Sie waren nicht generöser als die Großgrundbesitzer, deren Erbe sie gestohlen hatten. Auch der Mafia liegt nur daran, möglichst viel Profit zu machen – in erster Linie für sich selbst, den Clan, die Organisation.

Doch ihr Regime nötigte allen, die Bescheid wussten, Respekt ab. Und Angst. Zwei Jahre vor seinem Tod, als er schon krank in einer Klinik in Messina lag, wurde Piromalli einmal von einem Journalisten gefragt, was die 'Ndrangheta denn genau sei. Der Boss sagte, er habe nie von dieser Sache gehört. »Ist das etwas, das man isst? Oder etwas, das man trinkt? Ich kenne die Mafia nicht, ich habe sie nie gesehen.«[9] Er selbst besitze gar nichts, nicht einmal ein Fahrrad.

Piromallis Hohn verpuffte wie eine billige Lachnummer. In jener Zeit nahm man die 'Ndrangheta noch nicht ernst. »*Don Mommo*« trat wie ein älterer Gentleman vom Land auf, der zufällig in einem hübschen Haus lebte. Dass man ihn schon in den Sechzigerjahren mit einem Mord in Verbindung brachte, dass er in Drogengeschäfte verwickelt gewesen sein soll, das alles schien niemanden besonders zu kümmern. Als er 1979 an seiner Krankheit starb, kamen sechstausend Menschen, um ihm die letzte Ehre zu erweisen. Dann übernahm sein Bruder, Giuseppe Senior. Man nannte ihn »*Don Peppino*«.

Von diesem Brüderpaar heißt es, es habe aus der ruralen

'Ndrangheta, wie man sie aus San Luca kannte, eine unternehmerische gemacht, eine, die sich mit dem Staat arrangierte und dafür in die Freimaurerlogen eintrat. Es lieferte gewissermaßen die Blaupause für die anderen Clans in der Region. Die zwei Brüder hatten in den Siebzigerjahren den Plan der *santisti* erst richtig vorangetrieben. Aus ihrer Sicht war die Verwandlung nur logisch, die friedliche Strategie versprach viel Geld.

In Gioia Tauro, der Heimatstadt der Piromallis, sollte damals einer der größten Schiffshäfen Europas entstehen – für das so genannte Transshipment: Container werden von großen Frachtern, die über die Ozeane kommen, umgeladen auf kleinere Schiffe, um die Reise dann agiler fortzusetzen.

Der Bau des Hafens an der Küste von Gioia Tauro, wo bis dahin junge Männer nach Miesmuscheln fischten, sollte dem zurückgebliebenen und abgeschiedenen Süditalien neuen Elan geben, es in die Moderne katapultieren. So ungefähr rechnete es sich die Regierung in Rom aus. Geplant war dazu ein Stahlwerk, das in seinen Öfen wundervolle Dinge brennen würde, die dann gleich in alle Welt verschifft werden. Das Großprojekt aus Hafen und Stahl war auch als Kompensation gedacht: Reggio Calabria hatte das Rennen um den Hauptort der Region gegen Catanzaro verloren, als Entschädigung sollte in seiner Provinz ein wirtschaftliches Zentrum entstehen.

Im April 1975 reiste der mehrfache italienische Ministerpräsident Giulio Andreotti aus Rom an, um den Grundstein zu legen. Er war damals als Minister zuständig für die *Cassa del Mezzogiorno*, die Entwicklungsbank für den Süden Italiens. Bei seiner Ankunft brachte man Andreotti ins Euromotel von Gioia Tauro, einem Restaurant mit Bar, das dem Clan gehörte – für einen Willkommenskaffee. Empfangen wurde er von Gioacchino Piromalli, dem Sohn des Patriarchen, von »*Don Mommo*«. Warum der Herr Minister zum Feiertag zuerst bei den Piromallis vorbeischaute, wurde nie ganz klar. Doch von solchen Signalen lebt die Mafia, sie polstern ihren Status im angestammten Herrschaftsgebiet.

Für das Stahlwerk wurde schon in der Planungsphase viel Geld ausgegeben, gebaut wurde es aber nie. Die Piromallis waren ohnehin vor allem am Hafen interessiert: 5000 Meter Molen, eine Gesamtfläche von 1 800 000 Quadratmetern. Dafür wurde ohne Skrupel viel Natur geopfert: weite Landstriche mit sehr alten Olivenbäumen und Orangenplantagen. Man hielt es für eine Konzession an etwas Wohlstand, zunächst profitierte davon aber vor allem die Mafia. Die Piromallis beherrschten auch die Bauphase. Unternehmer, die ihnen nicht genehm waren, bekamen keine Aufträge.

Über die wahren Machtverhältnisse gab es in Gioia Tauro nie Zweifel, selbst für passende Symbolik war gesorgt: Die Villa des Clans thront wie ein Königspalast hoch über der Ebene, am Ende einer schmalen Landstraße, der Contrada Guardiola. Von oben am Hang, hinter dem Friedhof, hat man freie Sicht auf die Felder, die Haine und die vielen Kräne des Hafens, die rot und weiß gestreift sind.

Es gab eine Zeit, da erhob der Clan auf jeden Container, der in Gioia Tauro umgeladen wurde, eine Steuer von 1,50 Dollar.[10] Wichtiger noch als diese Abgabe aber war der Hafen als Landeplatz und Drehscheibe für die Drogen aus Südamerika. Neunzig Prozent des Kokains für Europa wird in Gioia Tauro umgeschlagen. Versteckt in Containern mit anderer Ware. Oder in Marmorblöcke gemauert, denn Marmor lässt keine Laserstrahlen durch.

Die Piromallis fungierten deshalb immer als Cheflogistiker der 'Ndrangheta. In den Depeschen der amerikanischen Botschaften, die Wikileaks veröffentlichte, hieß es zu Gioia Tauro: »Europas größter Hafen für Transshipment wird in jeder Hinsicht kontrolliert von der 'Ndrangheta, sie erhält Kommissionen für jeden Container und bestimmt über die Anstellungen.« Etwas weiter: »Wenn man Kalabrien besucht, kann man nicht anders, als pessimistisch sein. Gehörte Kalabrien nicht zu Italien, wäre die Region ein ›failed state‹.«[11]

Die Piromallis lebten damit ganz gut, sie bauten ein Netz von internationalen Kontakten auf, über die sie später ihren Außenhandel laufen lassen konnten, vor allem ihren Export von gefälschtem Olivenöl und von Früchten nach Nordamerika.

Die Macht der Brüder »*Don Mommo*« und »*Don Peppino*« ging über auf den Sohn des Zweiten, auf Giuseppe Junior, bekannt als »*Facciazza*«, hässliches Gesicht. Weil der aber schon nach wenigen Jahren verhaftet wurde und seither in einem Hochsicherheitsgefängnis einsitzt, rückte früh dessen Sohn Antonio Piromalli nach, geboren 1972. Eine klassische Dynastiegeschichte.

Der Zögling verkörpert die neue Generation wie kein anderer: gut gebildet, scheinbar voll integriert in die legale Welt, fast unsichtbar. Die Ermittler brauchten eine Weile, bis sie sein System entästelt hatten, es bestand aus mehreren Schichten von Strohfirmen. Antonio Piromalli erlaubte sich fast keine Extravaganzen, obschon er viel Geld zur Verfügung hatte. Reichtum ist ein Verdachtstreiber, gerade wenn er offen zur Schau getragen wird, insbesondere von einem Piromalli. Einer Schwäche widerstand er aber nicht: Er trug eine Rolex am Handgelenk.

Wer mit ihm reden wollte, der musste sich bei seinen Vertrauensleuten melden. Es gab da immer Türsteher, Filterfiguren. Am Telefon sprach der junge Boss selten, auch Mails und Messages versandte er fast keine. Der moderne Mafioso kommunizierte wie die alten, mit *pizzini*, den famosen Zettelchen. Oder beim »*walk and talk*«: Man traf sich, spazierte ein bisschen, redete übers Geschäft.

Einmal hörten die Fahnder mit, wie zwei Männer aus der Entourage am Telefon über den Status von Antonio Piromalli sprachen. Einer der beiden verglich ihn mit dem Papst, so bekannt sei der in den Zirkeln des organisierten Verbrechens in Kalabrien.

Er brauchte dafür nicht einmal körperlich anwesend zu sein, sein Ruf reichte. Antonio Piromalli lebte in Mailand, als sie ihn festnahmen. Er hatte Wirtschaft studiert, geheiratet und sein Business aufgezogen. Über Strohfirmen nahm er sich die Macht über den Gemüse- und Früchtemarkt in Mailand, den größten im Land, die italienische Endstation der Tomaten aus Pachino, bevor sie in alle Welt verfrachtet werden.

Seine Strahlkraft aber reichte immer bis in die Heimat, nach Gioia Tauro, und in die dortige Gemüse- und Früchtekooperative *Copam*, eine Großorganisation von Produzenten aus der Gegend, die europäische und nationale Agrarhilfen erhielten. 39 Betriebe gehörten zu dieser Kooperative, auch sizilianische waren dabei. Nicht alle davon waren unterwandert von der 'Ndrangheta. Doch die Staatsanwaltschaft hielt es für erwiesen, dass die Piromallis ihre Gesetze und ihre Preise für alle Mitglieder durchsetzten. Sie steuerten die Kooperative nach Belieben.

Copam galt davor als stolze Vertreterin des Südens. 2016 nahm sie an einer nationalen Großveranstaltung teil, bei der gegen die Agromafia und die Sklaverei auf den Feldern demonstriert wurde. Der Teilnehmer aus Kalabrien wurde von den Organisatoren so angekündigt, samt schiefer Metapher: »*Copam* ist ein Stück sauberes Kalabrien, das sich die Ärmel schürzt und seinen Teil zur Veränderung beiträgt.« Nur einige Monate später flog die Mär auf.

Vom Feld bis auf den Tisch – diese Devise der Agromafia, die ganze Kette zu beherrschen, schloss im Fall der Piromallis auch das Geschäft im fernen Ausland ein. Die Ermittler der Operation »*Provvidenza*« fanden heraus, dass sich Antonio Piromalli dafür auf einen alten Schulfreund stützte, der schon lange in New Jersey lebte, als Doppelbürger: Der Italo-Amerikaner Rosario Vizzari, ein Anwalt mit großem Beziehungsnetz in die Politik und die Wirtschaft auf beiden Seite des Atlantiks. Vizzari soll der Brückenkopf der Organisation in die neue Welt gewesen sein, der verlängerte Arm des Bosses.

Er besitzt eine Holding, die Madoro, dazu gehören mehrere Firmen, die vor allem Import und Export betreiben. Alle sind in den USA registriert, alle laufen auf seinen Namen, doch für die Ermittler ist der »Freund in Amerika« ein Deckmantel für die Piromallis, die über die Holding ihr Geld wuschen. Die größte Firma im Portfolio Vizzaris, die Transportgesellschaft *Global Freight Services Inc.*, ist bei der mächtigen, wegen ihrer scharfen Kontrollen gefürchteten Food and Drug Administration gemeldet. Die Behörde schreibt genau vor, was alles auf dem Aufkleber von Produkten stehen muss, die ins Land eingeführt werden, und das ist in dieser Geschichte zentral.

Die ermittelnden Carabinieri beschrieben Rosario Vizzari einmal so: »Die Spitze des Clans hatte ihm große Autonomie eingeräumt, weil er nach mehr als zwanzig Jahren in Amerika ein Netzwerk von Kontakten besaß zwischen Boston, Chicago, Miami und, natürlich, New York. Auf Anweisung (aus Kalabrien) kümmerte er sich darum, dass gigantische Mengen an Produkten in den Vertrieb der großen amerikanischen Supermarktketten gelangten.«[12] Auch Wal-Mart war dabei, die größte Kette von allen, mit mehr als fünftausend Filialen und Clubs im Land. Orangen, Mandarinen und Zitronen aus Italien, die die Supermärkte in ihrem Sortiment führten, kamen fast ausschließlich von *Copam*, der Kooperative unter Kontrolle der Piromallis. Dafür sorgte Vizzari.

Manchmal redeten die beiden alten Freunde am Telefon miteinander, organisatorisch war das nicht zu vermeiden. Und so hörte die italienische Polizei auch zu, wie sie in allen Einzelheiten über das einträgliche Geschäft mit dem Olivenöl sprachen – oder mit dem billigen Zeug, das die Piromallis den Amerikanern als kalt gepresstes Olivenöl erster Güte verkauften, angeblich »*Made in Italy*«, in industriellen Quantitäten und mit hoher Marge. Einen »kolossalen Betrug«, nennt es Nicola Gratteri.

Betrugsfälle mit Olivenöl gab es schon viele. Kein Herstellerland blieb von frevlerischen Panschereien und Etikettenschwindeln verschont. In Italien etwa wird kein Olivenöl öfter gefälscht als das toskanische. Es ist nun mal recht einfach, zu tricksen. Selbst Experten lassen sich düpieren, wenn es geschickt gemacht ist. Die Kontrollen finden in hoch technologischen Labors statt, durchgeführt werden sie von einer Sonderabteilung der Carabinieri. Dank einer neuen Testmethode, bei der die Struktur des Öls analysiert wird, lässt sich aber wenigstens dessen Herkunft genau bestimmen, ähnlich wie bei einem Gentest oder beim Röntgen.

Doch die Trickserei nimmt nicht ab, die Gewinnaussichten sind zu verlockend. Denn Olivenöl ist fast überall auf der Welt beliebt, dafür gibt man auch gerne mal etwas mehr aus. Grünes Gold.

Die Piromallis aus Gioia Tauro stellten ihr eigenes Olivenöl her. Die Olivenbaumhaine gehörten schließlich zu ihrer Geschichte, sie standen am Anfang von allem, wie knorrige Reminiszenzen. Der Clan besaß eine Landwirtschaftsfirma, die er nach sich selbst benannte, als wäre das ganz normal: *Agricola Piromalli.* Die Webseite ist noch immer einsehbar, sehr frisch, knallbunt, mit Links zu ihren Konten und Profilen auf Facebook und Twitter.

Auf der Willkommensseite strahlen Orangen, Kiwis, Mandarinen, Honig und Oliven auf dem Hintergrund einer sattgrünen Wiese. Alles schreit: sauber.

Antonio Piromalli klagte einmal, dass bei Google nicht als Erstes seine *azienda agricola* erscheine, wenn man als Suchwörter »Antonio Piromalli« eingebe, sondern seine Probleme mit der Justiz. »Wenn du meinen Namen klickst«, sagte er einem Freund, der sich mit Computern auskennt, »dann hast du Nachrichten auf dem Schirm … du verstehst schon, nichts Positives. Ich möchte, dass die *azienda agricola* aufpoppt, wenn man meinen Nachnamen eingibt – *Azienda Agricola Antonio Piromalli.* Kannst du dafür sorgen?« Die negativen Schlagzeilen hätte er lieber auf die »fünfte, sechste Seite« verbannt gehabt.[13]

Aktuell sind die Einträge auf der Webseite allerdings nicht. Im Zug des Prozesses »*Provvidenza*« wurde das Geschäft geschlossen. Der Onlineauftritt ist ein Relikt aus jener Zeit. Auf Facebook stammt der jüngste Post von Anfang 2018, kurz nach der Razzia, vor dem Prozess. »Unsere Geschichte lebt von Leidenschaft für die Erde und die Natur«, so lautete der Slogan der *Agricola Piromalli*. Ihr Olivenöl beschrieben sie im Netz mit der Poesie, wie man sie aus der Weinwelt kennt. Begonnen bei der Farbe, »einem hellen Gelb mit grünem Widerschein«. Der Geruch: eine Welt aus Pflanzen und Gras, durchsetzt von Schwaden »grün geernteter Oliven«. Im Geschmack sei das Öl harmonisch mit leichten Süßtönen, interessanten Stimulanzen aus Peperoncino, Radieschen und Zichorie, scharf und sauer hielten sich die Waage. Nach bitteren Mandeln soll das »Extra Vergine« der Piromallis auch schmecken und dabei im Abgang angenehm im Gaumen liegen. Ideal kombinierbar mit: rotem Fleisch vom Grill, gegrilltem Gemüse und Gemüsesuppen.

Beim Öl für die Amerikaner aber ging es nicht um »*Extra Virgin*«, wie man zum »Nativen Olivenöl Extra« auf Englisch sagt, dem mechanisch und ohne Wärmezufuhr gewonnenen Öl mit geringem Säuregehalt. Auch nicht um »Natives Olivenöl«, das sich durch einen höheren Säuregehalt vom »Extra« unterscheidet. Nicht einmal um Olivenöl handelte es sich, weder nativ noch extra nativ. Der Clan kaufte einfach billig Oliventresteröl aus Syrien, Griechenland und der Türkei ein. Gemacht wird das aus den Resten dessen, was nach dem Pressen übrigbleibt – mit dem Abfall gewissermaßen: den Steinen, dem Fruchtfleisch und den Schalen. Damit überhaupt noch etwas rauskommt aus der Masse, helfen sich die Produzenten mit Lösungsmitteln. In seiner ursprünglichen Form ist das Tresteröl nicht für den Verzehr gedacht.

Die Piromallis ließen riesige Mengen davon nach Kalabrien bringen. Sie mischten es mit etwas nativem Öl, raffinierten es, hellten die trübe Farbe ein bisschen auf und nahmen der Flüssigkeit mit einigen Tricks die viel zu starke Säure. Dann verschifften sie es nach Amerika, mit der *Global*

Freight Services Inc. von Rosario Vizzari. Eingeführt wurde das Öl als das, was es war: *olio di sansa* eben, das italienische Wort für Oliventresteröl. So stand es auf den Formularen der FDA, der *Food and Drug Administration.* Die Einfuhrsteuer auf Tresteröl ist viel tiefer als jene auf natives Olivenöl. Aufkleber trugen die Flaschen aber nicht. »Wir machen es wie Al Capone«, sagte Vizzari einmal zu Antonio Piromalli, »den haben sie für Steuerhinterziehung überführt und nicht für das, was er wirklich tat.«[14]

Der Mythos von Alphonse Gabriel Capone, auch bekannt als »*Scarface*«, geboren in New York mit italienischen Wurzeln, beflügelte die Träume der Freunde. Er war halb Popstar, halb Gangster. Schon in der Zeit von Al Capone versteckte sich die italienische Mafia in Amerika gerne hinter Scheinfirmen, zu Beginn waren das meisten Früchteläden.

Einem Produzenten in Kalabrien erzählte Vizzari in einem abgehörten Gespräch, es habe keinen Sinn, das Olivenöl aus Kalabrien mit Label in den USA einzuführen, weil etwa im Osten des Landes andere Vorschriften herrschten dafür, was auf dem Kleber stehen müsse, als im Westen. Er fügte dann noch einen Satz an, der dem Produzenten wie ein Versprechen aus dem Schlaraffenland vorkommen musste: »Wir arbeiten mit einer Kette, die 1500 Verkaufsstellen betreibt.« Und das war nur eine von mehreren.

War das Öl der Piromallis erst einmal auf dem verheißenen Markt, untergebracht in den Lagerhallen Vizzaris, wurden die Flaschen etikettiert. So wurde aus dem Tresteröl »*Extra Virgin Olive Oil*«. Aus Italien, für Amerika, recht günstig. Und »fruchtig«, »ungefiltert«, so stand es auf der Flasche.

Eine der Marken hieß *Bel Frantoio*, schöne Presse. Gepresst haben die Piromallis in diesem Fall gar nichts. Vizzari lieferte seinen Abnehmern, Wal-Mart und Costco, ein fertig beschriftetes Produkt, bereit für das Regal im Laden. Auch der Preis stand auf dem Label, als sie die Flaschen auslieferten, er lag etwas unter dem durchschnittlichen Marktpreis für kalt gepresstes Öl. Das angegebene Ablaufdatum? Weit weg in der Zukunft. Alles frisch.

Am Telefon erzählte Vizzari Antonio Piromalli von einem Kunden, der nicht genug bekommen konnte von ihrem Öl: »Er bestellte weitere 52 000 Flaschen«, sagte er. Das Lager sei aber total ausverkauft. Darauf Piromalli aus Italien: »Echt?« Er konnte es wohl selbst nicht fassen, wie leicht sich die Amerikaner täuschen lassen.[15]

Doch die Amerikaner sind nicht allein. Eine Studie der Stiftung Warentest ergab 2016, dass etwa die Hälfte allen Olivenöls, das zu dieser Zeit in Deutschland als »Natives Olivenöl Extra« verkauft wurde, ebendiese Bezeichnung nicht verdiente.[16] In den USA soll der Anteil gefälschten Öls gar 70 Prozent betragen. Versetzt mit billigem Olivenöl aus anderen Ländern oder mit Kernöl, gefärbt mit Chlorophyll und aufgesüßt mit Betakarotin, betrügerisch etikettiert. »*Extra Virgin Suicide*«, titelte die *New York Times* 2014 einen Artikel über den Niedergang des italienischen Olivenöls. Selbstmord durch Selbstfälschung und Preisdumping. Alle Marktteilnehmer litten darunter, auch die ehrlichen. Die Piromallis trugen da eine ganze Menge bei, vielleicht tun sie es noch immer.

Auch das ist eine Konstante: Die Mafia ist fähig, sich immer neu zu formieren, ihr Personal auszuwechseln, ihre Geschäfte frisch zu sortieren. Der 'Ndrangheta fällt das besonders leicht, weil die Familien weitverzweigt sind und die Grundregeln der Organisation einen klaren Rahmen vorgeben. Bereits am Tag nach der Operation »*Provvidenza*«, bei der 33 Mitglieder des Clans Piromalli verhaftet und Güter für viele Millionen Euro beschlagnahmt worden waren, traten einige Firmen der Familie schon unter neuem Namen auf.

Antonio Piromalli wurde in erster Instanz zu 20 Jahren Haft verurteilt. Die italienischen Justizbehörden übten viel Druck aus, damit die amerikanischen Kollegen auch Rosario Vizzari verhaften, den mutmaßlichen Marktöffner der Mafia. Er sei ein gefährlicher Mann. Vom FBI hieß es, es ermittle. Doch drei Jahre nach der Razzia in Gioia Tauro und Mailand, drei Jahre nachdem der Schwindel mit dem Olivenöl aufgeflogen war, war Vizzari immer noch frei.

Endstation San Ferdinando

Von der sanften Anhöhe hinter dem Friedhof, wo die Villa der Piromallis steht, sieht man rechts in der Ferne auch San Ferdinando, einen Ort an der Küste mit Industriebauten, Fabrikhallen und Feldern. San Ferdinando ist über die Jahre zum Symbolort des Caporalato geworden, zum Schandfleck für Italiens Umgang mit den Arbeitern auf den Plantagen.

In San Ferdinando stand ein *baraccopoli*, so nennen die Italiener Slums. Es war eine Ansammlung von Behelfshäusern aus Holz, Stahl und Plastik. Ohne Strom, ohne fließendes Wasser, ohne Toiletten. Tausende Afrikaner lebten da, Menschen aus Somalia, Nigeria, Senegal, Mali, Ghana, Gambia, von der Elfenbeinküste. Sie richteten sich ein, so gut es ging. Manchmal brannten Plastikhütten, dann kamen Menschen um, aber man hatte keine andere Wahl.

Für viele Migranten ohne Papiere ist San Ferdinando Endstation auf ihrer Flucht. Die ersten Etappen der Reise fressen ihre Ersparnisse auf, in Kalabrien schaffen sie es nicht, neue anzusammeln. Es reicht gerade zum Überleben. In ihre Heimat schicken sie Fotos, die sie aus dem Netz herunterladen, damit daheim niemand besorgt ist und damit man sie vielleicht ein bisschen beneidet um den europäischen Traum: Bilder aus Italiens tollen Städten, von der Natur, dem Meer. Aus San Ferdinando gibt es keine schönen Fotos.

Im Frühjahr 2019 ließ die italienische Regierung den Slum abreißen. Bagger fuhren im Morgengrauen auf, und sie hörten erst auf, als alles Plastik, alles Holz, aller Stahl auf einem großen Haufen lag. Die Menschen mussten sich neue Unterkünfte suchen, eine Alternative vom Staat gab es nicht. Auf den Orangenfeldern in der Ebene von Gioia Tauro verdienen die Erntehelfer 23 Euro am Tag, angetrieben von den *caporali*. Drei Euro gehen weg für den Bus, der sie auf die Felder bringt.

Die Piromallis, die einst selbst als Sklaventreiber begonnen hatten, haben das Caporalato schon lange ausgelagert an Dritte. Ein klassisches Outsourcing. An ihrer Vormachtstellung änderte das aber nichts. Sie brauchen auch gar nicht direkt Besitzer zu sein von den Ländereien und den Plantagen, um daran zu verdienen. Die Clans der fruchtbaren Ebene sind Grossisten geworden: Sie zwingen den Bauern ihre Preise auf und verkaufen die Früchte dann viel teurer weiter an die Supermärkte, bis nach Amerika, in die Regale von Wal-Mart und Costco. Wenn sich ein Bauer weigert, den Preis der 'Ndrangheta zu akzeptieren, findet er keine Abnehmer mehr für seine Ware, und dann ist er schnell raus.

Der Legozug

Die neue 'Ndrangheta, die mächtige und moderne und globale, hat es geschafft, so tief in die Gesellschaft einzudringen, dass sie auf genügend unverdächtige Helfer zählen kann, die ihr System absichern. Berufsleute, die mit beiden Beinen in der Zivilgesellschaft stehen und nebenbei für die Mafia arbeiten, ohne ihr anzugehören. Jedenfalls nicht organisch, mit allem drum und dran.

Es sind Treuhänder und Notare, die sich um die Papiere kümmern, der 'Ndrangheta helfen, Steuern zu umgehen, Scheinfirmen aufzubauen. Oder Carabinieri, Polizisten, Offiziere, die wegschauen oder Tipps geben, wenn etwas im Busch ist. Politiker, Bürgermeister, Mitglieder des regionalen Parlaments, die gegen gekaufte Stimmen ihre Seele verkaufen. Und Politiker, Richter, Journalisten. Im *Paten* von Francis Ford Coppola sagte Don Vito Corleone einmal, ein Anwalt könne mit seinem Aktenkoffer mehr stehlen als hundert Männer mit Kanonen.

Als die Polizei auf Geheiß von Nicola Gratteri im Dezember 2019 bei der Großoperation »*Rinascita Scott*«, »Wiedergeburt Scott«, 334 Personen verhaftete, die der 'Ndrangheta angehören oder mit ihr verbandelt waren, gingen auch viele solche *colletti bianchi* ins Netz. Der meistgehörte Spruch von Weißkragen in Telefonaten mit ihren Referenten aus der Mafia war: »*Me la vedo io.*« Ich schau mir die Angelegenheit an. In der Regel war das die Losung für eine ferngesteuerte Auktion, eine pilotierte Ausschreibung für ein neues Bauprojekt oder einen Hilfsfonds, die Revision einer Geld- oder Haftstrafe. Fast alles lässt sich irgendwie arrangieren in der Zwischenwelt, die Grenzen sind da fließend. Die Weißkragen behalten zwanzig bis dreißig Prozent des Geschäftsvolumens für sich.

Für die Gerichte ist es nicht immer leicht, den Grad der Verwicklung zu bestimmen: Was genau wussten sie von ihren Mandanten? Wo hört die Ignoranz auf, wo beginnt die aktive Mithilfe an den kriminellen Machenschaften? Doch ohne den Straftatbestand Zugehörigkeit zur Mafia, Artikel *416 bis* des Strafgesetzbuchs, wäre der Kampf gegen dieses Scharnier zwischen Legalität und organisiertem Verbrechen, diese Schmierzentrale für die Geschäfte der Mafia chancenlos.

Im Zentrum der Operation »*Rinascita Scott*« stand ein Clan aus Vibo Valentia, nicht weit entfernt von Gioia Tauro. Viele Verhaftungen gab es aber auch im Norden Italiens, in der Lombardei, im Piemont. Und im Ausland, in Deutschland, der Schweiz, in Belgien und den Niederlanden. Sie war eine der größten Razzien in der Geschichte der 'Ndrangheta. Der Haftbefehl war 13 500 Seiten lang, und da jeder der insgesamt 487 Angeklagten das ganze Konvolut erhalten sollte, waren mehrere Millionen Kopien nötig. Gratteri ließ sie heimlich im Ausland drucken, um sicher zu sein, dass vor dem D-Day, dem Tag der Operation, für die er 3000 Carabinieri aufbieten ließ, auch ja nichts durchsickert. Italien bot ihm diese Garantie nicht, in Italien hat die Mafia zu viele Komplizen in strategischen Positionen sitzen. Auch bei der Polizei. »*Rinascita Scott*« war auch der Beweis, wenn es den noch gebraucht hätte, dass die 'Ndrangheta weiter gewachsen war. Im Stillen, mit kleinen Häutungen, aber effizient.

Gelungen war ihr das dank dem System des Franchising, das den verschiedenen Familien Autonomie einräumt und doch alles zusammenhält. Dank der Hegemonie im Kokainhandel, für die sie ihre Strukturen aus Kalabrien deckungsgleich nach Kolumbien, Peru und Bolivien übertrugen und seither mit Geld überströmt werden. Dank ihrer Fähigkeit auch, sich immer neu zu erfinden und sich immer neue Geschäftsfelder zu öffnen. Manchmal sind es auch die alten, nur neu aktiviert. Dank der Einsicht auch, dass alles viel einfacher ist, wenn die Geschäfte ruhig vonstatten gehen: mit wenig Gewalt, mit möglichst wenigen Toten. Zwei Konflikte und das Blutbad von Duisburg reichten aus, um diese Regel zu verinnerlichen.

Der italienische Staat reagiert erst dann mit letzter Härte, wenn er dazu gezwungen wird. Wie in den Neunzigern, als die Corleonesi ihn herausforderten und dafür teuer bezahlten. Auch das gereichte der 'Ndrangheta zur Lehre – und zum Triumph. Sie schlich sich ein in die legale Welt, sie wurde dort mit offenen Armen empfangen. Und sie expandierte ins Ausland, wie das keiner Mafia vor ihr jemals gelungen war. Cosa Nostra wurde mit dem Ableger in Amerika groß, aber das war's dann auch. Die 'Ndrangheta ist mittlerweile fast überall. Auch in Kanada, in Australien, in Brasilien und Venezuela, in Russland, im Osten Europas. Und in all jenen Ländern Westeuropas, wo früher, als die großen Fabriken nach Arbeitern riefen, Zehntausende, gar Hunderttausende Kalabresen hinzogen: in die Schweiz, nach Belgien, in die Niederlande und nach Deutschland. Vor allem nach Deutschland.

Nach der Operation »*Rinascita Scott*« trat Gratteri vor die Presse und sagte einen Satz, der wie ein politisches Vermächtnis klang. »Am Tag, als ich mein Amt angetreten habe, dachte ich mir, jetzt zerlegst du Kalabrien wie einen Legozug und setzt ihn dann wieder zusammen, Stück für Stück.« Der Satz trug ihm Kritik ein. Es hieß, Gratteri sprenge damit seine Rolle als Oberstaatsanwalt und setze sich selbst aufs Podest. Eine Zeitung schrieb, er hebe sich so auf eine Ebene mit Giovanni Falcone, dem Richter aus Palermo, den Cosa Nostra 1992 umgebracht hat. Falcone gilt als Halbheiliger, zumindest heute, überall in Italien wurden Straßen und Plätze nach ihm benannt.

Doch auch ihm hörten nicht alle zu, als er noch lebte. Es hieß, Falcone sei eitel, verantwortungslos, er spiele sich auf wie ein Superheld aus einem Comic, er schade mit seinen Ermittlungen der sizilianischen Wirtschaft. Selbst Richterkollegen redeten so über Falcone.[17]

Gratteri geht es ähnlich. Man wirft ihm vor, er rede zu viel, schreibe zu viele Bücher, sei zu oft im Fernsehen. Dabei ist diese Öffentlichkeitsarbeit mindestens so wichtig wie die Jagd nach den Mafiosi. Solange das Volk sich der alles unterwandernden, stillen Gefahr gewahr ist, kann auch die Politik nicht wegschauen. Schauen aber alle weg, sind die Mahner und Jäger schnell alleine.

Der Prozess im Fall »*Rinascita Scott*« soll etwa drei Jahre dauern, in Lamezia Terme haben sie dafür ein ehemaliges Call Center zu einer Gerichtsaula umgebaut.[18] 487 Angeklagte und 230 Anwälte werden auftreten. Es ist ein bisschen wie damals, 1986, als in Palermo der »*maxiprocesso*« gegen Cosa Nostra begann.

Ein Frühling, trotz allem?

Die 'Ndrangheta durchlebt eine Transformationsphase, die mit den Mitteln der Psychologie vielleicht besser greifbar ist als mit den Methoden der Soziologie, die bisher herangezogen wurden für die Analyse des Phänomens. Die 'Ndranghetisti der Neuzeit, die modernen Bosse, seien kaum mehr von Normalbürgern zu unterscheiden, sagte Gratteri bei einem Auftritt vor ausländischen Journalisten in Rom. Sie kleiden sich wie alle, reden wie alle, sie haben die besten Universitäten absolviert. Die Organisation erwartet von ihnen, dass sie »Pim pim« können, wie es ein alter Boss einmal in einem aufgezeichneten Videoanruf beschrieb und dazu mit den Fingerkuppen auf den Tisch trommelte, als hämmerte er auf die Tastatur eines Computers. Leute also, die mit einigen Klicks im Netz Geld verschieben können, die sich mit Kryptowährungen auskennen und mit Onlinewetten. Solche, die »Bam bam« könnten, hätten sie genug, sagte der Boss. »Es ist alles eine Frage von Fingerkuppen, *capito?*«

Die Verwandlung geht so schnell vonstatten, dass auch ihr bester Kenner immer wieder verblüfft ist. »Früher war es einfacher«, sagte Gratteri. »Da verstanden wir, wie die Bosse funktionieren: Sie ließen die Stille reden, ihre Präsenz reichte, ihre Pose.« Ein Wimpernschlag, eine flüchtige Geste, und alle wussten Bescheid. Mochte der Boss auch im Rollstuhl sitzen, krank und alt sein: Seine Aura überstrahlte alles. Die Bosse waren bereit, sich jahrelang in Bunkern in ihren Dörfern vor der Polizei zu verstecken, tief unter dem Boden, damit ihre Präsenz nicht vergilbte. Für ihre Jäger waren sie deshalb auch besser deut- und ausrechenbar. »Sie waren wirklich hart und grausam«, sagte Gratteri. Die Härte war antrainiert. Um aufgenommen zu werden, mussten sie vorab Prüfungen der Organisation durchstehen, man setzte sie Stresssituationen aus. Nur wer diese Härtetests überstand, wurde *picciotto*.

Er habe in seiner Karriere vielen Mafiosi ins Gesicht geschaut, als sie im Gerichtssaal saßen und das Urteil des Richters erfuhren. »20, 30 Jahre oder lebenslange Haftstrafen nahmen sie einfach hin, völlig unbeeindruckt, als gehe sie das gar nichts an. Die neuen Mafiosi hingegen haben ähnliche Reflexe wie wir.« Sie hätten dieselben Schwächen wie alle Bürger, fürchteten sich vor dem Gefängnis, seien nicht mehr so stressresistent, wie es ihre Väter und Großväter gewesen seien. »Sie sind keine harten Supermänner mehr, die ihre Muskeln zeigen, sondern normale Männer.« Weltgewandt, verliebt ins gute Leben. Gleich geblieben sei nur die Lust an der Macht und am Geld.

Das neue Selbstverständnis der jungen Bosse verwirrt die Ermittler, es begünstigt aber auch den Kampf gegen die Organisation. Plötzlich und völlig überraschend gibt es seit einiger Zeit in den Reihen der 'Ndrangheta Leute, die auspacken und als Kronzeugen der Justiz helfen. Das gab es früher nie, in Kalabrien war das Schweigegesetz aus Beton, doppelt und dreifach abgesichert durch die Familienbanden. Die Italiener nennen die Kronzeugen *pentiti*, Reumütige also, obschon längst nicht alle von Reue getrieben sind. Der Staat bietet ihnen Hafterleichterungen und eine neue Identität an, wenn sie ihn weiterbringen mit ihren Informationen.

Bei Gratteri meldete sich schon der Sohn eines mächtigen Bosses, den er aber zunächst wochenlang ermuntern musste, bis er wirklich sang. Es gibt auch immer mehr Frauen aus den Clans, die bereit sind zu reden. Mütter, die um ihre Söhne fürchten, sie wollen sie dem Sog der Kriminalität entreißen. Oder Frauen, die sich in den Mann einer rivalisierenden Familie verliebt haben und deshalb von der eigenen ausgestoßen werden. Das häufigste Motiv für den Gang zur Polizei ist die Liebe.

Gratteri hat Empfangstage in seinem Büro in Catanzaro eingerichtet, die Türe steht dann jeweils zwischen 14 und 22 Uhr offen. Wer reden wolle, könne zu ihm kommen. Und es kommen viele. Opfer der Mafia, die um Hilfe vom Staat bitten. Aussteiger, die ihre Chancen ausloten. Weißkragen auch, die sich erkundigen, wie prekär ihre Situation ist. »Manchmal kommt alle zehn Minuten ein neuer Gast durch die Türe und erzählt mir sein Problem, sein Drama.« Die Taktik der offenen Tür funktioniert, die Aura des bekannten Staatsanwalts zieht an.

Er wolle nichts verschreien, sagte Gratteri bei jenem Auftritt vor ausländischen Journalisten in Rom. Doch diese neue, unerwartete Entwicklung sei schon sehr interessant, »eine Art Frühling«.[19] Das war im Winter 2019.

3 – Kampanien: Die Versuchung am Fuß des Vesuvs

»Ich rede lieber mit Büffeln als mit Christen.«
Francesco »*Cicciarello*« Schiavone,
Viehzüchter der Camorra in Rumänien, im Gericht

»*Oro bianco*«, weißes Gold

Grauer Dunst liegt auf der Ebene des Flusses Volturno, wie ein dünner Teppich zieht er die grünen Hänge hoch. Im Winter frisst sich die Feuchtigkeit in die Knochen. Der Volturno quert das Hinterland von Caserta, eine halbe Stunde nördlich von Neapel. Gerade prägten noch die trockenen Pinien am Golf von Neapel mit ihren breiten Kronen die Szenerie, der Vesuv, die Inseln Capri und Ischia, die Halbinsel Sorrent. Süden, wie man ihn kennt. Und nun also, ein paar Kilometer nur die A1 hoch Richtung Rom: diese satte, tiefgrüne Ebene des Volturno, sanft gewellt, die Berge weiter im Landesinnern als Rahmen. Vergleichbar mit dem Appenzell, dem Allgäu, Vorarlberg.

Früher, als sich der Fluss seinen Weg noch unkontrolliert zum Meer brach, runter nach Castelvolturno, flutete er die Gemeinden in der Gegend jedes Mal, wenn es stark regnete. Ein Teil des Casertano, wie die Region rund um die Provinzhauptstadt Caserta genannt wird, war Sumpfgebiet. Sandig und feucht, ein idealer Boden für die Tiere, die hier so prominent sind und nicht so recht nach Italien passen wollen: Büffel, *bufale*. Stolze, stramme Tiere mit kleinen Augen, schwarzem Fell und geschwungenen Hörnern. Man kennt sie aus tropischeren Gefilden, aus dem südlichen und südöstlichen Asien und aus Afrika vor allem. In Italien gibt es Zehntausende, sie leben schon seit Jahrhunderten auf der Halbinsel. Sie brauchen viel Feuchtigkeit um sich herum, weil ihre Schweißdrüsen nicht ausgebildet sind und die Haut im heißtrockenen Ambiente nur mühevoll atmet.

Wie die Büffel nach Italien kamen, ist ein altes Rätsel, ein Mysterium. Es wurde schon oft studiert, aber nie geklärt. Schöne Legenden umranken es. Etwa die von Hannibal, dem Feldherrn aus dem antiken Karthago. Der soll, als er mit seinen Elefanten über die Alpen kam, auch Büffel mitgeführt haben, die dann im Casertano ein besonders passendes Habitat gefunden haben. Vielleicht gab es den italienischen Büffel aber auch schon mal in fernster Vergangenheit, womöglich als autochthone Rasse, die dann ausstarb und später von den Langobarden wieder eingeführt wurde.

Die Zoologie jedenfalls kennt den italienischen Büffel als *Bufalo mediterraneo italiano* mit dem Zusatz *tipo river*: Typus Fluss. Die meisten, etwa 80 Prozent vom gesamten Bestand, leben im Casertano und im Salernitano, einer Region südlich von Neapel, dazu einige in einer Ecke Apuliens und am südlichen Rand von Latium. Die genaue geografische Beheimatung dieser Tiere ist von zentraler Bedeutung, sie entscheidet über die Fortüne ihrer Besitzer, der Bauern.

Die Büffel geben eine fette, nahrhafte Milch, sie ist kräftiger im Geschmack als die von Kühen, reicher an Calcium und Proteinen. Daraus wird ein beliebter Frischkäse hergestellt, der den Büffel im Namen trägt: *Mozzarella di bufala*. Er ist rund wie eine Kugel, drinnen weich. Eine feine Haut fasst sie, perl- oder porzellanweiß. Mal ist der Büffelmozzarella süßer, mal salziger, je nachdem, wo er herkommt, aus welcher Ecke genau. Sticht man in die Haut, kullert Milch heraus, sonst stimmt etwas nicht. So muss sie sein, *la mozzarella*. Im Italienischen ist sie weiblich.

Gilt die Tomate als »rotes Gold«, das Olivenöl als »grünes Gold«, so hat sich der Büffelmozzarella über die Jahre vom Nischenprodukt zum *»oro bianco«* entwickelt. Zum weißen Gold. Einem Milliardengeschäft, einem internationalen, in dem immer auch die lokalen Clans der Camorra mitmischten, die besonders berüchtigten und brutalen Casalesi. Ziemlich mächtig mischten sie mit. Die Casalesi haben als Büffelbauern begonnen, als Milchproduzenten und Käser. Sie haben ihre erste Liebe nie vergessen. Mehr noch: Je größer das Business wurde, desto stärker richteten sie ihre Aufmerksamkeit auf den Käse.

Im vergangenen Vierteljahrhundert hat sich die Produktion des Büffelmozzarella mehr als vervierfacht, von 115 000 auf 494 000 Tonnen im Jahr. Mehr als 60 Prozent davon kommen aus dem Casertano, etwa 30 Prozent aus Battipaglia und Paestum bei Salerno, der Rest aus Apulien und Latium. 1,2 Milliarden Euro werden mit der *Mozzarella di bufala* insgesamt jährlich umgesetzt.[1] Die größten Absatzmärkte im Ausland sind Deutschland, Frankreich, Großbritannien, die USA, Spanien und die Schweiz. Von den italienischen Käsen sind nur der *Parmigiano Reggiano* und der *Grana Padano* erfolgreicher auf dem Weltmarkt.

Der Vergleich ist jedoch unfair: Die beiden Hartkäse aus dem Norden sind viel länger haltbar und lassen sich deshalb auch leichter transportieren. Bei der *Mozzarella di bufala* dreht sich alles um die Frische. Drei Tage hält sie an, mehr nicht. Am vierten Tag nach der Produktion ist der Käse schon geschmacklich minderwertig, wenigstens nach Ansicht der Puritaner, und in diesen Sachen sind die Italiener immer Puritaner.

Der frische Mozzarella aus Kampanien sollte nicht im Kühlschrank lagern, sondern bei Zimmertemperatur in seinem Serum. Nach drei Tagen verliert er seine Qualitäten, jeden Tag etwas mehr. Gekühlt kann man ihn noch eine Weile aufbewahren und als Zusatz fürs Kochen gebrauchen: etwa als Schmelzkäse in einem *arancino*, einem Reisbällchen für den *antipasto*, oder auf der Pizza, die dann in den Ofen kommt.

Doch ob Mozzarella überhaupt auf die Pizza passt? Muss es nicht immer *Fior di latte* sein, gewissermaßen das Pendant des Mozzarella aus Kuhmilch? Über solche Fragen streiten die Italiener mit Genuss und nicht selten mit heiliger Inbrunst, meistens unversöhnlich. Beim Mozzarella und bei der Pizza aber hören alle Italiener auf die Neapolitaner, die Erfinder beider. Sie sind die absolute Referenz.

Öl, Salz, Pfeffer? Gehören nicht auf einen echten Mozzarella, nie. Ein Mozzarella genügt sich selbst, in Neapel essen sie ihn auch als Hauptgang statt Fleisch und Fisch, mit Beilage. Oder als mächtige Vorspeise zwischen zwei Scheiben frittiertes Brot geklemmt: Bei der *Mozzarella in carrozza*, in der Kutsche also, reist manchmal auch noch eine Anchovis mit.

Lange Zeit war der Mozzarella überhaupt nur den Menschen in Neapel und Umgebung vorbehalten, mindestens bis zum Bau der Eisenbahnstrecke in den Norden und der *Autostrada del Sole*. Davor war es aussichtslos, den Käse frisch auszuliefern. Drei Tage? Unmöglich.

In Neapel aber aßen sie den Käse aus *pasta filata*, dem weichen Teig, von dem der Käselaib bei der Herstellung abge-

trennt wird, schon seit Jahrhunderten. Er heißt so, weil der
Käser in einer geschmeidigen Geste mit Daumen und Zeigefinger aus der Masse eine Kugel formt und trennt: *mozzare*
eben. Mozzarella ist die Verkleinerungsform von *mozza*,
dem so gewonnenen Stück. Im Normalfall ist die Kugel ein
halbes Kilogramm schwer. Die besten Käser bekommen das
jedes Mal fast auf das Gramm genau hin.

Heute gibt es den Mozzarella auch als kleinste Bällchen,
so genannte *bottoni di preti*, Knöpfe der Pfarrersoutane, etwa
zwölf Gramm schwer. Oder als *ciliegine*, Kirschen, die mit
den Cherrytomaten aus Pachino ein schönes Duo bilden
können. Oder als *bocconcini*, mundgerechte Größe, etwas
zwischen Kirsche und Normformat. Und dann gibt es noch
die *treccia*, den Zopf, der mehrere Kilogramm wiegen kann.
Schwerer als drei Kilogramm darf ein Zopf allerdings nicht
sein, weil sonst die Balance der Geschmäcker verloren gehen könnte.

So schreibt es der Kodex für das Gütesiegel DOP vor. Es
ist das höchstmögliche Garantiesiegel und soll wahren Büffelmozzarella von Imitationen trennen. Das DOP gibt es erst
seit 1996. Eine totale Garantie ist es nicht.

Als die Neapolitaner den Mozzarella noch exklusiv für
sich hatten, war er eine Delikatesse für Feinschmecker,
recht teuer. Die Händler trugen ihn in wohlriechenden
Beerenblättern auf die nahen Märkte, sicher ist sicher. Das
Königshaus der Bourbonen mochte ihn so sehr, dass es
ihn zu allen Festen in großer Menge bestellte. An der Börse
von Neapel wurde der Käse gehandelt wie Gold und
Getreide.

Es war deshalb nur eine Frage der Zeit und des Fort-
schritts, bis die Welt mit der runden, perlweißen Pracht
beschenkt werden würde. Mit diesen wunderbar süßlich-

salzigen Kugeln aus Büffelmilch, von denen man aber ganz genau wissen will, wie frisch sie sind und wer sie herstellt.

Der letzte Schrei

Roberto Battaglia betrieb einen Büffelhof in Caiazzo, Provinz Caserta, an einem Hang dreihundert Meter entfernt vom Fluss, dem Volturno. Zu den besten Zeiten hatte er 500 Büffel und hundert Kühe. Und fünf Melkstraßen. »Letzter Schrei«, sagt er, topmodern.[2] Er war Großbauer, der Hof war seine Leidenschaft. Bis die Casalesi ihn in die Verzweiflung trieben, ihn brachen und sein Geschäft zerstörten.

Seitdem steht der Hof verlassen am Hang von Caiazzo, er ist heruntergekommen. Ein langjähriger Mitarbeiter hütet das Relikt hinter dem großen schwarzen Tor. Auf dem Hof leben noch ein Pferd, ein Pony, zwei Katzen – aber Büffel sind keine mehr da. Battaglia musste sie verkaufen. Manche waren verendet, bevor er sie wegbringen konnte, vergiftet von der Mafia. Die Trinktröge und die Melkstraßen sind schon lange nicht mehr letzter Schrei, der Wind hat sie mit Laub gefüllt.

Unter dem Dach, wo früher das Heu lag, steht Hausrat: Bürostühle, Tische aus Bambusgeflecht, braune Holzschränke, ein alter Fernseher. Und Landwirtschaftsgeräte, alle verrostet. Die Pneus des Traktors sind platt, die Hintertüren eines weißen Lieferwagens hängen schief aus den Angeln. In einer Ecke liegt der Schädel eines Hundes, alle Zähne sind noch dran.

Die Familie von Roberto Battaglia, geboren 1970, kommt aus Neapel. Der Vater hatte eine Reiseagentur in Caserta, die lief einmal ganz gut. Die Battaglias waren Verkaufsvertreter von *Alitalia*, der italienischen Fluggesellschaft, für die gesamte Gegend. Zu ihrer Kundschaft gehörten auch die Clans von Casal di Principe, die Casalesi also, die Familien Schiavone und Zagaria. Namen wie Betonblöcke. Sie buchten bei den Battaglias, oft waren es Kreuzfahrten. Bezahlt haben die Casalesi nur selten. Sie kamen rein, ließen sich Bilder von den Reisezielen zeigen, bestellten Tickets und gingen wieder. Eine Plage, doch wie treibt man Geld von der Mafia ein?

Als das Geschäft mit der Reiseagentur wegen des Internets immer stärker zurückging und *Alitalia* ihre Vertretungen in der Provinz nach und nach aufgab, orientierte sich die Familie neu. Mit dem bisschen Kapital, das sie in besseren Zeiten gespart hatten, konnten sich die Battaglias einen kleinen Hof in Caiazzo kaufen, den sie bald auf Kredit ausbauten, bis er eine beachtliche Größe angenommen hatte.

Der Hof war eine alte Leidenschaft von Roberto gewesen. Er hatte schon als kleiner Junge davon geträumt, Tiere zu haben und Bauer zu werden. Plan B war eigentlich immer schon Plan A gewesen.

Zu Beginn stellte Battaglia nur Milch her und belieferte die vielen Käsereien in der Ebene, die *caseifici*. Ein Büffel gibt am Tag durchschnittlich zwölf Liter Milch, daraus lassen sich drei Kilogramm Mozzarella herstellen. Mit seinen 500 Büffeln lieferte Battaglia also jeden Tag eine ganze Menge Milch aus. Es war viel zu viel, als dass ihn die Clans in Ruhe hätten arbeiten lassen.

Die Emissäre schauten bald vorbei und schrieben ihm vor, wen er beliefern sollte, welchen Käser. Es waren ihre Käser, die Käser der Camorra. Die Clans bestimmten auch den Preis, und natürlich lag dieser weit unter Marktwert. Sie sagten zu Battaglia: »Bezahlt wirst du direkt von uns.« Da wusste er schon, dass er verloren hatte. Er kannte die Zahlmoral der Casalesi aus Zeiten, als sein Vater noch die Reiseagentur führte. Hunderttausende Euro verlor er so über die Jahre, sie nahmen ihm mit der Zeit die Luft zum Atmen.

Battaglia versuchte die Flucht nach vorne und stellte selbst Mozzarella her, öffnete vier kleine Läden, um sich aus den Fängen der Mafia zu lösen. Doch die Clans wollten auch davon ihren Teil, in Form von Schutzgebühren. Die Höhe dieses Schutzgeldes stieg mit der Zeit immer weiter an. Acht Jahre lang nahm er die Gängelung hin, bis 2008, dann fand er den Mut, die Erpresser anzuzeigen. Sie waren zuletzt ständig zu ihm nach Hause gekommen, um ihn unter Druck zu setzen. Seine Frau war oft alleine daheim. Er konnte nicht mehr.

Battaglia beschloss, seine Peiniger mit einem Trick zu düpieren und sie vor Gericht zu zerren, jeden einzelnen. Es war ein gefährlicher Entscheid, einer, der sein Leben für immer verändern sollte. Aber dazu später. Wie gefährlich der Befreiungsschlag war, das zeigt die Geschichte dieser Mafia vom feuchten Land, dem Land der Büffel. Sie ist die blutrünstigste der jüngeren italienischen Vergangenheit.

Der Drang des Professors

Die Casalesi lassen sich nur schwer einordnen in die Großfamilien des organisierten Verbrechens. Der Einfachheit halber rechnet man ihre Clans der neapolitanischen Camorra zu, einem alten Kartell, das selten bis nie gesamtheitlich auftrat. Die Zuordnung ist vor allem eine geografische, sie ist der Nähe zu Neapel geschuldet.

Die Casalesi haben ihren Ursprung alle im Casertano, genauer: in den drei Nachbargemeinden Casal di Principe, San Cipriano d'Aversa und Casapesenna. Sie liegen auf einem Haufen, auf halbem Weg zwischen Caserta und dem Meer, die Grenzen verlaufen fließend. Ohne Navigationssystem weiß man als Fremder nicht, wo ein Ort aufhört und wo der nächste anfängt. Es gibt aber eine Art Zugangstor zu dieser Welt, eine Straßenunterführung. Ein langes, weißes Schild prangt daran, es empfängt jeden, der von der *Statale 7 bis* kommt: »*Benvenuti a Casal di Principe*«, steht mit schwarzer Schrift darauf. Es ist ein müdes Willkommen, eines ohne Blumen und ganz ohne Schnörkel.

»Casale«, wie sie hier sagen, 22 000 Einwohner, ist eine dieser Städte, wie es sie im Süden viele gibt: grau, voller Bausünden aus den Sechziger- und Siebzigerjahre, dazu einige tolle Villen mit blank polierten Garagentoren ohne Knauf, die nicht ins Bild passen, auffallend vielen Läden mit Brautmode, Konditoreien, ein kleines Zentrum mit Bars und Kirche. Kein Barock weit und breit, keine Lieblichkeit.

Casal di Principe hat einen schlimmen Ruf, er ist ganz geprägt von den Clans. Man hat ihnen den Namen der Bewohner gegeben, als wären alle Einwohner des Orts auch Mitglieder der Mafia, alle Casalesi auch »Casalesi« – selbst die Opfer der Clans. Der englische Eintrag zu Casal di Principe auf Wikipedia fasst es so zusammen: »Bekannt dafür, dass es Büffelmozzarella und organisiertes Verbrechen exportiert.«

Über Provinzstraßen ist man schnell in Neapel, schneller jedenfalls als über die A1. Darum zählt man die Casalesi zur Camorra, obschon sie mit der städtischen Camorra aus Neapel nur wenig gemein haben. Die Casalesi sind Bauern,

Leute vom Land, die mächtigsten Familien sind einst mit Büffelhöfen und Mozzarella groß geworden, dem weißen Gold.

Die urbane Camorra dagegen war immer laut, aufschneiderisch, präpotent und im Krieg mit sich selbst. Zwei Dutzend Clans bekämpfen sich recht anarchisch, Viertel um Viertel, wie Gangster. Es gab schon viele Versuche, die Minipotentaten der neapolitanischen Mafia unter eine Führung zu stellen, ihnen eine operative oder wenigstens eine strategische Spitze zu geben, wie sie die sizilianische Cosa Nostra und die kalabrische 'Ndrangheta haben. Alle sind misslungen.

Am nächsten dran war Raffaele Cutolo, der Boss aus Ottaviano, einer Stadt am östlichen Abhang des Vesuvs, geboren 1941. Im Gefängnis gaben sie ihm den Namen »*O Professore*«, weil er einer der wenigen war, die lesen und schreiben konnten.[3] In Gefangenschaft baute er seine Macht auf, er saß schon früh ein. Seinen ersten Mord hatte Cutolo mit 22 Jahren begangen, an einem Jungen, der seiner Schwester auf der Straße anzügliche Kommentare nachgerufen hatte. Als er ins Gefängnis kam, gab es in Italien noch kein hartes Haftregime, kein »*41 bis*«. Bosse führten die Geschäfte einfach weiter, manchmal war das sogar einfacher: In den Haftanstalten fanden sie neues Personal für ihre Clans, das waren Leute, die nichts zu verlieren hatten. Cutolo sah sich selbst wie eine Art Robin Hood und schrieb Gedichte, die seine Rolle mythenhaft verklärten. Seine Anhänger folgten ihm blind.

Cutolos Projekt zur Unifizierung und Machterlangung trug den Namen *Nuova Camorra Organizzata*, der auch als Akronym einige Bekanntheit erreichen sollte: NCO. Es formierte sich aber bald Widerstand in den Quartieren, unerbittlich gingen die Rivalen gegeneinander vor. Zunächst bekämpften sich nur die Familien in Neapel. Als Cutolo dann vom Boss in San Cipriano einen größeren Anteil am lokalen Business mit den geschmuggelten Zigaretten forderte, zogen auch die Casalesi in den Krieg um die Macht. Sie schlossen sich dem Gegenprojekt an, der *Nuova Famiglia*, der neuen Familie. Zwischen 1979 und 1983 forderte der Konflikt jedes Jahr hunderte Opfer, auf allen Seiten. Jeden Tag gab es Abrechnungsmorde in Serie.

Bei den Casalesi regierte damals Antonio Bardellino, so etwas wie der Übervater der Mafia im Casertano, ein charismatischer Mann. Bardellino wusste ein Heer bewaffneter Männer hinter sich, die ihm unbedingte Treue versprachen. Alle kamen aus den drei Nachbargemeinden. Bekannt wurde der Boss mit Überfällen auf Raststätten an der Autobahn, überall im Land. Seine Bande raubte Lastwagen aus, die teure Ware aus dem Norden in den Süden transportierten: Kleider, Lebensmittel, elektronische Geräte. Verkauft wurden sie dann auf dem Schwarzmarkt. Unter Wert, aber mit großem Gewinn.

Bardellino hatte enge Verbindungen zu Cosa Nostra, er war gar ein getauftes, festes Mitglied der Organisation. Tommaso Buscetta, der wichtigste Kronzeuge aus der sizilianischen Mafia, sagte einmal, die Casalesi seien die »kampanische Rippe von Cosa Nostra«.[4] Darum heißt es in Expertenkreisen oft, die Casalesi seien nicht Camorra, sie seien Mafia. Unter Mafia, ohne geografische Verortung, versteht man nur die sizilianische, sie ist die Ur-Mafia.

Im Kampf gegen Cutolo konnte Bardellino auf die Hilfe aus Corleone zählen, das war entscheidend. Cutolo ließ bald ab von den Casalesi, sein großer Einigungsversuch scheiterte.

In Casal di Principe wuchs unterdessen die Überzeugung,

dass nur eine pyramidale Führung nach sizilianischem Vorbild mit einem Superboss an der Spitze wahre Macht verspreche, und diese Macht einhergehe mit einer totalen, feinkapillaren Kontrolle des Territoriums. Doch diese Überzeugung allein reichte als Kitt nicht aus.

Das lag auch an Bardellino. Der hatte begonnen, das viele Geld, das er mit seinen Firmen beim Wiederaufbau nach dem großen Erdbeben von 1980 in der kampanischen Gebirgslandschaft Irpinia und beim Straßenbau verdient hatte, aus dem Land zu schaffen. Vor allem nach Südamerika, nach Santo Domingo. Dort lebte er zuweilen monatelang und kümmerte sich um den Drogenhandel. Er gründete eine Firma, die Fischmehl nach Italien exportierte: Fischmehl ist weiß wie Kokain, eine perfekte Verschleierung, so kamen viele Tonnen Kokain ins Casertano. Daheim in San Cipriano war er kaum mehr, die Aura verblasste.

»Sandokan« und die Räuber

Darum beschloss die zweite, jüngere Garde, den Superboss zu eliminieren, als der gerade in Brasilien war. So jedenfalls geht die gängige Geschichtsschreibung der Casalesi. Man entsandte einen der Rebellen als Killer, und der soll Bardellino 1988 mit einem Hammer erschlagen haben.

Es gibt aber auch eine andere Version der Vorkommnisse in Brasilien. Der Boss soll aufgegeben haben, als er sich der Ausweglosigkeit seiner Lage bewusst geworden war. Womöglich lebt er noch, im Ruhestand, irgendwo, vielleicht in Südamerika. Möglich wäre es, Bardellino war erst 43, als sie ihn wegputschten.

Seine treuesten Waffenbrüder, die Colonels seines Heers,

hatten ihn betrogen. In einer unvorstellbar blutigen Fehde machten die Neuen untereinander aus, wer seine Position übernehmen sollte. Ganze Familien wurden ausgelöscht, der Machtkampf dauerte mehrere Jahre. Neuer Superboss, Chef der *cupola*, wurde Francesco Schiavone, der frühere Chauffeur von Bardellino, ein schweigsamer Mann mit beredter Fama. Seine früheren Gegner wurden zu Alliierten. Mit seinem Bart sah er dem Hauptdarsteller aus einer beliebten Fernsehserie ähnlich. So kam der Boss zu einem Spitznamen, den er nie ausstehen konnte: *Sandokan*, so hieß die Serie.

Schiavone, geboren 1953, ist der Sohn eines Büffelbauern. Die Familie hatte einen Hof in Casal di Principe. Wann immer der Zögling fortan von sich reden machen sollte, zeigten die Nachrichtensendungen im italienischen Fernsehen das Bild eines Schilds am Anfang einer Schotterstraße, dreieckig, mit der Aufschrift: »*Azienda Agricola Bufalina Schiavone*. Private Straße. Sackgasse.« Die Italiener sollten mit diesem Einspieler immer daran erinnert werden, wo dieser schreckliche »*Sandokan*« herkam, aus welcher heilen Welt.

Der Vater war kein Mafioso, die mafiöse Geschichte der Familie begann mit der neuen Generation. »*Sandokan*« machte seine ersten Schritte als Betrüger von Versicherungen, einem klassischen Einstiegsmodell. Mit Gewalt geht das leicht: Er zwang die Gutachter der Versicherungsgesellschaften, die Formulare genauso zu unterzeichnen, wie er sie ausgefüllt hatte. Darauf waren Schadensfälle dokumentiert, die es so nie gab. Mit denen, die sich weigerten, war er gnadenlos. Schiavone war gefürchtet, rundherum, ein geborener Anführer.

Unter seiner Leitung schlossen die Casalesi einen Deal mit den großen Milch- und Lebensmittelkonzernen *Cirio* und *Parmalat*. Sie sorgten dafür, dass es in ihrem angestammten Herrschaftsgebiet, dazu in Teilen der Abruzzen, der Marken, der Basilicata und des Latium ein Quasimonopol gab: 90 Prozent der Milch in diesen Regionen kamen von Gesellschaften, die mit *Eurolat* verbandelt waren, einem Unternehmen von *Cirio*, das später an *Parmalat* verkauft wurde. Viele dieser Gesellschaften liefen unter falschen Namen, sie gehörten den Casalesi. Die Clans wurden bezahlt dafür, dass alle Supermärkte ihre Produkte nur von Firmen aus dem Dunstkreis von *Eurolat* bestellten. Kreuzte mal ein Zisternenwagen einer Marke auf, die nicht zum Kartell gehörte, waren die Casalesi schnell informiert. Den Konkurrenten wurden die Lieferwagen gestohlen.

Im Management der Supermärkte kam dieses stille Abkommen der Mafia mit den Konzernen aber gut an, weil die den Vertreibern einen Rabatt zugestanden. Diesen Rabatt hätten sie an die Konsumenten weitergeben können. Stattdessen passierte, was immer passiert, wenn im Markt alle Konkurrenz erlischt: Wo die Casalesi regierten, war die Milch nicht billiger, sondern teurer.

Besonders interessant war das Geschäft mit der *Aima*, der *Azienda per gli interventi sul Mercato Agricolo*. Die staatliche Behörde kümmerte sich unter anderem um die Entschädigung von Bauern, deren Gemüse und Früchte nicht auf den Markt durften. Zum Beispiel, weil das Haltbarkeitsdatum für den Broccoli abgelaufen war, oder weil ein Virus in den Plantagen für Pfirsiche gewütet hatte. Oder weil unvorhersehbare Wetterereignisse wie Hagel, starker Regen und große Hitze die Ernte der Kürbisse, der tollen Erdbeeren aus Parete oder der außergewöhnlich süßen Aprikosen aus der Gegend zerstört hatten – angeblich. Oft war die Unbill der Natur nur erfunden.

Das Geld für die Entschädigung kam aus dem Fonds der europäischen Landwirtschaftshilfen. Bezahlt wurde nach Gewicht. Für jedes Kilogramm gab es eine Summe. Die Leute von »*Sandokan*« kauften den Bauern ihre verdorbene Ware ab und legten sie in die Lastwagen, mit denen sie fürs Wiegen zur *Aima* fuhren. Doch nur die oberste Schicht bestand aus faulem Gemüse, darunter hatten sie Steine geladen, meterhoch. Manchmal genügte es, wenn die Clans der Behörde einfach diktierten, was sie auf die Formulare schreiben sollte. Dafür gab es willige Helfer, nicht nur bei *Aima*.

Im Gegensatz zur städtischen Camorra hatten die Casalesi früh begriffen, dass es einfacher war, über alles zu herrschen, wenn auch die zum kriminellen System beitrugen, die den Staat und das Volk vertreten sollten: Bürgermeister, Polizisten, Funktionäre. Dazu die wichtigsten Unternehmer in der Umgebung, Anwälte, Bankdirektoren. Die Casalesi bildeten bald eine geschlossene Welt, der sich niemand widersetzte, jedenfalls nicht ungestraft. Der Parallelstaat war dem eigentlichen Staat entwachsen.

Casal di Principe habe sich »südamerikanisiert«, sagte einmal ein Mitglied der Anti-Mafia-Kommission des italienischen Parlaments in einem beliebten Programm des nationalen Fernsehens. Die Clans kontrollierten die Stadt und ihr Hinterland wirksamer als die Polizei. Sie herrschten über die Gegend, in jeder Hinsicht. Der Vergleich mit Südamerika war in diesem Zusammenhang das Eingeständnis eines kolossalen Versagens.

Dafür gibt es eine symbolische Szene, die sie in »Casale« nie mehr vergessen werden. Als die Schiavones den Machtkampf gegen die anderen Familien gewonnen hatten, organisierte der Boss einen Autokorso durch die drei Nachbargemeinden – eine lange Kolonne, bei jeder Kreuzung kam ein weiteres Auto hinzu. Die Männer des Clans saßen in den Wagenfenstern, ein Bein draußen, in den Händen trugen sie Waffen. Pistolen, Kalaschnikows. So fuhren sie an den Häusern der Besiegten vorbei, hielten kurz an, verwünschten die Gegner, und fuhren weiter. Ein Triumphzug, eine Militärparade, wie sie 2013 in einer ähnlichen Art und Weise auch die Terrorgruppe »Islamischer Staat« im syrischen Raqqa aufführen sollte. Die Casalesi schwenkten keine Banner wie die Terroristen. Davon abgesehen sind die Bilder des Korso aus Casale denen aus Raqqa verblüffend ähnlich.

Der Krieg der Casalesi war vorbei. Eine Stunde dauerte der Aufzug, die Polizei ließ sie gewähren. Die Ladenbesitzer ließen ihre Jalousien herunter, die Bars schlossen. Danach war zwei Tage lang Ausgehverbot, verordnet vom Staat.

»Sandokan« wurde 1998 verhaftet. Doch seine Regentschaft war mittlerweile so stark geworden, dass sie auch im Gefängnis andauerte. In seinem Versteck, einem Bunker unter einem Haus in Casal di Principe, fand die Polizei eine große Buchsammlung mit vielen Klassikern und eine Reihe von Bildern, die Schiavone selbst gemalt hatte. Einige zeigten Napoleon Bonaparte, den er besonders verehrte, weil der es schaffte, vom kleinen Soldaten zum General aufzusteigen. Er erkannte darin Parallelen zu seinem eigenen Aufstieg. Der Boss malte auch Mussolini, den Faschistenführer. Auf einem Werk war Jesus zu sehen, er trug den Kopf von »Sandokan«.

Am liebsten las Schiavone Heldenepen, etwa Homers Ilias und die Odyssee, die Abenteuer von König Artus, die Bücher von Walter Scott. Einen seiner Söhne nannte er Ivanhoe, nach dem Kreuzritter aus Scotts gleichnamigem Roman.

Ihre bäurischen Ursprünge haben die Schiavones aber nie

verleugnet, im Gegenteil: Die waren ihr Stolz – und ihr Alibi. In Prozessen beschrieben sie sich selbst immer als erfolgreiche Neuunternehmer, die von ganz unten kamen und denen man den Reichtum neide. Als die Richter sie dann jeweils nach den vielen Morden fragten, die nicht so gut zur Narration passen mochten, sagten sie, so sei das nun mal in einer bäuerischen Kultur: Da bekämpfe man sich eben nicht nur mit Worten.

Die Verteidigungslinie wirkte wie Spott, wenigstens im Gericht verfing sie nicht. Im Prozess »*Spartacus*«, dem bisher größten in der Geschichte der Camorra, mit mehr als hundert Angeklagten, wurden die Bosse der Casalesi zu lebenslangen Haftstrafen verurteilt. Am Tag der Urteilsverkündigung war »*Sandokan*« per Video aus dem Hochsicherheitsgefängnis in Viterbo zugeschaltet worden. Es wäre wohl zu gefährlich gewesen, ihn nach Santa Maria Capua Vetere zu bringen, wo die Verhandlung stattfand. Zwei Hubschrauber kreisten über dem Ort. Zweihundert Carabinieri und Polizisten umstellten die Halle des Gerichts, sie stand gleich neben dem Knast von Santa Maria. Beide, das Gefängnis und das Gericht, hatten Firmen der Casalesi gebaut.

Doch nichts war den Schiavones vertrauter als der Hof mit den Büffeln und der Milch. Der Clan verdiente viel Geld mit Drogen, mit Zement, mit seiner Galaxie an Baufirmen, die er überall im Land hinschickte, um ganze Wohnviertel aus dem Boden zu stampfen, auch in Norditalien, im Veneto oder in der Lombardei. Doch in der Landwirtschaft entfaltete sich seine kriminelle Energie besonders effektiv.

Die ersten Opfer der Schiavones waren die redlichen Bauern, Leute wie Roberto Battaglia mit seinem Hof in Caiazzo. Wenn sich einer nicht beugen wollte, brannte in der Nacht mal ein Silo ab, ein Lieferwagen, ein Traktor, oder eine Mähmaschine ging in Flammen auf. Manchmal lagen auch einige Büffel tot im Gehege, wenn der Bauer am Morgen zum Melken kam. Oder die Clans stahlen ihm welche für den eigenen Gebrauch, für die Ställe der Camorra. Ganze Gehöfte waren zusammengeklaut. Die liefen nicht unter den Namen der Clans, sondern unter Strohnamen. Doch die Region ist klein, jeder kennt jeden.

Der Kronzeuge Domenico Bidognetti alias »*Bruttaccione*«, hässlicher Kerl, hat sich mit den Ermittlern einmal über eine Landkarte des Casertano gesetzt und darauf mit einem Stift alle Ställe eingezeichnet, die den Casalesi gehörten. Es waren Dutzende, mit Tausenden von Büffeln. Als Rache brachten Rivalen seinen Vater Umberto um. Auch Umberto Bidognetti war Bauer gewesen, mit einer eigenen Farm, der *Azienda Bufalina Sementini*. Die Killer kamen im Morgengrauen, um sechs Uhr früh, da hatte der Bauer gerade die Stiefel für den Stall angezogen. Zwölf Kugeln trafen ihn. Zum Schluss schoss man ihm noch eine in den Kopf.

Die Familie Schiavone habe immer Büffelfarmen besessen, die Milch produzierten, und sie tue es noch heute, sagt Cesare Sirignano, der bis Sommer 2020 Magistrat der nationalen Anti-Mafia-Behörde in Rom war, der *Direzione Nazionale Antimafia*.[5] Damit sei es dem Clan gelungen, den gesamten Sektor der Büffelmilch und des Mozzarella zu beeinflussen. »In jener Gegend der Provinz Caserta gehören zwar nicht alle Höfe den Casalesi, aber ihre Präsenz ist prägend.« Der Handel mit dem Mozzarella sei nun mal ein besonders lukratives Geschäft, die ganze Welt frage danach, und gemacht werde er vor allem im Casertano.

Sirignano ist ein wichtiger Kenner der Camorra und der Casalesi im Besonderen. Vor seinem Wechsel nach Rom war er Staatsanwalt in Neapel und Caserta gewesen, er ließ

Bosse der mächtigsten Familien verhaften, in Serie. *Arresti eccellenti*, sagen die Italiener in solchen Fällen – spitzenmäßige Festnahmen. Mehrere Clans trachteten ihm deshalb nach dem Leben. Einmal hörten die Fahnder mit, wie ein Mafioso sagte: »Dem jage ich vier Kugeln ins Gesicht.«[6]

»Ein übler Scherz?«

Für den Hof von Roberto Battaglia war ein Cousin von »*Sandokan*« zuständig, Luigi Schiavone. Ein richtiger Schiavone, ein Blutsverwandter des Superbosses. »*Uno di sangue*«, wie Battaglia es nennt.[7] In den ersten Jahren hatte er es immer nur mit kleineren Fischen zu tun gehabt, mit Handlangern der Casalesi. Die waren nicht etwa sanfter im Umgang, doch der Cousin war dann noch mal eine andere Hausnummer, ein großer Fisch.

Als sie sich zum ersten Mal trafen, sagte Schiavone zu Battaglia, er habe ja den Ruf, ein guter Zahler zu sein. Probleme würden sie deshalb sicher keine haben miteinander.

Doch da hatte sich der Bauer schon beim Staat gemeldet. Er kopierte Schecks für die Polizei, nahm Gespräche auf, die er mit seinem Erpresser führte, alles für zukünftige Prozesse. Und er plante einen waghalsigen Coup, der zur Verhaftung von Luigi Schiavone führen sollte. In flagranti.

An jenem Tag sollte Battaglia eine Menge Bargeld abgeben, der Cousin von »*Sandokan*« hatte sich angemeldet, das Geld lag schon auf dem Tisch in einem Raum des Haupthauses. Im Nebenzimmer waren Carabinieri versteckt, ein ganzes Kommando, alle waren zivil gekleidet und schwer bewaffnet. Battaglia und Schiavone redeten eine Weile über die Geldübergabe, die gerade anstand, wie es zu ihr kam, wozu sie diente. Als die Polizisten genug gehört hatten, schickten sie einen indischen Hofmitarbeiter Battaglias ins Verhandlungszimmer. »Mit Singh hatten wir ausgemacht, dass er reinkommt und sagt: ›Eine Kuh gebärt, Chef, du musst kommen‹.« Singh kam rein und sagte: »Eine Kuh gebärt, Chef, du musst kommen.«

Luigi Schiavone schöpfte Verdacht. Er stand auf, tastete den Lampenschirm über dem Tisch nach Wanzen ab. »Du spielst mir hier keinen üblen Scherz, oder?«, sagte er zu Battaglia. »Wo denkst du hin«, gab Battaglia zurück.

Da stürmten die Beamten schon den Raum. Schiavone wimmerte, man möge ihn nicht erschießen, das Gewimmer passte nicht zum Gebaren, das er sonst zeigte. Ganz klein war der Boss da auf einmal, weil er die Beamten in Zivil für Killer eines rivalisierenden Clans hielt. Er dachte, Battaglia habe die Männer angeheuert, um ihn zu beseitigen. So etwas kann schon mal vorkommen im Casertano.

Für Battaglia war die Festnahme von Luigi Schiavone eine Befreiung. Und zugleich ein kleiner Tod. Er wusste, dass sie ihn nie mehr in Ruhe lassen würden, dass er nur noch wegziehen konnte. »Die Camorra vergibt nie«, sagt er.

»Cicciarello« aus Rumänien

Die Casalesi waren zwar immer auch daran interessiert, dass ihr Mozzarella hohe Qualitätsstandards erfüllte, damit er gut ankam am Markt. Wenn sich aber mit Trickserei mehr Profit rausschlagen ließ, dann nahmen sie diese Gelegenheit wahr.

Berühmt wurde ein Fall von gedopten Büffeln, den die *Nuclei Antisofisticazioni e Sanità* aufdeckten, die NAS. So heißt eine Sonderheit der Carabinieri, die gegen Betrug und Fälschung im Lebensmittel- und Gesundheitssektor kämpft. 36 Personen kamen vor Gericht: Züchter, Unternehmer, Tierärzte und Figuren, die den Casalesi nahestanden. Letztere haben in großen Mengen illegal das Dopingmittel »Boostin« importiert, das den Büffeln in neunzehn Zuchtbetrieben verabreicht wurde. Es enthält das Wachstumshormon Somatotropin.

Die Steroide sollten offenbar den Milchertrag der Tiere steigern. Auf die Büffel waren die Carabinieri nur zufällig gestoßen: Sie beschäftigten sich mit gedopten Rennpferden. In den Büffelfarmen fanden sie dann 2500 Dosen Anabolika.

In einem anderen Fall, der Operation »*Aristeo*«, deckte die Polizei einen Großkäser auf, der billige Kuhmilch zu seinem weitum gefeierten und mit Gütesiegeln ins Ausland exportierten Büffelmozzarella verarbeitete. Manchmal war die Milch auch schon sieben, acht Tage alt und stank fürchterlich. Damit wenigstens die Bakterien abstarben, gab der Bauer Natriumhydroxid bei, einen weißen, chemischen Feststoff, der als kaustisches Soda bekannt ist. Andere Betrügerbanden importierten Milchpulver aus Südamerika, aus Bolivien und Kolumbien zum Beispiel. Damit das Endprodukt weiß war wie Büffelmilch, schütteten sie Kalk in die Kessel.

Auch die Casalesi mischten der Büffelmilch immer schon gerne Kuhmilch bei, die kostet nur etwa 30 Cents pro Liter. Büffelmilch kostet etwa das Fünffache, zwischen 1,30 und 1,80 Euro, je nach Jahreszeit. Manchmal waren dann nur noch ein paar Tropfen Büffelmilch in der *Mozzarella di bufala*. Die Casalesi mixten die Milch von Büffeln aus dem Osten Europas, vor allem aus Rumänien, mit Milch aus dem Casertano.

Laien lassen sich von solchen Tricks leicht täuschen, vor allem im Ausland. Wer weiß schon, wie der richtige Büffelmozzarella genau schmecken soll, wie weiß und wie weich er genau sein muss? In Kampanien dagegen ist der Käse eine Religion, da schwört jeder auf seine bevorzugte Käserei und fährt eigens hin, um ihn möglichst noch am Tag der Produktion zu kaufen. Dennoch: Merkt der Neapolitaner auch immer, wenn etwas Milch von rumänischen Büffeln dazugeschüttet wurde?

Ein Cousin von »*Sandokan*«, Francesco Schiavone alias »*Cicciarello*«, einer aus der Führungsetage, hatte sich nach Rumänien abgesetzt. Um seine Spuren zu verwischen, hielt er sich auch oft in Ungarn und Polen auf. Die italienische Polizei suchte den stämmigen, schnurrbärtigen Mann wegen zehn Morden, neun Mordversuchen, drei Entführungen, Erpressungen, Verstößen gegen das Waffengesetz, die ganze Palette. »*Cicciarello*« gab sich im Ausland als »Antonio« aus. Es sollte so aussehen, als sei er ein ganz normaler Unternehmer. Sein Geschäft waren große Tierfarmen.

Er sorgte dafür, dass die Käsereien der Familie daheim auch immer genügend Milch erhielten. Im Sommer, wenn die Büffel jeweils weniger hergeben und die Nachfrage nach Mozzarella besonders hoch ist, schickte er große Mengen nach Hause. Dass die Milch nicht aus dem genau umrissenen Gebiet stammte, für die das Gütesiegel DOP gilt, würde schon niemand merken.

Er exportierte auch rumänische Büffel nach Italien, als im Casertano viele Büffel an Brucellose erkrankt waren. Die Clans brauchten sie für die Kontrollen der Tierärzte. Die Höfe passierten die Tests dank rumänischer Büffel, die Milch für den Käse kam danach aber weiterhin von den infizierten Büffeln, die sonst hätten geschlachtet werden müssen. Die gesunden Tiere aus Rumänien wurden auch schon mal schnell von einem Hof zum anderen gekarrt, damit sie ihre Rolle mehrmals spielen konnten.

Da half es, wenn die Clans vorher erfuhren, wann die Kontrolleure kommen würden. Das wussten sie meistens. Auch im Gesundheitswesen saßen Leute, die ihr Insiderwissen der Mafia weitergaben. Kronzeuge Bidognetti nannte der Justiz einmal drei Namen von Veterinären, von denen er behauptete, sie seien verlässlich gewesen – verlässlich für die Clans.

Der Osten gefiel Francesco »*Cicciarello*« Schiavone auch deshalb sehr gut, weil er eine Vorliebe für Frauen aus der Region hatte. Er galt in jener Zeit als Schürzenjäger und hatte ständig neue Freundinnen, alle deutlich jüngeren Alters. Geld, um sie zu unterhalten, hatte er genug. Doch eine seiner Freundinnen wurde ihm zum Verhängnis. Aus Eifersucht fuhr die Frau aus Ungarn ins polnische Krakau, wo Schiavone gerade untergetaucht war, um nachzuprüfen, ob der Liebling ihr auch wirklich treu war. Sie gab sich viel Mühe, nahm den Zug für die Reise, stieg öfter um als nötig, fuhr Umwege durch drei Länder. Gebracht hat es nichts. Die Polizei brauchte ihr nur zu folgen. Gestellt haben sie Schiavone an der Kasse eines Supermarkts in Begleitung der rumänischen Freundin. Er hatte sich den Schnurrbart abgeschnitten, das krause Haar geglättet und zusätzlich stark abgenommen.

Als der Boss später in einem Gericht in Italien befragt wurde, sagte er höhnisch zu den Richtern: »Ich rede lieber mit Büffeln als mit Christen.« Mit Christen waren Menschen gemeint. »Jawohl, Herr Richter, ich rede mit den Büffeln.«[8] Doch so sehr er die Tiere auch zu lieben vorgab, mit der *Mozzarella di bufala* spielte er. Im Gespräch mit einem anderen Boss, der als Kronzeuge mit der Justiz zusammenarbeitete, sagte »*Cicciarello*« einmal, was er von den rumänischen Büffeln wirklich hält. »Ihre Milch ist für den Büffelmozzarella nicht geeignet.« Sie gehörten einer anderen Rasse an. Gebrauchen könne man höchstens ihr Fleisch. Verhöre und Gerichtsprozesse mit den Casalesi waren eben immer auch ein Fachsimpeln über die Büffel mit den geschwungenen Hörnern und den wertvollen Käse.

Drama im »Feuerland«

Da verwundert es schon, wie skrupellos diese Bauernfamilien mit dem umgingen, was ihnen heilig sein müsste: mit dem Boden, *la terra*. Mit Mutter Natur. Sie plünderten sie, als gebe es kein Morgen. Zum Beispiel den Volturno, den Fluss, die Lebensader des Casertano. Für ihre Baufirmen brauchten die Casalesi viel Sand. Sie schöpften ihn aus dem Volturno ab, Lastwagen um Lastwagen, und brachten sie zu ihren Baustellen überall in Italien, wo Jungen aus Casal di Principe ohne Rechte und Versicherung, aber mit ansehnlichen Tagelöhnen, Villen bauten, ganze *palazzi*, Wohnviertel. Was das mit dem Fluss machte, war egal. Mittlerweile kann es vorkommen, dass im Volturno auch Wolfsbarsche anbeißen, die zuvor nur jenseits der Flussmündung gefischt werden konnten. Das Meer nimmt sich den wehrlos gemachten, untergrabenen Fluss.

Geplündert haben die Casalesi aber vor allem das Festland. In den Neunzigerjahren entdeckten sie ein Geschäft, das zwar dreckig war, im engen und im weiteren Sinn, aber sehr lukrativ. Die Casalesi wurden zu den Müllentsorgern der Nation, wobei es sich nicht um normalen Müll handelte, den sie entsorgten, sondern um giftigen Sondermüll. Tonnenweise ließen sie ihn sich aus dem industriellen Norden Italiens bringen, meistens in der Nacht. Die Firmen der Clans boten an, ihn viel billiger wegzuschaffen als alle Konkurrenten, nämlich für etwa ein Zehntel des üblichen Preises. Kaum ein Unternehmen mochte auf diesen Abschlag verzichten. Alles war dabei: radioaktiver Müll, Abfall aus Krankenhäusern, Farbe, chemische Stoffe, Industriemüll jeder Art.

So billig ging das nur, weil sich die Mafia nicht mit den Bestimmungen aufhielt, die für eine vorschriftsmäßige Entsorgung des Abfalls gelten. Sie mischten ihn mit dem Kehricht aus den Städten und brachte den Mix zu den Verbrennungsanlagen. Oder sie verscharrten ihn unbehandelt im Boden, im Bauch der Natur. Von den Straßen, die ihre Firmen gebaut hatten, waren ausgehobene Mulden übriggeblieben, eigentlich Schlünde. Die machte man einfach voll und deckte sie zu.

Im Hinterland von Giugliano zum Beispiel entdeckte die Polizei eine gigantische Grube, die ganz mit toxischem Sondermüll gefüllt war. Die Menge des Abfalls wurde auf 28 000 Lastwagenladungen geschätzt. Würde man die Lastwagen aneinanderreihen, Stoßstange an Stoßstange, ergäbe das eine Schlange von Caserta bis Mailand.[9] Und das war nur eine Grube von vielen. Auf Müllablagen bauten sie auch den Bahnhof für Schnellzüge bei Afragola, ein imposantes weißes Gebäude in der Mitte des Nichts. Sie nennen ihn dort den »schönsten Bahnhof der Welt«. Die berühmte britische Architektin Zaha Hadid hatte ihn entworfen, wie eine Kathedrale in der Wüste steht er da, buchstäblich: wie eine Kirche. Auf Sondermüll gebaut.

Ein Bauer etwas weiter nördlich stieß einmal beim Pflügen von einem Stück Land, das er eben erst gekauft hatte, auf sonderbar kompakte Erde, die Klingen blieben stecken in gebündeltem Geld: Abertausende Banknoten lagen da unter dem Boden, sie waren geschreddert, in große Ballen gepackt und verbuddelt worden. Alles Lire, ein großer Restbestand von Scheinen der alten Währung, sie kamen aus den Tresoren der italienischen Zentralbank. Auch die ließ man im Casertano vergraben, unter einem Kohlfeld.

Bei Villaricca fanden die Carabinieri eine Landschaft aus kleinen Hügeln, die es zehn Jahre davor noch nicht gegeben hatte. Es waren Hügel aus Papier, und dieses Papier hatte für die Reinigung von Kuheutern gedient. Nicht für Kühe aus der Gegend, sondern von Kühen aus dem Norden Italiens. Die Euter müssen mehrmals am Tag abgewischt werden, damit auch kein Blut und keine Bakterien in die Milch gelangen, wenn sie an die Melkmaschinen angeschlossen werden. Auch dieses Papier wurde in den Süden gebracht, wo es fachgerecht entsorgt werden sollte. Es formte stattdessen neue, übel riechende Hügel. »Es war grauenhaft«, erzählte einmal ein Kronzeuge der Casalesi, der auf den Müllhalden im Casertano zu tun gehabt hatte. Der Gestank sei so schrecklich gewesen, dass man es keine zwei Minuten ausgehalten habe.[10]

Seitdem spricht man in Italien von der »*terra dei fuochi*«, dem »Feuerland«. Oftmals brannte das Land einfach so vor sich hin, es waren Brandherde in der freien Natur. Die Casalesi hatten den Boden vergiftet, auf dem ihre Büffel weiden. Sie nahmen in Kauf, dass das Gift ins Grundwasser dringt, das die satten Weiden tränkt, von dem die Büffel fressen. Dass es so auch in die Milch geraten könnte, aus dem der Käse gemacht wird, das »*oro bianco*«. Und dass es das Trinkwasser verseucht.

Die Ermittler hörten einmal zu, wie zwei Bosse am Telefon über das Problem sprachen. Einer war besorgt um die Gesundheit seiner Kinder. »Was passiert, wenn unsere Kinder von dem verseuchten Wasser trinken?«, fragte er. Der andere beruhigte ihn: »Was kümmert uns das, wir trinken ja nur Mineralwasser, kein Wasser vom Hahn.«[11]

Studien haben ergeben, dass die Häufigkeit von Tumoren in der Gegend in den vergangenen Jahrzehnten stark gestiegen ist. Gerade bei Kindern.

Die dramatische Geschichte vom »Feuerland« im Casertano ist ein tiefer Einschnitt auf dem kriminellen Kerbholz der Casalesi. Sie befleckt aber auch die Unternehmen im Norden, die nicht nachfragten. Und die Kontrollinstanzen des Staates, die nicht kontrollierten. Und jene Politiker, die sich gegen Pläne für den Bau von Anlagen wehrten, in denen das Gift so hätte entsorgt werden können, wie sich das für Sondermüll gehört. Sauber, ohne Rückstände und ohne Hypotheken auf die Zukunft.

Die Mafia zieht sich selbst den Boden unter den Füßen weg, von dem sie lebt. Es muss immer alles schnell gehen, der Profit muss sich sofort einstellen. Geduld ist keine sehr weit verbreitete Kategorie in diesen Kreisen, warum sollte sie es auch sein? Das Leben der Bosse dauert oft nur kurz. Am längsten leben noch die mit jahrzehntelangen Haftstrafen.

Die Macht von *Gomorrha*

Die Geschichten aus Casal di Principe, eineinhalb Stunden Autofahrt nur entfernt von Rom, gingen trotzdem lange unter dem Radar der großen nationalen Medien hindurch. Nur die lokalen Zeitungen berichteten über die *faide*, die Kriege zwischen Clans, obschon dabei jedes Jahr Hunderte Personen umkamen. Es war, als sagte man sich in Rom, Turin und Mailand, dass diese unsägliche Gewalt den Rest des Landes nichts angehe, schon gar nicht den Norden. Solange die Mafiosi sich gegenseitig umbrachten, griff das zynische Kalkül: Sollen sie doch weitermachen, bis zum Schluss!

Doch es kamen immer auch Menschen um, die einfach nur zufällig in der Nähe standen, als ein Kommando mit Flächenfeuer auf offener Straße einen Rivalen ausschaltete. Auch Kinder.

Erstes öffentliches Entsetzen löste erst der Mord an einem jungen Geistlichen aus, an Giuseppe Diana. »*Don Peppe*«, wie sie ihn nannten, war Pfarrer in Casal di Principe, seiner Heimatstadt. Er war der Sohn von Landbesitzern, wenn er nicht die Messe zelebrierte, sah man ihn in Jeans, und er war engagiert gegen das organisierte Verbrechen.

An Weihnachten 1991 ließ er in allen Kirchen von Casale und der Umgebung einen Brief verteilen. »Aus Liebe zu meinem Volk« war ein eindringliches, mutiges Manifest gegen die Mafia. »*Don Peppe*« beschrieb die Camorra darin als »Diktatur«, als »verkommenen Parallelstaat«, als eine »Form von Terrorismus«. Als Diener des Herrn sei es seine Pflicht, ein »Zeichen des Widerstands« zu setzen.

Der Brief war ein Testament, es trug in sich auch gleich ein Todesurteil. Irgendwann würden sie kommen und sich rächen, das wusste er. Zweieinhalb Jahre später, am 19. März 1994, Namenstag der Giuseppes, um 7.20 Uhr, kurz vor der Morgenmesse, baute sich vor der Sakristei der Kirche San Nicola di Bari ein Killer vor dem Priester auf, der sich gerade umziehen wollte und schoss ihm ins Gesicht. Fünf Kugeln, drei davon in den Kopf, eine in den Hals. »*Don Peppe*«, 35 Jahre alt, war auf der Stelle tot.

Papst Johannes Paul II. ehrte sein Verdienst beim Angelus auf dem Petersplatz in Rom. Für einmal machte auch die nationale Presse Schlagzeilen aus einer Bluttat im Casertano. Das Interesse schlief aber schnell wieder ein und sollte erst zwölf Jahre später wieder erwachen.

Es begann mit dem Auftritt eines jungen Schriftstellers auf der Piazza del Mercato, dem Hauptplatz von Casal di Principe. Der junge Mann sprach mit einer ganz eigenen Kadenz, damals kannte ihn noch fast niemand: Roberto Saviano. Er war erst 26, doch seine Glatze ließ ihn älter aussehen.

Saviano hatte ein Buch geschrieben, das nur Monate zuvor erschienen war und durch Hörensagen einen gewissen Erfolg erlangt hatte. Es hieß *Gomorra*, sein Erstling. In der deutschen Fassung kommt ein h dazu: *Gomorrha* sollte ein Welterfolg werden, es wurde in 52 Sprachen übersetzt, mehr als zehn Millionen verkaufte Exemplare. Auch eine Fernsehserie entstand daraus, auch sie wurde rund um den Globus ausgestrahlt.

Gomorra erzählte die Geschichte und die Geschichten der Camorra und ihrer falschen Schwester, des Clans der Casalesi, auf eine neue Art. Es hatte davor schon Bücher gegeben über das Phänomen der kampanischen Mafia, es waren aber eher akademisch angehauchte. Noch nie war eines so spannend zu lesen gewesen wie Savianos. Alles war drin, und alles war wahr: die Namen, die Zahlen, die Daten, die Porträts der Bosse, die fast unglaublichen Anekdoten. Die Kapitel basierten auf Ermittlungen und Prozessen, die Szenen aber waren so lebendig erzählt, die Figuren und Schauplätze waren so präzise gezeichnet, wie man es sonst aus Romanen kennt.

Das Kapitel über »*Don Peppe*« im Buch beginnt mit den

weißen Leintüchern, die sie am Tag nach dem Mord am Pfarrer überall in der Region an die Fenster hängten – »aus wütender Trauer«. Auch seine Tante habe ein Tuch an den Fensterrahmen geheftet und es so stark festgemacht, dass selbst ein Tornado es nicht hätte wegtragen können. »*Don Peppino Diana*«, schreibt Saviano, »hatte eine kuriose Geschichte, eine von denen, die man, wenn man sie einmal gehört hat, irgendwo in seinem Körper aufbewahren muss. Tief unten im Hals, in der Faust, nahe am Brustmuskel, auf der Kranzarterie. Eine seltene Geschichte.«

Man las Saviano auch deshalb, weil er als Sohn der Region aus eigener Erfahrung schrieb, getrieben von einer inneren, gelebten Dringlichkeit, und weil er sich exponierte. Geboren wurde er in Neapel, als Sohn einer Universitätsprofessorin und eines Arztes, aufgewachsen ist er in Caserta. Er studierte Philosophie, wurde freier Journalist. Für *Il Mattino*, die Zeitung aus Neapel, schrieb er vor allem über die Camorra, die Fehden und Prozesse, es gab viel zu schreiben. »Im Vergleich zu Casal di Principe ist Corleone eine Stadt wie aus einem Film von Walt Disney«, schrieb er einmal.

Als er ein Kind war, gab es in der Region jeden Tag drei, vier Tote. *Morti ammazzati*, ermordete Tote. In *Gomorra* zeichnet er für jedes Jahr die Anzahl an Toten nach. Die erste Leiche habe er gesehen, als er in der ersten Sekundarschule war, erzählte Saviano einmal. »Seitdem habe ich Dutzende gesehen, sie schockten mich nicht. Sobald wir, meine Freunde und ich, von einer neuen Leiche hörten, gingen wir sofort hin. So fühlten wir uns wie Erwachsene. Wer nicht Leichen schauen ging, war noch ein Kind. Einmal sahen wir einen toten Camorrista in der Milch schwimmen, in einem Bottich für Mozzarella.«

Am 17. September 2007 trat Saviano auf dem zentralen Platz von Casal di Principe auf. Die Bühne war hergerichtet für eine Veranstaltung gegen das organisierte Verbrechen zum Auftakt des neuen Schuljahres, die Casalesi ließen mal wieder eine zu. Aus Rom war Fausto Bertinotti angereist, der Chef von *Rifondazione Comunista*, einer kommunistischen Partei. Bertinotti war damals Präsident der italienischen Abgeordnetenkammer, die Piazza war voll.

Saviano hatte auf dem Podium an einem langen Tisch Platz genommen, auf den sie blauen Satinstoff drapiert hatten. Neben ihm saßen Politiker. Bertinotti hatte seine obligate Zigarre im Mund. Hinter ihnen hing ein Transparent: »Zusammen, gegen die Mafias und für den Wandel.« Seine Rede begann Saviano mit diesen Worten: »Es ist immer kompliziert, Dinge zu sagen, die notwendig sind.« Es sei Zeit, Position zu beziehen gegen die Casalesi und gegen ihr Imperium. Saviano beließ es aber nicht bei allgemeinen Kategorien, er nannte die Namen der Mafiafamilien: Schiavone, Zagaria. Namen wie Hammerschläge in den Köpfen. Die Jugend von Casale wächst mit der Regel auf, dass man diese Namen besser nie ausspricht, dass man sie aus Respekt nicht nennt, aber auch aus Angst. Saviano forderte die jungen Menschen auf, die Namen zu gebrauchen, den Kodex zu brechen, die Clans seien nichts wert, sagte er.

Auch Nicola Schiavone war anwesend an jenem Tag, Vater von »*Sandokan*«, der Bauer mit dem Hof am Ende einer Sackgasse. Er drängte sich an den Leuten vorbei zur Bühne. Jetzt sei er dran, schrie er in die Menge, er habe auch etwas zu sagen, er lasse nicht zu, dass sein Name in den Dreck gezogen werde.

Man hielt ihn zurück, es gab ein Handgemenge. Es brauchte eine Weile, bis wieder Ruhe einkehrte. Eine Eiseskälte habe sich auf die Piazza gelegt, sollte Saviano später einmal sagen. Seine Aufforderung, die Namen der Bosse zu sagen, war ein Tabubruch. Er machte den jungen Autor landesweit bekannt. Das Buch war nun schnell ganz oben auf den Bestsellerlisten, Saviano wurde ein Star. Mit den Jahren wurde er zu einem der berühmtesten linken Intellektuellen im Land, er schrieb für *La Repubblica* und für *L'Espresso*. Zu allen großen Themen der Zeit wurde er befragt, er legte sich mit rechten Politikern an, und die rieben sich an ihm.

Doch haften blieben seine Geschichten über die Camorra, die Mafia aus seiner Heimat. Und die drohte schon mehrmals damit, ihn zu töten. Antonio Iovine, ein Boss der Casalesi, sagte einmal: »Mit *Gomorra* hat uns Saviano nach Amerika gebracht.« Nun waren sie weltberühmt. Die Zeit, da sie unbemerkt unter dem Radar der Medien hindurchgingen, den nationalen wie den internationalen, war vorbei. Ob »*O ninno*«, wie sie Iovine nannten, weil er auch mit zwanzig Jahren noch wie ein kleines Kind aussah, diese neue Bekanntheit störte oder ob sie ihm im Gegenteil schmeichelte – es wurde aus der Aussage nicht klar. Saviano hatte die Camorra einem großen Publikum erschlossen mit seinem spannenden Erzählstil.

Der Staat reagierte sofort und stellte Saviano bereits am Tag nach dem Auftritt auf der Piazza del Mercato unter Schutz. Er war gerade unterwegs nach Rovereto im Norden, wo er für eine Lesung erwartet wurde, als ihn die Polizei anrief. Er fuhr mit dem Zug, alleine, wie immer. Es sollte das letzte Mal sein, dass er ohne Begleitung irgendwohin reiste.

Panettone mit Steuer

Von Saviano erfuhren die Italiener, dass sich die Camorra in ihrem Stammgebiet auch im Alltäglichen nichts entgehen ließ, kein Geschäft, mochte es auch klein erscheinen. Am stärksten zog sie der Bereich Essen und Trinken an, die Clans bildeten eine Food AG. Neben dem Mozzarella und dem Monopol auf Milch herrschten sie in Neapel und Umgebung zum Beispiel auch über die ersten Getränke, die die Italiener am Morgen zu sich nehmen: Espresso oder Cappuccino.

In den Kaffeebars von Giugliano waren alle Betreiber unter Androhung von Repressalien gehalten, nur die Bohnen zu mahlen, die eine Firma aus dem Dunstkreis des Clans Mallardo geröstet hatte. Der *Caffè Seddio* schmeckte nicht besonders gut, aber darum ging es auch nicht. Die *Guardia di Finanza*, Italiens Finanz- und Steuerpolizei, fand heraus, dass die Mallardos gegen die Zahlung eines ordentlichen Schmiergeldes an die Clans von Casal di Principe den »Seddio« auch den Barbesitzern im feindlichen Gebiet aufzwingen durften. Der Ermittlung gab die Polizei den sinnigen Codenamen »*Caffè macchiato*«, so nennt man in Italien einen Espresso, der, je nach Gusto der wählerischen und unbeirrbaren Kundschaft, mit einem größeren oder kleineren Schuss kalter, heißer oder lauwarmer Milch »befleckt« wird.

Auch Zucker kann ein großes Business sein, wenn er garantiert flächendeckend Käufer findet, in allen Bars, Restaurants und Bäckereien. Eine Strohfirma der Schiavones, die *Ipam* des Unternehmers Dante Passarelli, der früher Wurstwarenhändler in Casal di Principe war, wurde Marktleader in der Region. Und zwar über Nacht, buchstäblich. Passarelli galt als Kassierer des Clans, auf seinen Namen liefen Dutzende Firmen, hunderte Wohnungen, Ländereien, eine Luxusjacht, die Anfra III, auf die er besonders stolz war. Sein Vermögen wurde einmal auf 400 Millionen Euro geschätzt. Aber Zucker?

Der große Zuckerkonzern *Eridania* beklagte sich über die verdächtig schnelle Verbreitung des neuen Konkurrenten. Die Staatsanwaltschaft ermittelte, *Ipam* wurde geschlossen. Die Richter im Prozess »*Spartacus*« gelangten zur Überzeugung, dass Passarelli ein Strohmann der Schiavones war. 2004 stürzte der Unternehmer unter rätselhaften Umständen vom Dach einer Scheune. Der Fall wurde als Selbstmord klassifiziert, die lokale Presse fand: etwas zu schnell.

In Ercolano flog eine Bande auf, die Geschäfte mit Brot machte. Sie zwang die Bäcker in der Umgebung, ihr Mehl zu kaufen, das von übelster Qualität war, manchmal auch schon abgelaufen. Der Preis dafür lag jedoch weit über Marktwert. Es gab auch Clans, die Brot in nicht registrierten Öfen buken, tonnenweise, und es dann schwarz auf der Straße verkauften.

Der Clan Polverino aus Marano di Napoli, einer Gemeinde der Metroregion Neapels, machte viel Geld mit dem forcierten Absatz von Lebensmitteln an Gastbetriebe, er hatte eine ganze Menge anzubieten: Hühner, Eier, Kaffee, Mineralwasser. Produkte, von denen nur der Clan selbst wusste, wo sie herkamen.

Zum Mineralwasser gibt es eine groteske, alte Geschichte, die wie eine *urban legend* klingt, aber wahr ist. Schon in den Achtzigern exportierte die Camorra Mineralwasser aus Kampanien nach Amerika, ganze Ladungen davon verließen den Hafen von Neapel alle paar Tage. Dann hörte die Spedition der Flaschen auf, doch in Amerika tranken sie weiterhin Mineralwasser aus Kampanien. Offenbar füllten die Clans drüben Wasser vom Hahn in Flaschen ab und klebten das alte Label drauf. Giuseppe Tornatore verarbeitete den Fall in seinem Film *Il camorrista*. Einer der Protagonisten, Boss Don Antonio »*O Malacarne*«, erklärt den Entscheid im Film so: »Was verstehen die Amerikaner schon davon, die trinken ohnehin nur Coca-Cola.«[12] Das war keine Pointe.

Dann gab es da einmal die Geschichte vom Panettone, dem typischen Weihnachtskuchen aus dem Norden. Der Clan Nuvoletta hatte einen seiner Männer, Giuseppe Gala alias »*Showman*«, als Verkaufsagenten für Kampanien durchgesetzt. Und der verhandelte exklusiv mit der Firma Bauli, einem großen Backwarenkonzern aus Verona. Das war kein Nachteil für Bauli. Im Gegenteil: Die Nuvolettas bestimmten, dass der Panettone in Neapel vor allem aus den Backstuben von Bauli kommen und zwei Mal so viel kosten sollte wie überall sonst in Italien. »*Showman*« verhandelte, er war zuständig für die Lebensmittelindustrie.

Im hohen Preis für den Panettone war eine stille Abgabe enthalten, mit der die Clans die Familien inhaftierter Bosse unterstützten. Ein kleines Weihnachtsgeschenk an die Mafia, nur dass die Schenker selbst nicht wussten, wem sie da ihre unfreiwillige Großzügigkeit angedeihen ließen.

Kommentare statt Kugeln

Die neue Generation junger bis sehr junger Camorristi, die nun anstelle ihrer inhaftierten Väter herrschen, haben moderne Methoden fürs Eintreiben des *pizzo* entwickelt. Den Hotel- und Restaurantbesitzern, die sich weigern, das Schutzgeld zu bezahlen, drohen sie mit schlechten Rezensionen auf Tripadvisor, *der* Webseite für Kundenbewertungen im Tourismussektor. Was dort steht, entscheidet in der Regel darüber, ob eine Adresse Erfolg hat oder nicht. Die bedrohten Betreiber gaben zunächst trotzig zurück, sie würden der Plattform melden, wenn dort miese Kommentare stünden, die von falschen Profilen abgegeben worden waren. Doch die Verrisse kamen nicht von falschen Profilen, die *camorristi* hatten ihre Methode mit einem Back-up abgesichert: Sie boten den Leuten, denen sie Haschisch verkauften, 20 Prozent Nachlass auf die Ware an, wenn sie dafür Kommentare auf Tripadvisor hinterließen – positive für die Lokale, die den *pizzo* bezahlten, niederschmetternde für die anderen.[13]

Fisch von der »Biene«

Die Neapolitaner, so pauschal lässt sich das in diesem Fall sagen, lieben Fisch, alle Arten von Fisch, und Meeresfrüchte natürlich. Das Meer ist ein Freund geworden, nachdem es früher auch Invasoren brachte, die Spanier zumal. Es ist ein Becken des Reichtums. Höhepunkt dieser Liebe ist jeweils der Vorvortag von Weihnachten, der 23. Dezember. Nach einer jahrhundertealten Tradition gehen die Familien in ganzer Aufwartung raus auf die Fischmärkte. Die Händler singen ihr Angebot vor, salbungsvoll. Vor Weihnachten gibt es in Neapel immer Fisch, das ist man dem Herrn schuldig, es gehört sich so. *Cozze* und *vongole*, Mies- und Venusmuscheln also, allein oder mit Pasta. Seebarsche und Goldbrassen, Tintenfisch, Crevetten, Scampi, rote Fleckbrassen.

Die Camorra verdient auch beim Fisch mit, das war

immer schon so. Es gab Zeiten, da waren 30 Prozent des gesamten Fischhandels in Neapel illegal, in den vermeintlich ordentlichen Märkten wie auf dem Parallelmarkt der ambulanten Verkäufer am Straßenrand.[14] Aus einer Hand.

»*Porta Nolana*«, der größte und bekannteste Fischmarkt von allen, ein Wallfahrtsort vor Weihnachten in einem heißen Viertel beim Hauptbahnhof, wurde zwischenzeitlich geschlossen. Der Markt findet auf einem abschüssigen Platz aus dem 15. Jahrhundert statt, ein Rundturm an beiden Enden, die Torre della Speranza, Turm der Hoffnung, und die Torre della Fede, Turm des Glaubens, die Jugend nutzt ihn auch gerne als Rennbahn für ihre Mofas, ein Höllenlärm ist das dann, wie man ihn an vielen Ecken in Neapel zu hören bekommt. Und mittendrin der Markt mit dem Fisch. Als ihn die Polizei aushob, war niemand überrascht. Hundert Stände gehörten der Mafia. Ratten saßen unter den Auslagen, die hygienischen Zustände waren katastrophal. Da schien es der Stadt angebracht zu sein, den ganzen Markt für eine Weile dicht zu machen.

Die Camorra unterwanderte die gesamte Produktionskette. Den kleinen Fischern, die nicht für sie arbeiteten, verbot sie, in den reichhaltigsten Gewässern zu fischen. Von den anderen nahm sie ein Schutzgeld oder einen Teil des Fangs. Auf den Märkten bestimmten die Clans den Preis.

Die Fische der Camorra wurden auch ambulant verkauft, auf der Straße wie früher die falschen »Blonden«, die geschmuggelten Zigaretten. Für den Fischverkauf brauchte sie »Bienen«, *api*. »Ape«, so heißt ein Gefährt von Piaggio, des traditionsreichen Fahrzeugherstellers aus dem toskanischen Pontedera. Die Biene ist weder wirklich Auto noch einfach Motorrad, sondern etwas dazwischen: laut und wendig, mit drei Rädern, wie gemacht für die engen Gassen der Stadt. Hinter dem Fahrerhäuschen eine Transportfläche, die sich als Auslage für Blumen, Putzzeug oder Fisch nutzen lässt, für fast alles.

Tiere und Früchte aus dem Meer waren auf der »Ape« immer billiger als im Markt und in den Läden. Kontrolliert wurden sie nicht. Die Frische der Ware? Wie Roulette. Selbst das Meerwasser in den bunten Bottichen, in denen die Muscheln schwammen, damit sie den Tag über frisch blieben, kam zuweilen von der Mafia. Giuseppe Misso Junior, der Enkel des Bosses aus dem Quartier Sanità, zwang den Händlern seine Kanister auf. So erzählte es ein Kronzeuge. Das Wasser kam auch aus dem Meer, nicht weit von den Schiffshäfen, wo das Baden verboten war. Zusätzlich zu diesem Geschäftsmodell sicherte sich die Camorra einen Anteil am Handel mit dem tiefgefrorenen Fisch.

Sie überfiel mit grausamen Methoden die Lieferwagen, die ein besonders beliebtes und präpariertes Exemplar nach Neapel brachten – aus dem hohen Norden, vor allem aus Norwegen. Der Klippfisch oder *baccalà*, wie die Italiener den gesalzenen und luftgetrockneten Atlantischen Dorsch oder Kabeljau mit seinem weißen Fleisch nennen, den *gadus morhua*, war früher, nach seiner ersten Verbreitung im 15. Jahrhundert, ein Armeleuteessen. Weil er günstig war und lange haltbar. Nun steht der *baccalà* in Neapel auf jeder Speisekarte, auch in gehobenen Lokalen.

An Weihnachten und an Silvester ist er der »König der Tafeln«, so nennt man ihn tatsächlich: »*re della tavola*«. Man kauft ihn vier Tage vor dem Verzehr, legt ihn in Wasser ein und wechselt das Wasser regelmäßig, mindestens jeden Tag. Ist er weich und entsalzen, wird er im Mehl gewendet, frittiert und mit Zitrone serviert. Beim *Baccalà alla napoletana* kommt eine Sauce aus geschälten Tomaten, Kapern und schwarzen Oliven dazu. Es gibt ihn auch im Ofen gratiniert, in Weißwein gedünstet, mit Pinienkernen und Rosinen versetzt. Oder kalt im Salat. König, auch unter dem Jahr. Und das ist schon eine kuriose Geschichte: Eine Stadt am Mittelmeer feiert einen Fisch, der von weither kommt, schon seit Jahrhunderten.

Den *gadus morhua* gibt es fast nur im Nordatlantik, im Nordpolarmeer und in Teilen der Ostsee. Der Fisch wird in Skandinavien gefischt, geköpft, ausgenommen, gesalzen und getrocknet. Oder nur getrocknet, ohne Salz, dann heißt er Stockfisch. Doch gegessen wird er vor allem im Süden Europas: in Portugal, Spanien und in Italien. Von der gesamten Menge an *baccalà*, die nach Italien importiert wird, geht mehr als ein Drittel direkt nach Neapel.

Transportiert wird er vor allem mit Lieferwagen, tausende Kilometer weit, zum Beispiel von Norwegen bis Neapel. Allein von den Lofoten kommen so jedes Jahr 25 000 Doppelzentner, 80 Prozent der gesamten norwegischen Produktion gehen nach Italien.[15] Die letzten paar hundert Kilometer auf italienischen Autobahnen waren für die Fahrer manchmal so gefährlich, dass Italien und Norwegen darüber 2002 beinahe ihre diplomatischen Beziehungen abgebrochen hätten. Die Lastwagen wurden ständig überfallen. Dutzende jeden Monat. Die Journalistin Mariangela Di Fiore, eine norwegisch-italienische Doppelbürgerin, erzählt diese Geschichte in ihrem Buch *Camorraland*. Das Thema traf sie im Herzen, denn ansonsten verbindet Norwegen und Italien nicht so viel.

Zwei Camorraclans, die Familien Veneruso und Vollaro, hatten also aus einem gelegentlichen Verbrechen, das es schon in den Achzigerjahren gegeben hatte, ein rundum geöltes System entwickelt: Sie überraschten die Fahrer an

Raststätten. Mal betäubten sie sie, wenn sie schliefen, sie pumpten Gas in die Fahrerkabinen. Oder sie wiesen Komplizen an, die hinter den Tresen arbeiteten, den norwegischen Lastwagenfahrern etwas in den Kaffee zu mischen. Manche wurden beim Überfall geschlagen, andere gar gefoltert oder einfach irgendwo auf dem Pannenstreifen ausgesetzt. Die Italiener rieten den Transportfirmen, möglichst nur an den Raststätten von Verona, Modena, Rom und Capua zu halten, die seien sicher. Alle anderen, die nicht auf der Liste standen, sollten sie besser meiden. Vor allem diejenigen zwischen Caserta und Neapel, kurz vor dem Ziel, waren Fallen.

Die Clans brachten den Fisch, den sie gestohlen hatten, auch in die großen Märkte. Viele Verkäufer wussten genau, wo ihr *baccalà* herkam, aus welchem krummen Ding, sie brüsteten sich sogar mit der guten Ware aus Norwegen, die nur sie im Angebot hätten. Die Könige unter den Königen. Man nannte die Bande auch die »*Mafia del baccalà*«. Die Clans gibt es bis heute. Aber ob sie wohl noch immer mit Klippfisch handeln, über Strohfirmen mit neuen und unverdächtigen Namen etwa? Wenn sich Familien der Mafia einmal in ein Geschäft vernarrt haben, versuchen sie nach Polizeioperationen immer, es wieder zurückzuholen. Irgendwann, still und mächtig.

Die Wege der Lastwagen

Manchmal kommt es vor, dass sizilianische, kalabrische und kampanische Clans zusammenarbeiten, statt sich gegenseitig zu bekriegen. Besonders dann, wenn das allen Seiten Vorteile bringt, bei Dienstleistungen etwa, die ohne Pakt doppelt kosten. Dann formieren sich auch mal Allianzen. Die Operation »*Sud Pontino*«, geleitet vom neapolitanischen Staatsanwalt Cesare Sirignano, deckte einen Pakt im Transportwesen auf, in dem auch die Tomate von Pachino eine Rolle spielt. »*Sud Pontino*« hieß die Operation deshalb, weil das Zentrum der Ermittlungen im Großmarkt von Fondi lag, einer Kleinstadt im Süden Latiums, dem Agro Pontino. So heißt ein früheres Sumpfgebiet in der Pontinischen Ebene auf der Via Appia. Ein fruchtbares, schönes Land. Viele Römer verbringen hier ihre Wochenenden, die vermögenden unter ihnen besitzen Häuser hinter den Sanddünen von Sabaudia, bei Anzio und Terracina.

Bevor die Landschaft aber platt wird und sich zum Meer zieht, führt die Straße von Casal di Principe nach Fondi über Berge und Kurven. Im Süden, und auch das ist ein schon lange erkannter und nie behobener Jammer, sind die befahrensten Wege oft die unwegsamsten. Der Früchte- und Gemüsemarkt liegt am Rand der Stadt, ein gigantischer, lang gezogener, grauer Betonbau mit einem einzigen Zugang, der aussieht wie die Zahlstelle auf einer Autobahn. Rein, raus, ständig passieren Lastwagen die Schleuse. Rein, raus. Fondi ist eine der wichtigsten Kreuzungen für den Transport von Früchten und Gemüse in Europa, eine Drehscheibe zwischen dem Süden, dem Zentrum Italiens und dem Rest des Kontinents.

Die meisten Italiener kennen den Ortsnamen überhaupt nur in Verbindung mit dem *ortomercato*, sie sind zum Synonym verschmolzen. Der Markt wurde früher von zwei Familien aus Kalabrien kontrolliert, zwei 'ndrine der 'Ndrangheta, die auch Drogenhandel betrieben: Koks, versteckt zwischen und unter den Plastikbehältern mit den Früchten, das war ihr Business. Fondi fungierte als klassische Transitstation, von dort belieferten die Clans mit ihren Früchte- und Gemüsetransportern halb Europa mit Drogen.

Die Herrschaft der Kalabreser über den Markt war immer ein bemerkenswertes Kuriosum, denn immerhin wilderten sie hier in einer Zone, in der sich die Casalesi schon lange festgesetzt hatten, eine Autostunde nur von Casal di Principe entfernt. Die Pontinische Ebene gehört in den Wirkungsradius der Camorra, und die lässt in aller Regel nicht von dem, was sie für sich beansprucht.

Die Casalesi nahmen sich den Markt dann mit Macht und Gewalt, sie vertrieben die 'Ndrangheta. Da stellte sich aber schon das nächste Problem. In Fondi kamen unter anderem auch Früchte aus Spanien an, die nach Süden transportiert werden mussten. Wie jede Mafia, die etwas auf sich hält, hatten auch die Casalesi Transportfirmen. Die größte von allen war die *Paganese Trasporti* von Costantino Pagano aus Caserta. »*La Paganese*« brachte also die Früchte aus Spanien nach Sizilien, in den Markt von Vittoria. Ihre Lastwagen fuhren dann aber leer zurück nach Kampanien. Für den umgekehrten Weg machten Transporteure der sizilianischen Mafia ein Monopol geltend. Die Sizilianer wiederum fuhren leer zurück nach Sizilien, nachdem sie ihre Ware nach Fondi gebracht hatten, weil die Casalesi sie dort nichts laden ließen. Wenn sich mal jemand den Herrschaftsregeln zu widersetzen wagte, folgten Kommandos der Rivalen und durchschossen den Lastwagen einfach die Pneus. Wilder Westen im Süden Italiens.

Beide Seiten verloren dabei, das war schlecht für das Geschäft. Es gab ein kurzes Scharmützel, man zeigte einander ein bisschen die Muskeln, um die Verhandlungsposition zu verbessern. Dann einigte man sich bald zwischen Casalesi und Cosa Nostra. Sehr schwierig war das nicht, die zwei Kartelle unterhielten schließlich alte Verbindungen zueinander. Auf Seite der Sizilianer war auch Gaetano Riina in den Pakt verwickelt, der Bruder von Salvatore »*Totò*«, dem früheren Boss der Bosse. Die Ermittler hörten zu, wie sich die Herrschaften über die Bedingungen austauschten.

»Wenn es um eine Dienstleistung geht wie etwa den Transport, dann ist die Wahrscheinlichkeit immer groß, dass sich die Clans einigen.«[16] Über »*La Paganese*« erwarben sich die Casalesi schließlich bald eine alles beherrschende Stellung für die Transporte von und nach Fondi. Ihre Flotte bestand zwar nicht aus tausend Fahrzeugen, die Firma funktionierte eher wie eine Agentur: Wollte ein außenstehendes Unternehmen die Wege zwischen den Märkten von Vittoria, Fondi und Mailand befahren, musste es über sie gehen, es musste sie schmieren. Eine Alternative gab es nicht.

Die Melonen bin ich

Das Monopol hatte nicht nur Folgen für den Transport: Es machte das Leben der Bauern, der Hersteller von Früchten und Gemüsen sowie der Produzenten von Tomaten aus Pachino zur Hölle. Im Markt bestimmten die Clans den Preis für ihre Ware, und auf der Straße bestimmten sie, wessen Ware überhaupt in den großen Umlauf kam. Sirignanos Team hörte zu, wie Massimo Sfraga, der »König des Früchtetransports«, wie der Boss aus dem sizilianischen Marsala genannt wurde, mit einem Bauern sprach, einem Produzenten von Melonen: »Wer sich gegen uns wendet, kriegt Probleme«, sagt Sfraga in dem aufgezeichneten Gespräch. »Für euch ist es völlig nutzlos, mit uns zu streiten. In Marsala entscheiden wir, wie viel die Melonen kosten, ob 100 oder 1000. Ich bin fähig, den Leuten (im Markt) zu sagen: ›Ich geb dir keine Melonen.‹ Darum: Geht mir nicht auf den Sack. Wir können die Melonen für jeden Preis verkaufen. Wenn es in Marsala tausend Stände gibt, die Melonen verkaufen, 800 von denen gehören uns, 200 den anderen. Ich habe die Melonen, und alle müssen sie bei mir nachfragen. Zwei Tage, und der Preis der Melonen in Marsala ist in den Sternen. Ich kann nach Kampanien gehen und Melonen für 45 Cents (pro Kilo) kaufen, ich brauche dafür zwei Minuten. Ich nehme den Lieferwagen, fahre nach Kampanien, und ihr habt hier keine Arbeit mehr, für Tage.« Massimo Sfraga hatte im westlichen Teil von Sizilien ein Monopol auf Melonen und Gurken.

Damit auch alle immer genug verdienten an den Früchten und am Gemüse, machten die Produkte manchmal groteske Reisen. Erdbeeren etwa, die in Sizilien, einem Paradies für Erdbeeren, gepflückt und durch den Markt von Vittoria geschleust wurden, kamen nach Fondi, wo man sie verpackte und wieder nach Vittoria zurückschickte. 800 Kilometer hin, 800 Kilometer zurück, alles auf der Straße. Bei jeder Passage fielen Abgaben an, für jeden Kilometer fiel etwas ab für die Mafia. Dann erst begann die eigentliche Reise der Erdbeeren zum Konsumenten irgendwo in Italien, in Europa, in der Welt.

Der Transport auf Reifen sei bei der Mafia immer beliebt gewesen, sagt Sirignano. Weil die Kontrollen auf der Straße nun mal weniger streng seien als auf Schiene und Schiff. Seit es das Schengener Abkommen gibt und man sich in der Europäischen Union frei bewegen kann, ohne Kontrollen an den Landesgrenzen, ist der Transport auf der Straße noch einmal viel interessanter geworden. In den Lastwagen mit

Tomaten und Zucchini aus Italien, die Europa jeden Tag in allen Richtungen kreuzen und queren, führen die Clans zuweilen alles Mögliche mit: gefälschte Ware aus China etwa, Drogen, auch mal AK-47 – Kalaschnikows – aus Bosnien.

Sirignano ließ bei der Paganese Mikrokameras anbringen. Die Montage sei riskant gewesen, sagt er. Der Patron selbst habe über der Garage mit seinen Lastwagen gewohnt, das Areal wurde ständig von Leuten des Clans bewacht. Doch die Polizei fand einen passenden Moment. Monatelang passierte nichts, die Kameras liefen scheinbar umsonst. Doch dann, in der Nacht eines 26. Dezember, des zweiten Weihnachtstags, zeichneten sie auf, wie ein Auto der Carabinieri vorfuhr und zwei Männer Kalaschnikows in einen Lastwagen legten.

»Wir hatten Glück«, sagt Sirignano. »Die Scheinwerfer eines anderen Lastwagens auf dem Gelände waren eingeschaltet, nur deshalb sah man die Szene.« Die zwei Carabinieri waren für den Clan nach Bosnien gefahren, an Bord eines schwarzen Autos mit dem weißen Schriftzug der Polizeieinheit, wie man sie kennt, und brachten die Ladung zurück. Wo die Waffen dann mit dem Lastwagen hingelangten, konnten die Ermittler nie zweifelsfrei herausfinden. Sie kamen zu spät: Am 26. Dezember arbeitet niemand, die Bilder der Kameras wurden erst am 28. Dezember ausgewertet. Da war der Lastwagen der Paganese schon längst weg.

»*Sud Pontino*« aber zeigte vor allem eines: Keine Aubergine, keine Tomate, keine Melone und keine Erdbeere aus dem Süden Italiens, wo alles besonders hübsch gedieh, entging der Kontrolle der Mafia. Zwischen Vittoria und Fondi herrschten sie uneingeschränkt, und sie tun es wahrscheinlich noch immer. »Jedenfalls ist es sehr unwahrscheinlich, dass sich die Mafia ein solches Business entgehen lässt«, sagt Cesare Sirignano. Es ist eine Mutmaßung, Sirignano hat nach der gefeierten Operation »*Sud Pontino*« den Posten gewechselt. Die Mutmaßung nährt sich aus der Expertise des Ermittlers und Mithörers. Einige Monate nach dem Gespräch, im März 2020, titelte die Zeitung *La Repubblica*: »Markt von Fondi, Clans und Drohungen: Sie erhoben Schutzgeld auf Gemüsepaletten.«[17]

Mal ist es die kalabrische Mafia, die bestimmt, mal die sizilianische, mal die kampanische, manchmal auch mehrere Kartelle zusammen in einem Pakt. Im Preis, den die Endkunden bezahlen für all die köstlichen Dinge voller Sonne und Süden, ist auch das drin: die Mafia, ihr Kartell.

Käsen im Käfig

Roberto Battaglia, der Büffelbauer aus Caiazzo, musste nach der Festnahme seines Peinigers seinen Hof verlassen. Er wusste das schon, als er dem Boss die Falle stellte. Die Befreiung führte direkt in eine neue Art der Gefangenschaft, zum Ende seiner Leidenschaft. Die Geschichte Battaglias kam im Fernsehen. Er trat in Talkshows auf, meist waren es politische Programme. Sein Schicksal im Kampf gegen die Casalesi bewegte die Italiener, es machte ihn zum bekanntesten Käser von Mozzarella im Land.

Er schloss auch seine vier Läden und zog nach Rom. Oscar Farinetti, der Gründer von *Eataly*, einem Supermarkt für ausgewählte Produkte aus der italienischen Gastronomie, bot ihm an, seinen Käse fortan in geschützter Atmosphäre herzustellen: in einem Laboratelier in der großen Halle beim römischen Bahnhof Ostiense, einer der größten Zweigstellen von *Eataly*.

Ein kleines Paradies auf drei Stöcken. Gemüse und Früchte sind im Erdgeschoss untergebracht, nahe am Liefereingang für die frischen Produkte, verteilt auf Marktstände wie in einem richtigen *mercato*. Im ersten Stock hängen Schinken von der Decke, ein Himmel voller *prosciutti*. Es riecht nach Huhn an Rosmarin aus der *rosticceria*. In Glaskästen liegen Käse, Dutzende, auch Mortadella, Salami, Wurstspezialitäten aus allen Ecken Italiens. Und Biere aus kleinen Brauereien, es gibt in Italien immer mehr davon. Und Wein natürlich, toskanischer, umbrischer, sizilianischer, der sprudelnde Lambrusco aus der Emilia und Prosecco aus dem Friaul. Pasta gibt es in so vielen Varietäten, dass selbst die Italiener nicht alle kennen. Und Pastasaucen in hundert Sorten, sie sind nicht ganz billig, weil etwa der Tomatensugo aus den besten San-Marzano-Tomaten gefertigt ist und das Grün des ligurischen Pesto so unerhört grün ist, dass man ihn mit Löffeln aus den Gläsern essen möchte. Im zweiten Stock sind die Bars und Restaurants untergebracht.

Battaglia hat seinen Laden gleich neben dem Schinkenhimmel, es ist eine Schaukäserei mit Verkaufsecke. Ein bisschen Show, ein bisschen Käfig, als Logo zwei Büffelköpfe und dazwischen das B von Battaglia. Das Geschäft ist beliebt bei den Kunden. Viele Prominente gehören zu seinen Kunden, Schauspieler, Politiker, Fußballer. Die Römer kaufen auch deshalb Battaglias Mozzarella, weil sie seine Geschichte kennen, seinen Mut, seine Zivilcourage.

Der Entscheid Farinettis, den Käser in seinen Laden zu holen, war auch ein politisches Statement. Gut fürs Marketing, aber nicht ungefährlich. *Eataly*, eine Wortkreation aus »*Eat*«, essen, und »*Italy*«, Italien, ist ein privates Unternehmen. Mit der Verbreitung seiner Geschäfte im Ausland ist es zu einer Art Außenministerium der italienischen Gastronomie geworden. Mittlerweile gibt es Läden in Boston, Dallas, Chicago, Los Angeles, Las Vegas, Toronto, in Paris, Monaco, München, Stockholm, Moskau, Istanbul, Dubai, Kuwait, Riad, Tokio, São Paolo. Ihr Credo lautet:»Bei *Eataly* geht es um italienisches Essen und um das Leben nach italienischer Art.« Ihr Slogan:»Das Leben ist viel zu kurz, um schlecht zu essen und zu trinken.« Essen, Trinken, Leben, Italien – der große Bogen.

Seitdem Battaglia das schwarze Tor seines Hofs in Caiazzo geschlossen hat, bezieht er die Milch für seinen Käse von einer Büffelfarm im Agro Pontino, die Gegend liegt im Bereich des DOP. Im Gegensatz zum üblichen Büffelmozzarella aus dem Casertano ist seiner süß, nicht salzig. Eher wie der Mozzarella aus dem Salernitano. Das Salz, sagt er, überdecke alle Geschmäcker.

Mit seinem süßlicheren Käse distanziert er sich auch noch etwas mehr von der Heimat, von der bitteren Erfahrung. Seit 2012 schützte ihn der Staat mit Leibwächtern, die ihn den ganzen Tag begleiteten, auch beim Käsen im Bahnhof Ostiense. Das sah absurd aus, traurig auch: *mozzare* mit Bodyguards. Die Macht der Agromafia, verdichtet in einem Bild.

Battaglias Schutz hatte »Stufe 4«: zwei Beamte und ein Auto von der *Guardia di Finanza*. Sie begleiteten ihn jeweils vom Moment an, da er seine Frau und Tochter am Morgen verließ, bis er am Abend wieder nach Hause kam und die Lichter löschte.

Battaglia war bedroht. Er hatte sich mit den Schiavone angelegt, dem mächtigsten Clan der Casalesi. Und mit den Gebrüdern Zagaria: Pasquale, Carmine und Antonio. Vier Prozesse gegen vier Clans, 30 Leute insgesamt, die großen Fische und deren Handlanger, hat er damals, mit seinem mutigen Zeugnis 2008, angestoßen. In allen vier Verfahren muss er regelmäßig aussagen, meistens im Gericht von Neapel. Im Dezember 2020 steckten die Prozesse noch immer in zweiter Instanz fest, und das italienische System zählt drei Gerichtsbarkeiten. Die Mühlen der italienischen Justiz mahlen nun mal sehr langsam. Gegen einige Schinder Battaglias fordert die Staatsanwaltschaft mehr als 14 Jahre Haft.

Und doch passierte 2018, was er nicht für möglich gehalten hätte. Durch einen Telefonanruf aus der Präfektur wurde ihm mitgeteilt, dass der Staat in seinem Fall beschlossen habe, den Polizeischutz aufzuheben. Eine Begründung gab es dafür nicht, nur den Beschluss.

Wieder einmal war ein Held im Kampf gegen die Mafia alleine gelassen worden, isoliert. Wie so oft. Manchmal kommt es vor, dass ihr Verdienst hinterfragt wird, in der Presse. Wie bei Paolo Borrometi, dem sizilianischen Journalisten, der die Männer der Stidda angezeigt hatte. Manchmal wird in Zweifel gezogen, dass die Opfer auch wirklich Opfer sind, wie im Fall von Giuseppe Antoci, dem früheren Chefwächter im Nationalpark der Nebrodi, der das Geschäft der »Mafia der Weiden« zerlegte. Sein Zeugnis und seine Todesangst scheinen dann nie existiert zu haben.

Und manchmal gibt es Kampagnen, die die Erinnerung an mutige Bürger schänden. Nach dem Mord an »*Don Peppe Diana*«, dem jungen Pfarrer aus Casal di Principe, ging es nicht lange, da erschienen in den Lokalzeitungen Berichte, die ihn posthum als Pädophilen und Schürzenjäger hinstellten. Eine andere Anschuldigung lautete: »Don Peppe Diana war Camorrista.«[18]

Bei Battaglia war es ein Anruf aus der Präfektur. Seitdem ist niemand mehr dabei, der auf ihn aufpasst, wenn er nach Neapel fährt zu den Prozessen. Einmal kam er aus dem Tribunal, da hatten sie sein Auto angezündet, es stand verkohlt auf dem Parkplatz.

Danach schloss er eine Lebensversicherung ab. Für 500 000 Euro, für alle Fälle, für Frau und Kind.

4 – Rom: *Dolce Vita* – oder: Der Glanz süßerer Zeiten

»In Neapel sind wir Moccia Camorra, in Rom Moccia Fruit.«
Ein Unterboss des Clans Moccia

An der Via Veneto

Ein milder Herbstabend an der Via Veneto. Die Platanen stehen im warmen Licht der Kandelaber, sie tragen noch ihr ganzes Gewand. Die Bars haben rausgestuhlt auf die breiten Gehsteige, auch das *Doney's*, die Tische aber sind leer. Überhaupt, beide Seiten der Straße wären völlig leer, wäre da nicht das Paar aus dem Hotel Excelsior, das gerade aus der Drehtür getreten ist, vorbei an einem livrierten Bediensteten. Vielleicht Briten? Oder Amerikaner?

Diese römische Straße war einmal ein Hotspot, eine Straße von Welt, sie war selbst eine Welt. Ihre Gehsteige, ihre Bars und Restaurants, die Schmuckläden, Schuh- und Kleiderboutiquen waren immer voll bis in die Nacht. An diesem Abend gehört sie dem flanierenden Paar, ihm ganz allein. Verwaist ist sie, die Via Veneto. Und es gibt viele solche Abende. *Un deserto* sei die Straße, sagen die Römer, eine Wüste, es gab sie schon vor der Pandemie. Neun Luxushotels säumen die Via Veneto, wo die Suiten 10 000 Euro kosten, aber darum herum ist fast kein Leben mehr. Vor jedem Restaurant steht ein *buttadentro*, ein Reinschmeißer, und der

Begriff sagt schon alles: Sie balgen sich um die paar Passanten. Geblieben ist nur eine müde Schwade Nostalgie. Der traurige Zustand der Via Veneto steht sinnbildlich für den Niedergang Roms in den vergangenen Jahrzehnten, es ist ein schleichender, der langsam alles zerfrisst. So sehen es die Römer selbst. Sie hatten immer schon einen Hang zum Lamento und zur Übertreibung. Diesmal aber haben sie recht.

Eigentlich heißt die Straße Via Vittorio Veneto, doch niemand nennt sie mit vollem Namen. 750 Meter ist sie lang. Sie führt von der Piazza Barberini in einer leichten Steigung und mit zwei Schwüngen hinauf zur Porta Pinciana, wo das historische Zentrum der Stadt aufhört und die Villa Borghese beginnt, der große Park Roms. Die Via Veneto liegt also nicht ganz zentral, zumal dann nicht, wenn man die Piazza Navona als Mitte nimmt. Aber sie war mal so zentral, dass es zentraler nicht ging.

Am unteren Teil stehen zwei Ministerien, eine Kirche, einige Restaurants, die Autofahrer drücken da aufs Gas, nach den engen Gassen im *centro storico* öffnet sich plötzlich ein Boulevard. Die Römer sagten früher gerne, die Via Veneto sei ihre Champs-Élysées, doch das erweckte immer schon einen falschen Eindruck. Im Vergleich zur Pariser Prachtallee ist die Via Veneto ein Sträßchen, pro Fahrtrichtung eine Spur für Autos und eine für Busse.

Dann, etwa in der Mitte, kommt der Palazzo Margherita, eine frühere Residenz von Königin Margherita. Sie zog dort ein, nachdem ihr Gemahl, König Umberto I, im Jahr 1900 umgebracht worden war. Seit 1931 ist der Palazzo ständiger Sitz der US-Botschaft in Italien, ein wuchtiger und schwer bewachter Bau in einer Linkskurve, der wie eine Demarkation wirkt. Die Amerikaner waren immer schon verliebt in die Via Veneto, es war auch ein bisschen ihre Straße. Im

Zweiten Weltkrieg hatte der Befreier Roms, General Mark Clark, ein New Yorker, sein Hauptquartier im Excelsior eingerichtet, einem der besten Häuser der Stadt, fünf Sterne. Das schien ihm gerade angemessen zu sein.

Nach dem Palazzo Margherita beginnt der glamourösere Teil der Via Veneto, 300 Meter voller Erinnerungen. Man braucht nur die Filmmaschine im Kopf einzuschalten, einige Fetzen aus Federico Fellinis *La Dolce Vita* abspielen, und schon klingt es an, das süße Leben der Fünfziger- und Sechzigerjahre, der unbesorgten Nachkriegsdekaden, des Wirtschaftsbooms, als an der Via Veneto alle Diven und Regisseure aus Hollywood abstiegen und an den Tischen der Cafés saßen, im *Doney's*, im *Caffè Veneto*, im *Rosati*, im *Café de Paris*. Sie wurden umschwirrt von Paparazzi, den Fotografen der Boulevardblätter. Die Stars wollten gesehen werden, selbst wenn sie vorgaben, nicht gesehen werden zu wollen. Die Via Veneto war und ist wohl noch immer die berühmteste Straße Roms, umweht von einem längst vergangenen Zeitgeist.

Da verwundert es nicht, dass sich die Mafia irgendwann für die Lokale am oberen Ende der Straße interessieren würde, etwa für das *Café de Paris*. Seit 2009 ist dessen Türe mit dem Glas im Jugendstil versiegelt. Die Bar, in der Frank Sinatras Bodyguards sich einmal eine memorable Schlägerei mit einigen Paparazzi lieferten, sie ist von der Polizei geschlossen und beschlagnahmt worden. Die 'Ndrangheta soll sie über einen Strohmann gekauft haben, einen Friseur aus Kalabrien, ohne Einkünfte. Über einen *nullatenente*, einen Habenichts.[1] Diese Ikone im Herzen der Hauptstadt, ein römisches Kulturgut, es gehörte plötzlich der kalabrischen Mafia. Was für ein Triumph, wie eine Schlachtstandarte steckte sie in der Stadtlandschaft.

Victor und die Diven

Eröffnet hatte die Bar einst Vittorio Tombolini, ein Kellner aus Vigevano in der Lombardei, als er aus dem Ausland zurückkehrte. Tombolini lebte als junger Barmann lange in Frankreich, in Paris und an der Côte d'Azur, und ließ sich »*Victor*« rufen, das passte besser. Seine Frau Bianca, aus Italien wie er, war dann mal »*Blanche*«. In den Fünfzigern zog er nach Italien zurück, diesmal nach Rom, und eröffnete eine Bar, das *Victor's*. Als sich dann an einem Abend ein Drogendealer und ein Anwalt, die miteinander ins Geschäft kommen sollten, im Streit beinahe umgebracht hätten, schloss er den Laden, machte einen neuen auf und wählte dafür die beste Location, die der Markt zu bieten hatte: Via Veneto, zwischen zwei voll bepackten Zeitungsständen, gleich gegenüber vom Hotel Excelsior. Er nannte es *Café de Paris*, es war eine Reminiszenz an seine Jahre in Paris.

Von allen Cafés an der Straße war es das bürgerlichste, es stand politisch rechts, jedenfalls hatte es damals diesen Ruf. Und es war von Anfang an touristisch. Die Via Veneto war nicht nur eine Bühne für Stars und Sternchen aus dem Kino gewesen, für ihre Darsteller, die Protagonisten und die Komparsen. Der Tag war jeweils getaktet: Die Literaten und Intellektuellen hatten ihre Uhrzeiten, dann kamen die Journalisten und Politiker, und am Abend schaute dann die große Unterhaltung vorbei. Fellini mochte das *Café de Paris* nicht. Dennoch war es eine Erfolgsgeschichte, alle gingen hin, vor allem am späten Abend, wenn andere Lokale schlossen: Im *Café de Paris* gab es auch nach Mitternacht noch etwas zum Essen. Und so traf man nach Mitternacht zuweilen sogar Fellini im *Café de Paris* an. Die Nacht, sie sollte nie aufhören.

»*La vita è una combinazione di magia e pasta*«, sagte Fellini einmal. Das Leben ist eine Mischung aus Zauber und Pasta. Der Satz ist zu einem viel zitierten Aphorismus geworden, von da ist es nicht mehr weit bis zur Lebensphilosophie.

Sein Film *La Dolce Vita* kam 1960 in die Kinos. Er erzählte die Geschichten eines Klatschreporters aus der Provinz, gespielt von Marcello Mastroianni, der im fröhlich sorglosen Rom jener Jahre ein leichtes, transgressives Leben führte und sich dabei auch mit der schönen, blonden Anita Ekberg verlustierte, sogar in die Fontana di Trevi stiegen die zwei. »*Marcello, come here.*« Die Szene sollte berühmt werden, Rom war nun ein Synonym für Verlangen. Und der Film war ein Skandal.

La Dolce Vita wurde bald zu einem einzigen Wort, »*Dolcevita*«, überall auf der Welt. Ein stehender Begriff und Ausdruck eines Gefühls, für viele eine Sehnsuchtsmarke. Im Norden Europas wird er gerne gebraucht, um den Italiener an und für sich, pauschal und klischiert zum Lebemann abzustempeln, der sich nur vergnügt, dazu stilvoll Zigarette raucht und elegant kleidet. Marcello Mastroianni, Fellinis Freund und Alter Ego, gab diesem Bild des Italieners ein Gesicht. Als der Film gedreht wurde, war er Mitte 30.

Die Italiener hatten damals, nach einem weiteren Krieg, den man auf der falschen Seite begonnen hatte, nach Hunger und Zerstörung und 20 Jahren Faschismus, viel Lust auf etwas Leichtfüßigkeit, auf Lebensfreude, auf Wiederaufbau. Und so sieht die Welt die Italiener bis heute: als Lebe- und Genussleute. Man beneidet sie um ihre Leichtigkeit und Selbstironie, für die ausgiebige Geduld zu Tische etwa, beim Essen. »*The italian way of life*«, er ist ein Neidmodell.

Waren die Amerikaner schon früher immer an die Via Veneto gekommen, gab es nach *La Dolce Vita* eine Zeit, da war die Straße eine Dependance von Hollywood. Rom war wieder ein bisschen *caput mundi*, Welthauptstadt.

Ab den Siebzigerjahren fiel die Straße in ein Loch, aus dem sie nie mehr hochsteigen würde. Selbst die Liebe der Amerikaner kühlte ab. 1972 schrieb die *New York Times*: »Die Via Veneto bietet den Besuchern nur noch Verbrechen, extremen Dreck und Vernachlässigung.« In der Nacht verwandelte sich die Straße in ein Bordell, im unteren Teil die leichten Frauen, im oberen die leichten Männer.

Auch das *Café de Paris* geriet immer wieder in die Schlagzeilen. Nur handelten die nicht mehr von Schlägereien unter Bodyguards und Paparazzi, die hatten, so derb sich auch gewesen sein mögen, dem Etablissement Werbung gebracht. Einmal wurde das Lokal gerügt, weil es vorgegeben hatte, frische Fische zu servieren, obschon sie tiefgefroren waren – ein Vorbote der Touristenfalle. Dann wurde es geschlossen, weil es den hygienischen Standards nicht mehr genügte. Am 16. September 1985 verübten palästinensische Terroristen ein Attentat auf das *Café de Paris*. Zwei Handgranaten warfen sie auf die Terrasse, es war 23 Uhr, die meisten Tische waren besetzt. Sie hofften wohl, möglichst viele amerikanische Touristen zu töten. Es kam niemand um, aber 39 Personen wurden verletzt, einige von ihnen schwer.

Doch die ganze Dekadenz, die kleinen und großen Tragödien, haben die Verheißung, die diese Straße ausstrahlte, nie vollständig ausgelöscht. Der Film im Kopf ist schwarzweiß wie Fellinis *La Dolce Vita*, aber ihre Suggestivkraft hat die Via Veneto nie verloren.

Der Barbier vom Aspromonte

2005 wechselte das *Café de Paris* den Besitzer, ein Friseur kaufte es. Die italienische Presse nennt Damiano Villari seitdem »Barbier ohne Geld«. Dem Finanzamt hatte Villari in den Jahren vor dem Kauf des Lokals immer berichtet, es gebe da nichts, das er versteuern müsste. Für das *Café de Paris* aber soll das Geld dann locker gereicht haben. Sehr teuer war es allerdings nicht: Eine Viertelmillion Euro soll es gekostet haben.[2] Die besten Zeiten waren nun mal vorbei.

Die Staatsanwaltschaft von Reggio Calabria nahm schon bald eine Ermittlung auf, um sich den Kauf des *Café de Paris* genauer anzuschauen. So manches erschien ihr dubios, begonnen beim Käufer, dem mittellosen Barbier. Der stammte aus Sant'Eufemia d'Aspromonte, einem kleinen Ort in den kalabrischen Bergen. Sant'Eufemia gehört ins Einzugsgebiet der 'ndrina Alvaro, eines Familienclans der 'Ndrangheta, sie zählt 2000 Mitglieder. Für die Justiz sind die Alvaros »*Mafia alta*«, Topetage der Organisation. Zu Geld kamen sie wie alle 'Ndrine auch: zunächst mit Entführungen berühmter und reicher Leute, dann mit Bauunternehmungen, später mit Drogenhandel und Finanzspekulationen.

Die Alvaros hatten sich schon seit einiger Zeit in Rom breit gemacht, vor allem im alten Zentrum. Der Sohn eines ihrer Bosse, Vincenzo Alvaro, hatte die Möglichkeit genutzt, seinen Hausarrest außerhalb Kalabriens abzusitzen und war mit seiner Familie nach Rom gezogen. Offiziell arbeitete er als Hilfskoch in einem der Restaurants, das der Clan später übernehmen sollte. Die Alvaros gehören zu den Clans der 'Ndrangheta mit der größten internationalen Vernetzung, in Australien etwa ist keine 'ndrina stärker vertreten als ihre. In Rom kopierte die Familie das alte Schema der kalabrischen Mafia. Sie tauchte ein in die römische Gesellschaft und suchte nach Notaren, Treuhändern und Anwälten, Leuten mit ordentlichen Einträgen in den Berufsalben, die sich um die Geschäfte der Kalabresen kümmerten, ihre Stempel auf Zertifikate und Bürgschaften setzten, Firmen im In- und Ausland für sie gründeten – so viele, dass die Ämter den Überblick verloren. Ohne die famosen Weißkragen ging auch hier nichts.

Rom bot der Mafia unendlich viele Investitionsmöglichkeiten. Nach dem katholischen Jubiläumsjahr 2000 war der Tourismus richtig explodiert. Der Clan kaufte Restaurants, Pizzerien und Bars ein. Zuerst das *California* an der Via Bissolati, ganz in der Nähe der Via Veneto, dann das *Café de Paris*, später ein Lokal an der Via Giulio Cesare, das Restaurant *George's* in der Via Marche, das *Time Out Café* an der Via Santa Maria del Buonconsiglio, das *Gran Caffè Cellini* an der Piazza Capecelatro, das *Clementi* an der Via Gallia, das *Astrofood* an der Via Tenuta del Caseletto, das Ristorante *Federico I* an der Via Colonna Antonina. Alles binnen kürzester Zeit. Der neue Besitzer des *Café de Paris*, da waren sich die Ermittler sicher, war ein Strohmann der Alvaros. Der Barbier aus den Bergen war erst drei Jahre vor dem Kauf nach Rom gezogen.[3]

Als die Polizei 2009 das römische Imperium des Clans aushob, gehörten neben den vielen Gaststätten auch Luxusimmobilien in den besten Vierteln, eine Autogarage und teure Autos zu den Besitztümern. Für insgesamt 200 Millionen Euro.[4] Der Sohn des Bosses hatte für den Clan einen mächtigen Fuß in die Hauptstadt gesetzt.

Doch die Zeitungen kümmerte nur das *Café de Paris*. Die römische *La Repubblica* titelte damals: »Die 'Ndrangheta an der Via Veneto: Die Polizei beschlagnahmt ein Stück *Dolce*

Vita.« In dieser Überschrift war alles drin. Die kalabrische Mafia hatte ein Juwel gestohlen. Ein schlecht gealtertes und blasses, aber eben doch: ein Juwel.

5000 Botschaften der Mafia

Die Paten waren immer schon an Restaurants interessiert, sie sind eine alte Obsession des organisierten Verbrechens. Fast alle großen Bosse besaßen Lokale, in denen sie sich mit ihren Leuten trafen, Sitzungen abhielten, ihre Rituale zelebrierten. Jeden großen Entscheid begeht die Mafia bei Mahl und Trunk. Restaurants dienen auch als Vertretungs- und Anlaufstellen, vergleichbar mit Botschaften. Wenn die Mafiosi Probleme mit anderen Clanmitgliedern, mit der Justiz oder mit Geld haben, die sie nicht am Telefon klären wollen, gehen sie dorthin. Und Esslokale können auch als logistische Drehscheiben für andere Großhandel fungieren, solche, die nichts mit Gastronomie zu tun haben. Drogen etwa, gut getarnt im Lager mit den Konserven und dem Frischgemüse.

In erster Linie kauft die Mafia aber Restaurants, um ihr Geld aus anderen Geschäften zu waschen. Der Rapport über die Agromafia aus dem Jahr 2017 schätzte die Anzahl der Lokale in Italien, die dem organisierten Verbrechen gehören, auf 5000.[5] Die meisten von ihnen befänden sich in den großen Städten des Landes. In Rom und Mailand soll jedes vierte, fünfte Lokal der 'Ndrangheta, der Camorra oder Cosa Nostra gehören. Es gibt auch Schätzungen, die von doppelt so vielen Lokalen ausgehen. Der Gastronomiesektor ist groß, er ist einer der Pfeiler der italienischen Wirtschaft.

Oft wissen Köche und Kellner nicht, für wen sie arbeiten. Die Manager in den Lokalen der Mafia sind meistens Strohmänner, der Besitz wird mit einem Labyrinth von Schattenfirmen verschleiert. In den Jahren der Wirtschaftskrise kamen viele hinzu. Für die Mafia gibt es nichts Besseres als eine scharfe, lang anhaltende Konjunkturbaisse, wie etwa jene, die 2008 begann. Dann geben die Banken bald keine Kredite mehr, und die Mafia kann wie ein moderner Investmentfonds auftreten. Sie ist immer liquid, sie bezahlt bar, sie stellt kaum Fragen. Und umgekehrt stellen auch die Verkäufer keine Fragen: In der Not verkauft man immer einfach an den, der gerade kauft.

In der Regel läuft es so: Die Mafia schickt einen Emissär vorbei, der anbietet, sich am Geschäft zu beteiligen, Anteile zu kaufen und das Kapital aufzustocken. Sobald die alten Besitzer die Zinsen nicht mehr bezahlen können, übernimmt die Mafia ganz. Im Idealfall schafft sie es, den alten Betreiber dazu zu überreden, dass er seinen Namen auch weiterhin und ohne Mitspracherecht zur Verfügung stellt. Im anderen Fall setzt sie einen Leihnamen ein.

Der Strohmann kann ein Mitglied der Familie sein, der keinen Eintrag im Strafregister hat, einer ohne Spitznamen: Die Schuld des Bosses muss nicht automatisch und in jedem Fall auf die anderen Mitglieder fallen. Doch natürlich lastet ein Familienname schwer, wenn er sich einmal in den Spalten der Vermischten Meldungen festgesetzt hat.

Lieber sind den Clans deshalb unbescholtene Bürger aus ihrem Herrschaftsgebiet daheim in Sizilien, Kalabrien oder Kampanien, die sich für ein ordentliches Entgelt für ihre Sache verdingen lassen. Wenn dann auch noch wohl gesinnte Notare und Bankangestellte alle Fragen nach dem Ursprung des Geldes ausblenden, kann ein Friseur ohne zu versteuerndes Einkommen aus dem Aspromonte Besitzer eines Lokals von Weltruf an der Via Veneto in Rom werden.

Trattorien und Pizzerien sind auch deshalb eine beliebte Anlage, weil sie Teil der legalen, scheinbar sauberen Wirtschaft sind und selbst dann Gewinne abwerfen, wenn sie nicht laufen. Der Erfolg der Gaststätten am Markt ist völlig zweitranging, manchmal ist er sogar ein Nachteil.

Die Mafia fabriziert an den Kassen ihrer Lokale fiktive Quittungen, Kassenzettel ohne Gegenleistung also. Sie gibt zum Beispiel vor, sie habe an einem Tag 1000 Euro eingenommen, dazu alle Einzelheiten zu den angeblich bestellten Gerichten, den *primi*, den *secondi*, den *dolci* und dem Wein. Am besagten Tag schauten aber nur vier Gäste vorbei, die insgesamt 100 Euro ausgegeben haben. So lassen sich 900 Euro, die die Mafia mit illegalen Geschäften eingenommen hatte, mit Drogen- und Waffenhandel etwa, in den legalen Wirtschaftskreislauf pumpen. Steuern entrichtet die Mafia für den angegebenen Umsatz von 1000 Euro. Das ist der Preis, den sie bezahlt für ihren Betrug, sie nimmt ihn gerne hin. Was übrig bleibt, ist frei verfügbar. Und reingewaschen. Ein Restaurant im Besitz der Mafia ist deshalb ein bisschen wie eine Notenbank, die Geld druckt.

Luigi Moccia alias »*Gigino*«, ein Boss der Camorra aus Afragola bei Neapel, war dermaßen besessen davon, dass ihn niemand betrügt, dass er seine Strohmänner und Helfer in der Zivilgesellschaft ständig überwachen ließ. Kein Aspekt ihres Alltags sollte ihm entgehen. Moccia eroberte Rom mit seiner Pingeligkeit, in seinem Dienst standen so viele Mittelsmänner, dass er selbst hinter dem Geflecht von Namen lange Zeit getarnt war – bis er aufflog.

Die Polizei hörte einmal mit, wie er den Idealtypus eines Strohmannes definierte: »Es muss eine Person des Vertrauens sein, ein treuer Freund, oder, besser noch: ein Verwandter. Er muss über genügend finanzielle Mittel verfügen, damit er Ausgaben in einer gewissen Höhe mit Cash rechtfertigen kann oder mit der Begleichung der Rate einer Hypothek. Letzteres bietet natürlich den Vorteil, dass sich damit auch noch Geld waschen lässt.«

Ein Profil wie aus einem Lehrbuch der Mafia. Man nannte ihn fortan auch »*Gigino Weißkragen*«. Moccia kontrollierte einen stattlichen Teil des Früchtehandels in der Stadt, dazu den Handel mit dem Mozzarella aus seiner Heimat. »In Neapel sind wir Moccia Camorra, in Rom Moccia Fruit«, sagte einmal ein Unterboss des Clans zu einem anderen Unterboss.[6] »*Gigino*« sei der Größte, hieß es. Er bestimme alles. Gerade als er sich anschickte, die nächste Entwicklungsstufe zu zünden, und ein Hotel bei der Spanischen Treppe kaufen wollte, wurde Luigi Moccia zusammen mit sieben Getreuen verhaftet.

Im Jahr 2020 beschlagnahmten die Carabinieri nach langer Untersuchung 14 Restaurants im Zentrum Roms, von denen sie überzeugt waren, dass sie über zwischengeschaltete Strohmänner den Moccias gehörten.[7] Eines davon, das *Antico Caffè di Marte* bei der Engelsburg, war nur Monate davor weltberühmt geworden, weil es zwei japanischen Touristinnen für zwei Teller Pasta mit Fisch und einer Flasche Wasser 429,80 Euro verrechnet hatte. Im Betrag dabei: 80 Euro Trinkgeld.[8] Man nahm an, dass mal wieder eine Touristenfalle zugeschnappt war, dabei saß die Mafia an der Kasse. Der römische Gewerbeverband beschrieb die Schließung der 14 Lokale als »Spitze des Eisbergs eines viel breiteren Phänomens«.[9]

Tod eines Hooligans

Von den drei großen italienischen Kartellen hat sich keines erfolgreicher breit gemacht in Rom als die Camorra, und meistens ging es ihr dabei ums Essen. In der römischen Presse bürgerte sich die Bezeichnung »*Camorra capitale*« ein – *capitale* steht für Hauptstadt. Gut möglich, dass es an der Nähe liegt: Von Neapel nach Rom sind es zwei Stunden mit dem Auto, der Schnellzug *Frecciarossa* braucht gar nur etwas mehr als eine Stunde, ohne Stopp. In Roms Straßen hört man oft den neapolitanischen Akzent, der viel runder und sanfter klingt als der römische. Römisch dagegen hört man in Neapel nur selten. Viele Römer halten Neapel für eine andere Welt, für den tiefen Süden, trotz der Nähe. Sie fahren auch nur ungern hin, wenn sie es denn überhaupt jemals tun. Die Neapolitaner hingegen fahren gerne nach Rom. Neapel war zwar auch mal eine Hauptstadt, die des Königreichs beider Sizilien. Komplexe hat man aber keine.

Gleich mehrere Clans der Camorra konnten sich in der stetig wachsenden Galaxie römischer Mafias behaupten. 103 Familien teilen sich die krummen Geschäfte in der Stadt auf, das erfuhren die Römer im Sommer 2019, nachdem in einem Park »*Diabolik*« erschossen worden war.[10] »*Diabolik*« war kein Mafianame, jedenfalls ursprünglich nicht. So nannte man Fabrizio Piscitelli, den Chef der rechtsextremen Hooligans des Fußballvereines Lazio Rom. Er war der Anführer der *Curva Nord* im Olympiastadion. Seinen Tod begingen die Fans mit einem riesigen Transparent im Stadion, das sein Konterfei trug. Es überdeckte die Köpfe von etwa 10 000 Anhängern, so groß war es.

Doch »*Diabolik*« war nicht nur der Chef der Ultras, die sich bei Lazio *irriducibili* nennen, Unbeugsame. Er hatte sich über die Jahre zu einem Drogenboss im Norden Roms verwandelt, eng verbandelt mit der Camorra. Auch das wussten alle, und dennoch regte sich niemand auf über die Hommage im Stadion, das letzte Geleit samt Schweigeminute. Der Mord an Piscitelli, so hieß es, habe das »Gleichgewicht der Mafia in der Stadt« zerstört.

Die Zeitungen druckten nun Stadtkarten, auf denen alle Clans und ihre Einflusszonen eingezeichnet waren: die Geografie des Verbrechens auf einen Blick, von der Peripherie bis ins Zentrum. Im historischen Teil Roms hatten sich neben den Moccias und den Alvaros auch die Piromallis aus Gioia Tauro festgesetzt, jene kalabrische Familie also, die den Amerikanern in industriellen Mengen Tresteröl als natives Olivenöl angedreht hatte. Die alteingesessenen Clans der Stadt, die Spadas, Triassis, Casamonicas und Fascianis, sowie die übriggebliebenen Mitglieder der *Banda della Magliana*, wie das gefürchtete römische Verbrecherkartell aus dem gleichnamigen Stadtviertel in den Siebziger- und Achtzigerjahren genannt wurde, hatten Konkurrenz erhalten von jeweils mehreren Clans aus Sizilien, Kalabrien und Kampanien. Von Cosa Nostra, 'Ndrangheta und Camorra. Das Nachrichtenmagazin *L'Espresso* schrieb von einer »Kolonialisierung der Stadt durch die mächtigsten Mafias im Land«.

Offenbar war es aber so, dass lange Zeit eine »*pax mafiosa*« herrschte. Man hatte einen Friedenspakt ausgehandelt und die Drogenumschlagplätze zugeordnet, alles lief nach genauen Regeln. So kamen auch alle auf ihre Rechnung. Die Casamonicas zum Beispiel waren immer eng verbunden mit der 'Ndrangheta, obschon die beiden Organisationen im Wesen sehr unterschiedlich sind: Während die Kalabresen ihre Macht lieber aus einem dunklen und mysteriösen Understatement beziehen, prahlen die römischen Clans gerne mit ihrem Reichtum, ähnlich wie die Camorra in Neapel. Der Wohlstand dient als Nachweis ihrer Macht.

Weltberühmt wurden die Casamonicas im August 2015, als sie ihren Patriarchen, Vittorio Casamonica, in Rom in einer denkwürdigen Zeremonie zu Grabe trugen. Aus Lautsprechern lief der Soundtrack des *Paten*. Für den Transport des Sargs hatte man aus Neapel eine schwarze Kutsche bringen lassen, die von sechs schwarzen Pferden gezogen wurde. Aus einem Hubschrauber regnete es rote Rosenblätter auf die Trauernden. Und auf einem großen Poster, zehn Meter auf zehn, angebracht an der Fassade der Kirche San Giovanni Bosco im Süden der Stadt, prangte Vittorio im päpstlich weißen Gewand, ein Kreuz auf der Brust und ein Titel quer über das Plakat: »*re di Roma*«, König von Rom.[11]

Die Polizei schaute dem Geprotze der Casamonicas tatenlos zu, der Bürgermeister war gerade im Urlaub. Die »*pax mafiosa*« wog die Stadt in einer falschen Gewissheit. Man sagte sich wohl, solange sie nur Klamauk machen, müssen wir nicht aktiv werden. »*Diabolik*« soll dann aber etwas zu große Ansprüche entwickelt haben, weit über sein Gebiet hinaus. Und das missfiel wohl vor allem den Kalabresen. Piscitelli ging nie ohne Begleitung zu seinen Terminen. Diesmal schon. Der Jogger mit der Pistole richtete ihn mit einem Schuss hin und lief dann weiter.

»*Johnny*« und der rohe Fisch

»*Diabolik*« arbeitete mit der Familie Senese zusammen, einem Clan der Camorra, der sein Tun schon lange bis nach Rom ausgedehnt hatte. Ihr Boss, Michele Senese, trägt den

Namen »*O pazzo*«, der Irre, wobei nie ganz klar wurde, ob sich der Pate der Verrücktheit nur taktisch bediente oder ob sie ihn vielleicht tatsächlich bewohnte. Einmal behauptete er, er sei eines Morgens aufgewacht und habe plötzlich fließend Deutsch sprechen können.[12] Dank solcher Geschichten, die seine Zurechnungsfähigkeit in Zweifel ziehen sollten, kam er mehrmals mit milden Strafen davon, meistens waren es Hausarreste. Einmal schickte ihn der Richter allerdings in eine bewachte Nervenheilanstalt. Doch »*O pazzo*« floh, seine Leute hatten eine Außenmauer der Anstalt weggesprengt.

Senese hatte eine ausgeprägte Schwäche für rohen Fisch, vor allem für den aus einem ganz bestimmten und berühmten Restaurant im Zentrum Roms. Das Fischlokal *Assunta Madre* an der Via Giulia beim Campo de' Fiori war beliebt bei Prominenten, bei Schauspielern und bei Politikern jeder Couleur sowie bei Sportlern. Der Fußballer Francesco Totti, über lange Jahre hinweg so etwas wie der ungekrönte König der Stadt, aß dort regelmäßig. Es kamen auch Al Pacino, Robert De Niro, Sylvester Stallone, Giorgio Armani, die früheren Premierminister Silvio Berlusconi und Massimo D'Alema.[13] Die Fischsuppe musste man vorab bestellen, sie hatte einen fantastischen Ruf und kostete 35 Euro. Die Scampi, gedämpft oder vom Grill, gab es für 11 Euro pro 100 Gramm, die Gnocchetti mit roten Gamberi, Tomaten aus Pachino und Pecorino für 20 Euro.

Der Besitzer des Lokals, ein runder Mann mit breitem Lachen, ließ sich nach dem Essen mit allen seinen illustren Gästen fotografieren. Die Bilder hingen dann gerahmt im Eingang des Restaurants, gleich über der Auslage mit dem Fisch, wie Pokale in einem Schrein. Berlusconi entbot einmal seine »liebevollsten Wünsche« auf einer von Hand geschriebenen und firmierten Karte, auch die hing an der Wand. Doch man gewann den Eindruck, dass der Gastgeber nicht seine Gäste feierte, sondern sich selbst: Gianni Micalusi, besser bekannt als »*Johnny*«.

Micalusi, Sohn eines Fischhändlers aus Terracina, hatte in Rom schon einmal ein Lokal besessen. *L'Hosteria del Pesce* war nur einige Häuser entfernt gewesen. Die Justiz schloss es, weil sie zur Überzeugung gelangt war, dass darin Geld einer kriminellen Organisation steckte. Doch beweisen ließ sich der Vorwurf nicht. Nach einigen Jahren erhielt »*Johnny*« sein Lokal zurück, es war unterdessen heruntergekommen. Er klagte einmal, der Staat habe ihm »einen Ferrari« zerstört, so großartig sei das Geschäft gelaufen. 400 000 Euro Einnahmen habe es ihm jeden Monat gebracht.[14]

Lange hielt das Lamento nicht an. Micalusi eröffnete ein neues Restaurant und benannte es nach seiner Mutter Assunta, als Besitzer trug er die Namen seiner Söhne ein. So, sagte er sich, würde man ihn in Ruhe lassen. Doch der Staat ließ nicht locker. Die Polizei hörte Micalusis Telefone ab, im *Assunta Madre* brachte sie Wanzen an.

So kam es, dass sie auch Dinge erfuhr, die nicht direkt in den Kontext ihrer Ermittlungen passten, aber strafrechtlich nicht minder interessant waren. Etwa als Alberto Dell'Utri bei Fisch und Wein im *Assunta Madre* über einen Fluchtplan für seinen Bruder sprach.

Albertos Bruder heißt Marcello. Und dieser Marcello Dell'Utri war früher der Statthalter Berlusconis in Palermo, dessen Geschäftspartner und zwischenzeitlich Senator von Berlusconis Partei *Forza Italia*. Gebrauchen ließen sich die Informationen aus der Abhöraktion nicht, weil sie mehr oder weniger unrechtmäßig erworben worden waren. Dell'Utri entkam. Er flüchtete in den Libanon, tauchte unter, wurde dann aber verhaftet und ausgewiesen. Das Gericht in Palermo hatte ihn wegen Zugehörigkeit zur Cosa Nostra verurteilt. Es gelangte zum Schluss, dass er Berlusconis Verbindungsmann zur Mafia war. Dell'Utri soll versucht haben, einen neuen Pakt auszuhandeln zwischen Rom und Palermo, zwischen seinem Chef und den Bossen, wie es ihn einst zwischen Giulio Andreotti, dem siebenfachen Premier Italiens, und dem Paten Stefano Bontate gegeben hatte. Die alte Geschichte, neu aufgelegt.

Die Beamten hörten auch einmal mit, wie »*Johnny*« mit »*O pazzo*« telefonierte, dem Boss Michele Senese. Er nannte ihn *zio*, Onkel. Immer wieder schickte er ihm eine Platte mit rohem Fisch nach Hause, wo er unter Arrest stand, und versicherte sich danach, dass die Lieferung auch den Gusto des Bosses traf. Senese hätte gar nicht telefonieren dürfen, auch dieses Verbot stand in der Haftverordnung. Dass er es trotzdem tat, war Fahnderglück.

2017 beschlagnahmte die Polizei das *Assunta Madre*, das »Restaurant der VIPs«, wie die Presse es nannte. Micalusi wurde erneut vorgeworfen, er habe in seinen Restaurants Geld der Mafia gewaschen. In erster Instanz wurde er dafür zu acht Jahren und neun Monaten Haft verurteilt. Auch seine Söhne erhielten Haftstrafen.

Micalusi hatte zuvor Filialen in Mailand, Barcelona und London eröffnet. Geplant waren darüber hinaus weitere Lokale: in Moskau, New York, Paris und Monte Carlo. Die Restaurants gibt es immer noch, mit neuen Besitzern, aber mit dem alten Namen. Ironischerweise liegt das *Assunta Madre* in Rom nur 200 Meter entfernt vom Amtsgebäude der *Direzione Nazionale Antimafia*, der nationalen Anti-Mafia-Behörde. Selbe Straße, selbe Straßenseite.

Der »Römer« und die Pizza Margherita

In einem tieferen Preissegment als das *Assunta Madre* bewegten sich die Lokale der Ketten *Pizza Ciro, Zio Ciro* und *Sugo*, die zur Jahrtausendwende in Rom wie Pilze aus dem Boden sprossen, überall in der Stadt. Gemeinsam war ihnen und den Restaurants *Il Pizzicotto, Il Tonnarello*, dem *Jamma* und dem *Frijenno* die Inspiration. Sie kam aus Neapel, und das allein wäre noch kein Problem gewesen. Die Pizza kommt nun mal aus Neapel, sie ist viel mehr als eine Teigrondelle aus dem Holzofen, mit hohem Rand und fast beliebig vielen Zutaten: Sie ist ein neapolitanisches Kulturgut. *Pizzaiolo*, Pizzabäcker, ist bis heute ein guter Plan B für einen jungen Neapolitaner, wenn die Studien nicht ausreichen für eine andere Karriere. Als *pizzaiolo* aus Neapel kommt man herum in der Welt. Für viele ist es auch Plan A.

Die Kette *Pizza Ciro*, die aus wenig noblen Gründen immer wieder mal ihren Namen änderte und dafür die Schilder über den Lokalen auswechselte, spielte mit den Ingredienzien der neapolitanischen Pizzawelt. Die Tischtücher waren rotweiß kariert, die Pizza war vergleichsweise billig, und gut war sie auch. Die Kette gehörte den Gebrüdern Righi: Luigi, Salvatore und Antonio. Der Name der Familie Righi war der Justiz seit 1983 ein Begriff, aus einer Zeit, als sie noch in Neapel lebte. Damals entführte die Camorra einen Juwelier und ließ ihn erst gegen ein Lösegeld von 1,7 Milliarden Lire wieder frei. Umgerechnet und inflationsbereinigt wären das etwa 2,6 Millionen Euro.[15] Nun, die Righis haben einen Teil davon gewaschen, sie wurden dafür bestraft.

Anschließend zogen sie nach Rom und wurden Großunternehmer. Doch ihre Rolle als Geldwäscher der Clans gaben sie nicht auf. Speziell an den Righis war, dass sie gleichzeitig für mehrere Clans arbeiten konnten, ohne dass sich diese von ihnen verraten fühlten. Dafür muss man die chaotischen Machtverhältnisse in der traditionell anarchischen Camorra schon sehr genau kennen. Wie Seiltänzer bewegten sie sich.

Ihr wichtigster Mandant aber war immer Edoardo Contini, der Boss des gleichnamigen Familienclans aus Neapels Stadtteil San Carlo all'Arena. Im Milieu nennt man ihn auch »*O romano*«, der Römer, weil er schon früh seine Hände auf die Hauptstadt legte und seine Geschäfte mit viel diplomatischem Geschick führte. Bekannt ist er vor allem für zwei Dinge: Aus seinem Clan wechselte erstens nie jemand die Seite, um als Kronzeuge auszupacken, und das ist bei der geschwätzigen Camorra selten. Zweitens verbot es Contini seinen Dealern, die harten Drogen auch daheim, in San Carlo all'Arena, zu verteilen. Die Jugend im Quartier sollte nicht in Versuchung geraten, sie sollte klar bleiben im Kopf. Vor allem aber war ihm daran gelegen, dass die Eltern diese Geste als Beleg dafür verstanden, dass der Boss eine gute Seele hat, dass er an alle denkt. Die Continis überlebten alle Mafiakriege in Neapel, beinahe unversehrt. Sie gehören deshalb zu den stabilsten Clans der Camorra.

In Rom stützte sich »*O romano*« also auf die Righis, sie waren das saubere Gesicht der Mafia, die Geschichte mit der Entführung des Juweliers war schon lange vergessen und hatte mehr mit dem Vater als mit den drei Brüdern zu tun. Die sollten nun Continis Geld aus dem Drogenhandel vor allem in Restaurants investieren. Bald waren es zwei Dutzend. Eines der Lokale befand sich gleich um die Ecke beim Palazzo Chigi, dem Amtssitz des italienischen Ministerpräsidenten.

Die Ermittler nannten das Dossier »*Margarita*«, für einen Decknamen war das recht eindeutig. Die berühmteste Pizza aus Neapel, die nur mit Tomaten, *Fior di latte*, Basilikum sowie Salz und Pfeffer belegt wird, sozusagen die Ur-Pizza, sie heißt Margherita. Wie die Königin des Hauses Savoyen, auf die sie sich beziehen soll. Die Legende will, dass der neapolitanische Koch Raffaele Esposito die Pizza zu Ehren der Monarchin kreiert und farblich der nationalen Trikolore nachempfunden hatte: das Rot der Tomate, das Weiß des Käses, das Grün des frischen Basilikums. Eine Weile gab sich Esposito deshalb auch als Erfinder der Pizza aus, die man damals fast nur in Neapel kannte. Doch die Pizza gab es schon lange davor. Der Name Margherita, so will es eine andere Deutung in dieser durchaus ernsten Angelegenheit, soll daher kommen, dass die Pizzabäcker den Mozzarella früher in kleinen, feinen Stücken am Rand platziert hatten. Das sah dann so aus, als wären die Käseflocken Blätter einer Margerite.

Operation »*Margarita*« war in Rom besser bekannt unter der Bezeichnung, die ihr die Zeitungen gaben: »*Operazione Pizza Ciro*«. Die war den meisten Lesern ein Begriff, denn in einer Pizzeria *Ciro* war fast jeder schon mal essen gewesen. Die Righis hatten versucht, ihr Imperium zu maskieren: Für jedes Restaurant setzten sie einen anderen Besitzer ein, bei manchen wechselte der Eigentümer ständig. Sie konnten aus einer großen Reserve von Namen auswählen, es waren auch Rentner und Hausfrauen dabei.

Doch dann unterlief einem der Brüder ein schwerwiegender Fehler. Salvatore Righi schaute gerade in einem der Restaurants vorbei und gab dem Personal Anweisungen, als Carabinieri in Zivilkleidern das Lokal besuchten. Sie fragten Righi, wo man denn sonst noch gut esse in der Stadt. Da händigte der gebauchpinselte Chef den vermeintlichen Gästen eine Liste mit allen Lokalen aus, die zum Firmenimperium gehörten.

Als die Polizei 2016 ausrückte, um die Bande auszuheben, wurden 90 Personen festgenommen, 22 von ihnen in Rom. Auch die drei Righis, die Hintermänner und Mandanten, wurden verhaftet. Die Justiz beschlagnahmte Firmen, Immobilien und Autos für einen Gegenwert von einer Viertelmilliarde Euro.[16]

Bei ihrer Razzia klingelten die Beamten auch bei Giuseppe Cristarelli, einem Textilunternehmer aus Neapel, 43 Jahre alt. Er war der Sohn eines engen Vertrauten von »O romano«, dem Boss mit dem Sinn für Diplomatie, man warf ihm Erpressung und Wucher vor. Cristarelli wohnte im vierten Stock eines Wohnhauses in einem besseren Viertel Roms. Als die Polizei seine Wohnung betrat, täuschte er einen Schwächeanfall vor, verließ den Raum für ein Glas Wasser und sprang aus dem Fenster. Er war sofort tot.[17]

Im Namen des Weltmeisters

Oft falle es Ermittlern schwer, Geldwäscherei nachzuweisen, schreibt Raffaele Cantone, ein bekannter Staatsanwalt, im Buch *Football Clan*. Die alte Devise des FBI »*Follow the money*« sei zwar lehrreich, schreibt er, es lohne sich also, der Spur des Geldes zu folgen, um den Clans nachzustellen. »Aber das wissen die Paten auch und haben sich unendlich viele Systeme erdacht, wie sie die Spuren ihres Kapitals verwischen können.« In Ermittlerkreisen nenne man sie »die Furten der Rothaut«. Denn die Taktik erinnert sie an die Indianer, die auf der Flucht ihre Pferde durch seichte Stellen der Flüsse waten ließen, so verlor sich ihre Fährte.

Der Vergleich ist politisch nicht korrekt, aber er trifft es dem Sinn nach ganz gut: Der Staat kommt meistens zu spät. Außer er erhält Hilfe aus der Organisation. Wenn ein Aussteiger singt, gelingt auch mal die Aufdeckung einer fein orchestrierten Geldwäscheoperation.

Das war die Hoffnung, als Salvatore Lo Russo, der Boss von Miano, einem Quartier im VII. Bezirk von Neapel, zu singen begann. Lo Russo, geboren 1953, ist einer jener Camorristi gewesen, die gerne mit ihren Taten und ihrem Reichtum prahlten, obschon beides weder nobel noch redlich war.

Offiziell galt er als arbeitslos. Im Hafen von Neapel lag aber seine Yacht, die »*Ellen Ellen*«, sie soll 700 000 Euro gekostet haben. Er führte das Leben eines Reichen, fuhr zum Formel-1-Rennen nach Estoril, in Portugal, und man sah ihn auch am Schlagerfestival von Sanremo, da saß er einmal in der zweiten Reihe. Doch für den Staat war er arm. 2007 wurde Lo Russo verhaftet, drei Jahre später begann er, als Kronzeuge mit der Justiz zusammenzuarbeiten.

Unter anderem erzählte er den Ermittlern eine Geschichte, die vielen Neapolitanern quer im Hals stecken blieb. Es war eine unschöne Geschichte über drei berühmte Pizzerien unten am Lungomare Caracciolo und an der Riviera della Chiaia, der schönen Meerespromenade am Golf von Neapel. Sie gehörten Marco Iorio und seinen Brüdern Massimiliano und Carmine, die sich als Restaurantunternehmer einen Namen gemacht hatten. Aus der Pizzeria *Regina Margherita* entwickelte sich eine Kette, die in ihrem Portfolio bald auch Lokale in anderen Städten Italiens führte, unter anderem in Bologna, Varese, Turin, Genua, Caserta, Salerno und Rom.

Der Kronzeuge also behauptete, in diesen Restaurants würde Geld der Camorra gewaschen. Er selbst habe den

Gewinn aus einem großen Drogendeal, eineinhalb Millionen Euro, in die Kette eingebracht. »Wir verhandelten über die Gewinnquote, die mir jedes Jahr zustehen würde«, sagte Lo Russo. Er habe 150 000 Euro verlangt, Iorio habe ihm aber nur 70 000 oder 80 000 Euro angeboten. »Er sagte zu mir: ›Wir machen hier Pizza, wir verkaufen kein Kokain!‹« Man habe sich dann auf 100 000 Euro geeinigt. »In den folgenden anderthalb Monaten habe ich die Summe bezahlt, in drei Raten, jedes Mal eine halbe Million.«[18]

Die erste Entschädigungsquote wäre offenbar 2007 fällig geworden. Lo Russo wurde verhaftet, ließ aber ausrichten, das sei kein Problem: Sein Sohn werde sich darum kümmern.

Wahr oder erfunden? Die Ermittler beschlagnahmten die Restaurants, stellten sie unter Zwangsverwaltung. Und sie zitierten in der Angelegenheit einen Mann als Zeugen ins Gericht, dessen Name bis dahin in den Italienern immer beschwingte, ja euphorische Erinnerungen auslöste: Fabio Cannavaro, früher Innenverteidiger und langjähriger Kapitän der italienischen Fußballnationalmannschaft. Cannavaro führte die *azzurri* auch in jenem Märchensommer 2006 an, als Italien in Deutschland Weltmeister wurde. Für seine Leistungen in jenem Jahr wurde ihm der *Ballon d'Or* verliehen, die höchste Auszeichnung für einen Fußballer.

Cannavaro hatte bei den Iorios Geld investiert, 200 000 Euro. Das ist nicht sehr viel für einen Star wie ihn, der bei den ganz großen Vereinen unter Vertrag stand, Inter Mailand, Juventus Turin, Real Madrid, und dort Millionen verdiente. Er wollte das Portfolio seiner Investments etwas diversifizieren, und da schien ihm dieses Engagement daheim, in Neapel, und dann noch in Pizzerien, gerade passend zu sein. Marco Iorio war ein alter Freund, sie fuhren auch miteinander in den Urlaub.

Iorio war es dann auch nicht unrecht, dass man von seiner Pizzeria sagte, es sei »Cannavaros Pizzeria«. Bald zählte die ganze Mannschaft vom SSC Napoli zu seiner Kundschaft, und da die Spieler von Napoli bei ihm aßen, aßen fortan auch alle Mannschaften bei Iorio, die in Neapel zu Gast waren. Mehr Werbung geht nicht, gerade in einer Stadt wie Neapel, die verrückt ist nach Fußball. Und nach Pizza.

Lo Russo soll nicht sehr begeistert gewesen sein davon, dass Cannavaro ein Partner Iorios war. Die Yacht des Fußballers lag damals an derselben Mole wie die »*Ellen Ellen*«, für den Gusto des Bosses war sie zu nahe an seiner eigenen dran, sie warf wohl Schatten. Lo Russo nannte den Weltmeister einen »Zigeuner«.[19]

Fußballer sind allen möglichen Risiken ausgesetzt. Sie kommen sehr früh zu sehr viel Geld, haben oft eine eher dürftige Bildung hinter sich und werden umschwärmt und umschwirrt von Leuten, die auch etwas von ihrem Ruhm abbekommen wollen, oder wenigstens vom Millionenkuchen. Als Cannavaro nach Neapel zitiert wurde, um den Ermittlern zu erzählen, wie es zu seiner Geschäftspartnerschaft kam, konnte er ihnen rasch plausibel machen, dass er nichts wusste von den angeblichen krummen Machenschaften seines Freundes und Ferienkameraden. Cannavaros Agent sagte aber, dass er selbst schon erstaunt gewesen sei, wie die Iorios, die nicht aus reichen Verhältnissen stammten, in so kurzer Zeit alle diese Restaurants eröffnen konnten. »Eines dann noch in Santa Lucia, und das ganz ohne Probleme.« Santa Lucia ist ein zentrales Viertel Neapels, von dem es heißt, dass die Clans dort alles kontrollieren.

In erster und zweiter Gerichtsinstanz wurden die Gebrüder Iorio zu Haftstrafen verurteilt: Marco zu fünf Jahren, die anderen zwei zu je vier Jahren. Doch weil das Verfahren so lange dauerte und der Kassationshof, Italiens höchstes Gericht, erst nach Verjährung der Tat ein Urteil fällte, kamen die Iorios alle frei. Nicht mehr zugelassen waren hingegen die Berufungsverfahren jener Herrschaften, die den Unternehmern ihr Geld gegeben hatten, sie mussten alle ins Gefängnis. Einer von ihnen ist ein Abkömmling eines bekannten Clans von Zigarettenschmugglern aus Santa Lucia, er war ziemlich liquid. Im Spalt einer Wand bei ihm zuhause hatte er 500-Euro-Scheine eingemauert gehabt, und zwar 14 285 davon.[20]

Corleone by Lucia Riina

Als im Januar 2019 an der Rue Daru im noblen 8. Arrondissement von Paris, nur ein paar hundert Meter vom Triumphbogen und den Champs-Elysées entfernt, ein italienisches Restaurant der gehobenen Mittelklasse eröffnete, gab das vor allem in Italien viel zu reden. Das Lokal hatte einen Namen, der wie Donnerhall wirkte, wie eine Provokation auch: *Corleone by Lucia Riina*. So stand es draußen auf der grünen Markise. Als Logo ein Löwe. Für das Ambiente sorgten drinnen italienische Schlager und gedämpftes Licht. Die Spezialität des Hauses: *Orecchiette alla Corleonese*.

Lucia Riina ist das jüngste Kind aus der Ehe von Salvatore »*Totò*« Riina, dem einstigen Boss der Bosse von Cosa Nostra, der »Bestie« aus Corleone, und Antonietta »*Ninetta*« Bagarella. Geboren wurde Lucia 1980. Bis ihr Vater verhaftet worden ist, sagte sie einmal, habe sie nicht gewusst, wer er war, was er tat. Sie war damals 13, ein Teenager.[21] Die Nachfahren des gnadenlosesten Regenten, den die sizilianische Mafia jemals hatte, des Mörders der Richter Giovanni Falcone und Paolo Borsellino, hatten immer ein aufreizend lockeres Verhältnis zu ihrer Vergangenheit. Der Vater zeigte Zeit seines Lebens nie Reue für seine Taten, und so waren Reue und Unrechtssinn auch bei den Hinterbliebenen unbekannte Gemütsregungen. Totò Riina starb 2017 in seiner Zelle im Hochsicherheitsgefängnis in Parma, doch der Name hallt unvermindert nach, er geht den Italienern durch Mark und Bein.

Nach Paris verschlug es Lucia Riina und ihren Mann Vincenzo Bellomo nur einige Monate vor der Eröffnung des Restaurants. Eigentlich ist die Tochter des Bosses Malerin, sie malt auffallend bunte Bilder, die sie auch über ihre Webseite im Netz verkauft. Eines ihrer Lieblingssujets ist der Löwe, das Wappentier von Corleone. Die Idee vom Restaurant hatten offenbar zwei Geschäftspartner, ein französischer Koch und der italienische Besitzer eines Nachtclubs. Der Italiener wusste um den Donnerhall des Namens. Riinas Ehemann erzählte einmal: »Wir selbst haben fast kein Kapital in das Unternehmen gesteckt. Wir gaben nur den Namen.«[22]

Das »nur« war natürlich eine kolossale Untertreibung. Kaum war das Lokal eröffnet, war es in aller Munde. Alle großen italienischen Zeitungen schickten Reporter an die Rue Daru. Sie gaben sich als einfache Kunden aus, um das Restaurant zu testen, natürlich auch die muschelförmigen *orecchiette*, eine apulische Pasta. Das war mal eine andere Geschichte: Da versteckte sich ein Restaurantbesitzer mit belastetem Namen nicht hinter dem Namen eines Strohmannes, sondern ließ den eigenen Namen stolz und prominent auf die Markise drucken. Der Bürgermeister von Corleone war empört. Es sei inakzeptabel, sagte er, dass die, die seine Stadt gepeinigt und sie auf infame Art mit Dreck befleckt hätten, den Ortsnamen nun nutzen, um daraus wirtschaftlichen Profit zu schlagen.

Obschon die Riinas beteuerten, dass sie kaum eigenes Geld in das Lokal investiert haben, fragte man sich in Italien, wie das nur möglich war: Ein italienisches Lokal mit dem Namen eines bekannten Mafioso unmittelbar beim Triumphbogen! Überhaupt fragt man sich in Italien seit vielen Jahren, wo der »Schatz« der Riinas versteckt sein könnte. Investiert in Immobilien, Strohfirmen, Fonds im Ausland? Riina sagte einmal, als er bereits im Gefängnis saß: »Wenn ich nur an ein Drittel dessen herankomme, das ich besitze, dann bin ich reich.«[23] Die Nachfahren aber führen sich wie arme Leute auf.

Nach der Geburt ihrer Tochter hatte Lucia Riina bei der Gemeindeverwaltung von Corleone den *bonus bebè* beantragt, eine Unterhaltszahlung für minderbemittelte Eltern.[24] Auch sie wies sich als *nullatenente* aus, als Besitzlose. Die Behörden glaubten ihr nicht, zwei Gesuche wurden abgelehnt. Auf Facebook schrieb sie damals, sie werde die italienische Staatsbürgerschaft zurückgeben, aus Protest. Einmal sagte sie, sie fühle sich daheim in Corleone unterdrückt und verstoßen. Fürs Geschäft erschien ihr dann aber doch kein Name geeigneter als Corleone. Auch ihre größere Schwester Maria Concetta versuchte sich einmal mit der Vermarktung des Namens: Sie wollte online Kaffeekapseln und Olivenöl verkaufen. Letzteres nannte sie »*Zù Totò*«, Onkel Totò. Doch die Justiz schritt ein, bevor es richtig losging.

Salvo Riina, der Drittgeborene, trat als Schriftsteller auf. Der Familienname machte sein erstes Buch zu einem Bestseller. Die Biografie *Riina – Family life* trug ihm auch einen Auftritt in der Sendung *Porta a porta* ein, einer bekannten Talkshow auf *Rai Uno*, dem ersten Programm des italienischen Staatsfernsehens. Das gab dann viele Diskussionen, weil »*Salvuccio*« zur besten Sendezeit den Vater in Schutz nehmen durfte und stattdessen die Kronzeugen anschwärzte. Später wurde Salvo Riina verhaftet, wegen einer Drogengeschichte.

Die Witwe Riinas, die immer in Corleone leben blieb, erhielt nach dem Tod ihres Ehegatten Besuch vom Staat, der forderte zwei Millionen Euro von der Familie. Mit dem Betrag sollten die Kosten gedeckt werden, die während der Haft ihres Mannes angefallen waren. In 24 Jahren. Die Familie ließ damals ausrichten, sie fechte den Entscheid an, die Forderung sei unerhört, die Erben könnten nicht belangt werden, so stehe es im Gesetz. Ihren Familiennamen legten die Erben aber nie ab.

Das Lokal in Paris hieß nach wenigen Wochen nur noch *Corleone*, der Zusatz *By Lucia Riina* verschwand wieder von der Markise. Bei aller Unverfrorenheit: Die Kombination von »Corleone« und »Riina« war dann doch zu provokant.

Ein schräger Brand

Doch die Mafia übt offenbar auf viele Menschen ein makabres Faszinosum aus, vielleicht löst ihre Nennung beim einen oder anderen sogar einen Adrenalinschub aus. Wie sonst lässt sich ein Phänomen erklären, das die Italiener mit Verwunderung und Empörung beobachten. Immer wieder kommt es vor, dass ausländische Firmen der Lebensmittelindustrie ihren Produkten Namen geben, die sie der Terminologie rund um die Mafia entlehnen. Sie werben damit, zuweilen mit fragwürdiger Orthografie, vom guten Geschmack ganz zu schweigen. Jedes Jahr liefert der Bauernverband *Coldiretti* im Rapport zur Agromafia ein Kompendium mit den absurdesten Beispielen.

In Großbritannien etwa schuf ein Unternehmen eine ganze Linie scharfer Saucen, die sie *Chili Mafia* nannte. Die Käufer gemahnte sie zur Vorsicht, »*With caution*«, was wohl doppelt verführerisch sein sollte. In Belgien kamen gleich zwei Saucen auf den Markt mit einschlägiger Referenz und befremdlichem Doppel-f: *Sauce Maffia* und *Sauce Maffioso*. In Letzterer soll neben Spinat, Zwiebeln, Knoblauch und rotem Pfeffer auch Emmentaler drin sein, was sich tatsächlich wie ein Verbrechen anhört.

Als »gefährlich, rassig und verboten gut« preist eine Firma aus Deutschland ihren sizilianischen Dip *Palermo Mafia Shooting* an. Wem das Wort Shooting, Schießerei, nicht so geläufig sein sollte, dem hilft eine Pistole auf dem Aufkleber weiter. Für diese Gewürzmischung, heißt es in der Werbung im Netz, würde eine Familie ihren Paten verraten.[25] Ebenfalls aus Deutschland kommt der *Fernet Mafiosi* mit dem Bild eines Bosses auf dem Etikett. In Bulgarien trinken sie Kaffee *Mafiozzi*.

Coldiretti sammelt solche Stilblüten und beklagt eine Tendenz hin zum »*Mafia Sounding*«. Die Opfer der Mafia würden verhöhnt, das organisierte Verbrechen banalisiert. *Coldiretti* fand auch einen Wein aus Syrahtrauben, der sich *Il Padrino* nennt, die italienische Version des Filmtitels *Der Pate*. In Norwegen gibt es *Mafiakaker eller cannoli* – Cannoli, der Nachtisch der Mafia. In Sizilien, wo diese frittierten Teigrollen mit einer Füllung aus süßer Ricotta herkommen, fühlte man sich grundsätzlich missverstanden.

Natürlich gibt es auch eine lange Liste von Restaurants, überall auf der Welt, die ihre Kunden mit der Mafia locken. Mindestens in drei Städten findet man eine Pizzeria *Ca-*

morra, nämlich in Wien, im polnischen Myslenice und im argentinischen Villa María. Im belgischen Moorsel gibt es ein Restaurant *I Mafiosi*, in Mexico City eine Pizzeria *Nonna di Mafia*, in Johannesburg ein *Mafiosi Italian Deli*, im thailändischen Phuket *La Mafia*.

Das *Don Panino* war einmal ein Pub an der Seidengasse in Wien. Es schloss kurz nach der großen Aufregung, die es mit seinen Brötchen in Italien ausgelöst hatte. Im Angebot standen Panini und Wraps, die nach Bossen benannt waren, zum Beispiel das »*Don Buscetta*«, etwas mit Gemüse, dazu der Kommentar »Der zwiespältige Ehrenmann aus Palermo hatte eine vegetarische Vorliebe für gegrilltes Gemüse, aber nach sizilianischer Art«. »*Don Corleone*« war die Variante mit Fisch: »Das Meer ist ein Symbol für Leben und Tod, darum sind Meeresfrüchte ein Muss für einen echten Sizilianer.«[26]

Besondere Empörung aber lösten die Sandwiches aus, die zwei Opfern der Mafia gewidmet waren. Im »*Don Falcone*«, benannt nach dem ermordeten Richter Giovanni Falcone, steckte offenbar eine Wurst. Das Pub schrieb dazu: »Der berühmteste Mafia-Gegner aus Palermo hat den Titel verdient, leider wurde er gegrillt wie eine Wurst.« Oder »*Don Peppino*«, das Brötchen in Anlehnung an den Journalisten Peppino Impastato, den Cosa Nostra 1978 umgebracht hat: »Der großschnäutzige Sizilianer wurde bei einem Bombenattentat gebacken wie ein BBQ-Hähnchen.« Der Bürgermeister von Palermo protestierte. Das italienische Außenministerium entsandte einen Emissär. Und auf Facebook riefen Italiener, die in Wien lebten, dazu auf, das Pub und die Lieferdienste zu boykottieren. Die Erfinder des *Don Panino* waren allerdings selbst auch Italiener, die schon lange im Ausland wohnten und mit dem Lokal, wie sie sagten, ihr Heimweh etwas stillen wollten.

Das *Gaetano's* in Denver erklärt sich selbst zur »Institution der italienischen Kultur«, 1947 gegründet von der »legendären Familie Smaldone«. Die legendäre Familie war in Wahrheit ein italo-amerikanischer Mafiaclan. Ihr erster Boss, Joe Roma, war auch als »*Little Caesar*« bekannt. Der größte Erfolg, so liest man auf der Homepage des Restaurants, war der Familie beschieden, als die jungen Smaldones in den frühen Vierzigerjahren alle aus dem Gefängnis freikamen und ihre Mutter zu kochen begann, im *Gaetano's*. Kitsch und Kriminalität, als gäbe es dazwischen keine Grenze.

Zu Tisch mit der Mafia

Eine Restaurantgruppe in Spanien treibt das Phänomen des »*Mafia Sounding*« auf die Spitze. Sie heißt *La Mafia*, gegründet wurde sie im Jahr 2000 in Saragossa. Zur Gruppe gehören drei Marken mit über 50 Lokalen, die nach dem Franchisingprinzip geführt werden. Die bekannteste Marke ist *La Mafia se sienta a la mesa*: Die Mafia setzt sich an den Tisch. Der Name ist etwas lang und sperrig, und so setzen die Lokale im Schriftzug über dem Eingang und auf den Frontfenstern »La Mafia« groß und den Rest klein.

Aus der Ferne sieht man nur die großen Buchstaben: »*La Mafia*«, bei manchen Lokalen schaut eine rote Rose aus dem Logo. An den Wänden zwischen den Tischen hängen Szenenbilder aus *Der Pate* mit Marlon Brando und Al Pacino. Die Karte führt italienisches Essen in allen Deklinationen, versetzt mit spanischen Sprengseln.

Außer in Barcelona gibt es *La Mafia se sienta a la mesa* in allen großen spanischen Städten, in manchen sind es mehrere Lokale: in Madrid vier, in Sevilla drei, in Valencia zwei.

Themen- und Konzeptrestaurants sind ja nichts Neues: *Hard Rock Cafe, Planet Hollywood, Fashion Cafe.* Mal geht es um Musik, mal um Kino oder Mode. Bei der Mafia weitet sich das Thema zur moralischen Frage aus: Darf man mit einem Namen werben, der für Gewalt, Unterdrückung und Tod steht, für Drogen- und Waffenhandel? Oder anders: Sollte man es tun?

Die Kette führte auch Wettbewerbe durch, einmal konnte man eine »Reise ins Italien des Paten« gewinnen. Die Tour sah folgendes Programm vor: »Siracusa, Palermo, der Ätna, das Valle dei templi und alles das, was zur Legende des Paten beigetragen hat.«[27] Man brauchte nur eine Cola zu bestellen, dann konnte man teilnehmen. Coca-Cola unterstützte die Kampagne. Für den Eintrag im »Club« der Kette, einem Programm für treue Kunden, verteilte *La Mafia* ein Formular, es trug die Überschrift: »Willkommen in der Familie.« *Cosa Vostra*, eine italienische Kulturvereinigung, die gegen die Mafia kämpft, sah im ganzen Gehabe eine »Verherrlichung« des organisierten Verbrechens.

Als das Unternehmen die Marke *La Mafia se sienta a la mesa* urheberrechtlich schützen wollte und dafür an das Amt der Europäischen Union für geistiges Eigentum herantrat, schritt Italien ein. Es gehe nicht, dass mit der Mafia Werbung betrieben werde. Die Berufungsinstanz gab den Italienern Recht und entfernte die Marke von ihrer Liste. Der Begriff Mafia, hieß es im Urteil, dürfe nicht in Verbindung gebracht werden mit etwas Gutem. Die Botschaft sei außerdem unpädagogisch. Es werde ein insgesamt positives Bild der Mafia gezeichnet, obschon diese im totalen Widerspruch zu den Grundwerten der Europäischen Union stehe. Die römische Regierung sprach danach von einem »Sieg für Italien«.

Doch geschadet hat die Niederlage der Gruppe nicht, vielleicht half ihr das juristische Gezerre sogar, noch bekannter zu werden. Für das Jahr 2019 meldete das Unternehmen einen neuen Rekordumsatz: 45 Millionen Euro, 15 Prozent mehr als im Jahr davor. Ziel sei es, jedes Jahr zehn bis zwölf neue Lokale zu eröffnen. Mit dem alten Namen, auch ohne eingetragene Marke.

5 – Emilia: Im Nebel langer Winter

»Oho, in Cavezzo muss eine Käserei abgerissen werden.«
Gaetano Blasco kurz nach den schweren Erdbeben in der
Emilia 2012, in freudiger Erwartung neuer Bauaufträge

Der Bauchnabel der Venus

Die ersten Vorboten von dem, was anschließend auf Hunderten von Kilometern folgen wird, grau und milchig, erlebt man in Roncobilaccio. So heißt ein Ort auf der *Panoramica* der A1, der alten Strecke der *Autostrada del Sole* zwischen Florenz und Bologna. 560 Meter über dem Meeresspiegel, ein Weiler im Apennin, kaum Einwohner, eine Tankstelle, eine Ausfahrt, mehr gibt es hier nicht. Und doch kennt diesen Namen jeder Italiener, Roncobilaccio schafft es ständig in den Straßenzustandsbericht. Wegen seiner *banchi di nebbia*, der obligaten Nebelbänke. Sie hüllen auch die Leitplanken ein.

Roncobilaccio ist die Nebelgrenze Italiens. Wer aus dem Süden kommt, der taucht hier meistens ab in einen wattierten Dunst, der die Sonne verschlingt und das Licht ausknippst. Manchmal bis nach Mailand und noch darüber hinaus.

In der ewigen Frage, wo Italiens armer und grandioser Süden aufhört und der industrielle und reiche Norden beginnt, gibt es mehrere Denkschulen. Die Römer meinen,

Rom sei das Zentrum von allem, alles andere sei egal. Die meisten Toskaner wiederum finden, Rom sei schon Süden, und das ist metaphorisch gemeint, nicht freundlich. Der Norden mit seinen sozialen Errungenschaften, den prächtigen Wohlstandsstatistiken, der funktionierenden Bürokratie und prosperierenden Wirtschaft beginne in Chiusi, sagen sie, das ist die südlichste Gemeinde der Toskana. Etwas weiter nördlich, in Bologna, Modena, Ferrara, in Reggio Emilia, Parma und Piacenza würden wohl manche in Roncobilaccio die Grenze ziehen. Als stünde hier oben das Tor zur Herrlichkeit.

Danach kommt bald ein flaches Land mit einem großen Fluss, dem Po, der seine stille, träge Macht über alles legt. Ein anderes Italien ist das, mit einem sanften Namen: Emilia. Zwischen Reggio Emilia und Reggio Calabria liegen mehr als 1000 Kilometer. Dass sie sich über die Jahre immer nähergekommen sind, unheimlich und problematisch nahe, dass die kalabrische Mafia sie in geduldiger Arbeit miteinander vermählte – davon wollten sie hier lange nichts wissen. Zwei Welten, nicht wahr? Man leugnete das Offensichtliche und wiegte sich in der alten Gewissheit, dass die Mafia zum Süden gehört und dass es sie nur im Süden gibt. Bis das Gegenteil nicht mehr zu leugnen war.

Die Städte entlang der Via Emilia, alle etwa dreißig Kilometer voneinander entfernt, früher eine Tagesreise mit der Pferdekutsche, formen eine Kette, eine Perlenkette. Sie sind elegant und opulent, sie werden gepflegt wie Schmuckkästchen, mit bester Lebensqualität: gute Krankenhäuser, Universitäten, Kinderkrippen. Und alle Emilianer sind mit dem Fahrrad unterwegs, auch die betagten.

Die Firmen aus der Emilia können mit denen aus den stärksten Regionen Europas mithalten, in vielen Bereichen sind sie sogar führend. »*Emilia Valley*«, sagen die Italiener, als wäre die Emilia in gewissen Bereichen so innovativ, wie es das »*Silicon Valley*« bei San Francisco für alle elektronischen und digitalen Dinge ist. Etwa bei den schnellen und schönen Autos und Motorrädern: Ferrari, Maserati, Lamborghini, Ducati, alle kommen aus der Emilia.

Die Emilianer sind keine protzigen Zeitgenossen, selbst die Hedonisten gefallen sich in Bescheidenheit. Doch man hat hier die Gewohnheit, aus der Not eine Exzellenz zu schustern. Die Boliden sind nur eine besonders gelungene Fortentwicklung von Traktoren, die Emilianer sind nämlich in erster Linie Bauern. Die Emilia ist der Motor Italiens, die Lokomotive. Ist das Land in der Rezession, wächst meist nur der Nordosten und das Exportgeschäft seiner vielen kleinen und mittleren Unternehmen. Auch in der Robotik ist man bei den weltweit Besten dabei, in der Biotechnologie ebenfalls, in der Industriemechanik sowieso. Und immer stand zuerst ein Problem, das man lösen musste und es lieber selbst lösen wollte – in langen, nebligen, grauen Wintern.

Doch ihren Stolz gründen die Emilianer auf ihr weltberühmtes Essen. Die Tortellini etwa, die in der Vorstellung der Italiener selbst dann noch von einer *nonna*, einer Großmutter, von Hand geformt werden, wenn sie aus der Maschine kommen. Aus einer Maschine natürlich, die in der Emilia gefertigt wird. Alessandro Tassoni (1565–1635), ein Dichter aus Modena, sah in der geschwungenen Teigtasche den Bauchnabel der Venus. Tortellini isst man in der Emilia vor allem *in brodo*, in einer klaren Brühe, und die ist ungefähr so elementar wie Tomatensugo für Spaghetti.

Auch die Lasagne kommt aus der Region. Die Konserventomate wurde in Parma entwickelt, sie revolutionierte das

Essen. Aus Parma kommt auch *Barilla*, die wohl bekannteste, multinationale Herstellerin von Teigwaren: Es gab die Firma schon 1910, damals als kleinen Laden im Ortskern, das Getreide für die Pasta wächst auch vor den Toren der Stadt. Die Spaghetti Nr. 5, Kochzeit acht Minuten, sind ein Weltschlager, die Normnudel schlechthin.

Spaghetti alla bolognese, wie man sie im Ausland nennt, gibt es in Bologna übrigens nicht, wenigstens nicht unter diesem Begriff. Dort nennt man sie *Tagliatelle al ragù*: Die Teigwaren sind breiter, die Sauce ist dieselbe. Dass sie aus Bologna kommt, ist allen klar. Bologna ist die Hauptstadt der Emilia Romagna, der Verschluss der Perlenkette. Die Stadt hört auf den Dreiklang »*la dotta, la grassa, la rossa*«. Als *dotta*, gebildet, gilt sie, weil ihre Universität zu den ältesten der Welt gehört. *Grassa*, fett, ist sie, weil man in ihr besonders gerne und beileibe nicht nur leicht isst. Rot, *rossa*, steht genauso für die Farbe der Hausdächer im historischen Zentrum rund um die Piazza Maggiore wie für die Couleur ihrer Regierenden.

Nach dem Zweiten Weltkrieg waren das fast immer Kommunisten. Katholiken zwar und dem Kapitalismus nicht abgeneigt, aber doch *comunisti* – vom emilianischen Schlag: sogenannte »Katho-Kommunisten«. Später waren sie Postkommunisten und seit einigen Jahren das, was aus dem ursprünglich kräftigen Rot geworden ist: ein Rosa, höchstens. In der Emilia konnten Bauern früher auch Großgrundbesitzer sein, zur Messe gehen und dennoch kommunistisch wählen, einen Widerspruch sah darin niemand. Aus diesem einzigartigen Gemisch der Genres erwuchs das emilianische Modell der sozialen Marktwirtschaft, ein dichtes Geflecht aus Kooperativen und Konsortien. Die Gewerkschaften brauchten nie sonderlich zu intervenieren.

Müssten die Bolognesi aber zwischen den drei Prädikaten eines wählen, in dem sie sich am liebsten spiegeln, am leidenschaftlichsten, dann wäre das wahrscheinlich *la grassa*, die Fette. Das Essen ist zentral, es ist Essenz.

Im Quadrilatero hinter der grandiosen Piazza Maggiore, der Platz gewordenen Eleganz mit der Basilika San Petronio, den mittelalterlichen *palazzi* und Arkaden mit den wehenden roten Vorhängen, reihen sich Gourmetläden, die so voll gestopft sind mit Köstlichkeiten aus der Region, dass man fürchten muss, sie würden gleich mit lautem Knall auseinanderplatzen. Da findet man unter anderem alle Schlager der emilianischen Gastronomie von den besten Herstellern: den *Parmigiano Reggiano*, den *Grana Padano*, den *Prosciutto di Parma*, die *Mortadella di Bologna*, das *Culatello di Zibello* und den *Aceto Balsamico di Modena* in seiner besten Ausführung, dem *tradizionale*.

Im Essig aus Modena und Reggio gerinnt die emilianische Lust am Essen zu einem dunkelbraunen, fast schwarzen, zähen und herrlich süßsauren Sirup. Jeder Emilianer, der das Glück hat, in einem Haus mit Dachgeschoss zu wohnen, der richtet dort oben eine *acetaia* ein, mit Batterien größerer und kleinerer Holzfässchen für die Herstellung eines eigenen Essigs, für die Familie, die Söhne, die Töchter, die Enkel.

In die großen Fässer gießt er den Traubenmost, der notwendigerweise von Reben kommt, die an den Abhängen des Apennins wachsen. Mit Zeit und Geduld, nach 1000 Drehungen, Prüfungen und Umgießungen dickt die Flüssigkeit dann immer mehr ein, bis sie, nach vielen Jahren, in die allerkleinsten Fässchen passt. Jeder Tropfen ein Vermögen, Balsam auf der Zunge. Die meisten Gemeinden im Modenese und im Reggiano haben auch kommunale *acetaie* angelegt, man sorgt vor. Die großen Hersteller des Balsamico exportieren in die ganze Welt. In der Emilia kommt meist zum Nachtisch ein Fläschchen *tradizionale* auf den Tisch, zusammen mit dem *parmigiano*. Die Süße des Essigs mildert die Strenge des Käses ab. Und feiert sie zugleich.

Ein Hosianna auf Italien

So war es nur normal, dass sich *Eataly* bei der Suche nach dem geeigneten Ort für seinen großen Themenpark zur italienischen Landwirtschaft, der Lebensmittelproduktion und Gastronomie aus dem ganzen Land für Bologna entschied. FICO, kurz für *Fabbrica Italia Contadina*, Fabrik des bäuerlichen Italien, wurde 2017 eröffnet. Es ist der weltweit größte seiner Art: 100 000 Quadratmeter Ausstellungsfläche, alles nur übers Essen und Trinken, draußen in der Peripherie, zehn Minuten entfernt von der A1 auf dem Grundstück eines Verteilzentrums für Früchte und Gemüse.

Bei der Anfahrt wähnt man sich auf einem Fährterminal, mehrere Fahrspuren führen zum großen Parkplatz. Böse Zungen nennen FICO deshalb auch »Disney World für Food«, als wäre die Gigantonomie dem Kommerz und dem Klamauk geschuldet. Dabei wird hier der *cibo* gefeiert wie sonst nirgendwo. Sogar systematisch, als Gesamtwerk, als bodenständige Märchenwelt.

»Italien ist das schönste Land der Welt«, steht auf einer Tafel am Eingang, als Prämisse und Ansage. FICO ist zugleich didaktisches Museum, Produkteatelier und Markt, vor allem aber ist es ein lautes, sattes Halleluja auf Italien, ein Hosianna. Hinter den Ausstellungshallen haben sie Ställe eingerichtet und Felder bestellt. Richtige Tiere leben da, richtiges Gemüse wird angebaut, damit man sich eine Vorstellung machen kann vom Reichtum des Landes.

Der Rundgang drinnen ist so weitläufig, dass dafür auch Fahrräder vermietet werden, und er ist in thematische und geografische Etappen gegliedert. Im kalabrischen Sektor findet man Spezialitäten vom rauen Berg, zum Beispiel die *Spianata calabrese*, eine Wurst mit Peperoncino, oder die *Pancetta calabrese*, den Speck, und natürlich die *'nduja* die weiche Rohwurst aus Spilinga, ein pikanter Brotaufstrich. Dazu eingelegte Auberginen, in Streifen geschnitten. Eine Crème aus Steinpilzen. Und Zwiebeln aus Tropea, dem Hochamt der rötlichen, süßen *cipolla*.

Im Sektor zum Olivenöl erfährt man alles über »*Extra Vergine*«, das Basiselement der mediterranen Küche, und über dessen Tugenden, die richtige Balance. In einem Kinosaal werden die Besucher darauf hingewiesen, dass es ein Problem ist, wenn der Mensch das Mittelmeer mit Plastik zumüllt, für die Fische, für die Meeresfrüchte. Das sollte eigentlich zum Inventar des gesunden Menschenverstands gehören, tut es aber nicht.

Dann weiter zum Stand aus Ligurien. Das *pesto* aus Genua, das grüne Ur-Pesto, wird ohne Knoblauch zubereitet, und mit dieser Information ist das häufigste Missverständnis schon ausgeräumt. Eine Regalwand ist vollgestellt mit alkoholfreien Getränken in schönen Retroflaschen, die den Sommer an den Stränden versüßen: *chinotto*, *cedrata*, *gazzosa*, *arancia rossa*, *tonica fieno*. In den gekühlten Auslagen liegen Käse von überall, *appennino*, *cacio*, *cacciotta*, ein *capra* aus Sardinien, und daneben all die Marmeladen, die gut dazu passen. Hinzu kommen die Produkte aus der Emilia: die Mortadella aus Bologna, der Schinken aus Parma, der *Parmigiano Reggiano* aus Reggio Emilia und Umgebung.

Wobei man gleich nachschicken muss, dass Reggio und Parma sich seit ein paar Jahrhunderten genüsslich darüber streiten, wo der einzig wahre *parmigiano* ursprünglich herkommt – oder wie die Welt ihn nennt: Parmesan. Wo steht die Wiege? Der Streit ist so ernst, dass die Begegnungen zwischen den Fußballmannschaften aus den beiden Städten, der Reggiana und dem FC Parma, jeweils »Käsederby« genannt werden. Sehr oft gab es die Spielpaarung in jüngerer Vergangenheit allerdings nicht: Reggio dümpelt schon länger in tieferen Ligen, während Parma seit Kurzem wieder oben mitspielt.

Die Bande des Parmesans

Erfunden haben den *parmigiano* Mönche, wahrscheinlich in Bibbiano, einer Gemeinde im Reggiano. So jedenfalls erzählt man es sich im Reggiano. Gehandelt wird er schon seit dem 12. Jahrhundert. Es gibt Dokumente eines Notars aus Genua, das in jener Zeit nicht gerade um die Ecke lag, die vom *caseus parmensis* künden. Der Hartkäse ließ sich lange konservieren und einfach transportieren, besser ging's nicht. Er sollte zum Weltreisenden werden.

Herstellen darf man ihn aber nur in den drei Provinzen Reggio Emilia, Modena und Parma sowie in einigen Gemeinden der Provinzen Bologna und Mantua. So steht es im Regelwerk des regionalen Konsortiums, und das ist so etwas wie die Bibel. Es soll für die Herkunft garantieren, es kreist den Raum der Produktion genau ein, nach Parzellen.

Doch was kümmert das die Käser in Wisconsin? Kein Produkt aus der italienischen Gastronomie wird öfter kopiert als eben der *Parmigiano Reggiano*. Vor allem in Wisconsin, dem Agrarstaat der USA, so etwas wie die Emilia der Amerikaner. Aber auch in Australien, in Lateinamerika, eigentlich überall auf der Welt. Hinter den Täuschern steht keine Mafia, zumindest keine Mafia im klassischen Sinn. Im jährlichen Rapport zur Agromafia scheint das »*Italian Sounding*« aber immer auf, mit immer höheren Zahlen. Am meisten leiden darunter die vielen kleineren und mittleren Käsereien an den Ufern des Po.

Etwa 350 *caseifici* gibt es insgesamt, sie sind als Kooperativen organisiert. Ein Dutzend, zwei Dutzend, auch mal drei Dutzend Bauern bringen ihre Milch in eine zentrale Käserei, geführt von einem gemeinsamen Präsidenten, in den meisten Fällen ist das einer der Milchlieferanten. So sparen sie Kosten für die Lagerung, die Logistik, das Personal. Die besten Käser sind Stars in der Gegend, gut bezahlt. Und die machen mit ihren Gehilfen jeden Tag *forme*, so nennt man die mächtigen Rondellen. Dutzende, Hunderte, je nach Größe der Käserei. Aus nur drei Zutaten: Milch, Lab, Salz.

In den Anfängen kam die Milch ausschließlich von den ansässigen Kühen mit dem roten Fell, den *Vacche rosse*, einer Rasse aus der Region. Doch mit der Zeit und dem Erfolg des Parmesans suchte man nach Tieren, die mehr Milch geben können als die eigenen, um die Nachfrage zu decken. Fündig wurde man im Norden Europas: Die Holsteiner, schwarzweiß gefleckt, sind die Leistungssportler unter den Kühen. Sie decken mittlerweile fast den gesamten Bedarf der Käseproduktion ab. Die roten Einheimischen gibt es zwar noch, die Produkte aus ihrer Milch bilden aber nur noch eine kleine Marktnische. Dieser *parmigiano* ist stolz gekennzeichnet und teurer als der von den *frisone*, ein wehmütiges Vermächtnis an die Ursprünge.

Aus 1100 Litern Milch, die in den Kupferkessel eines

Handwerkbetriebs passen, lassen sich zwei Laibe formen. Zu Beginn wiegt so eine Rondelle 50 Kilogramm. Im Salzbad, wo sie 20 Tage liegt, verliert sie ein Fünftel ihres Gewichts. Dann kommt sie ins Lager, aufs Holzregal, für die gloriose Alterung. Nach zwölf Monaten, der ersten Altershürde, kommen die Prüfer des Konsortiums mit dem kleinen Hämmerchen, dem *martelletto*. Sie klopfen den Laib ab, mit schnellen Trommelschlägen. Klingt er überall gleich, ist er gut für die Brandmarkung, für das Gütesiegel. Klingt er aber an einer Stelle hohl, etwa weil die Molke nicht fein genug war bei der Herstellung, fällt er für die erste Güteklasse durch. Solche Laibe werden gerillt, rund herum, damit man ihren Mangel erkennt.

Alle anderen altern weiter, bis 24 Monate, bis 36 Monate, manche auch bis zu 40, sogar 50. Zwei Mal im Monat werden die Rondellen gedreht und gebürstet, damit kein Schimmel ansetzt. Die essbare Kruste wird mit der Zeit immer dunkler und der Käse immer intensiver, würziger – und teurer. Den besten, und das mag nur Nichtemilianer verwundern, braucht man als Reibkäse für die Pastagerichte. Als Veredler. Boccaccio, der große toskanische Dichter, soll einmal gesagt haben, er träume davon, auf einem Berg aus geriebenem *parmigiano* zu leben.

Die Käselager der Kooperativen sind Tresore, dort liegt das gesamte Kapital der Bauern. Es sind hohe, perfekt temperierte Hallen mit peinlich genau ausgerichteten Laiben, bis unters Dach. In die größeren passen 20 000, 30 000 Stück. Man muss sich mal dem Infinity-Effekt ausgesetzt haben, der sich in diesen Hallen einstellt, um der Macht des *Parmigiano Reggiano* gewahr zu werden. Der Wert eines Laibs schwankt zwischen 400 und 450 Euro. Da liegen also auch gelegentlich 12, 13 Millionen Euro auf den Holzgestellen.

Die emilianischen Banken nehmen den Käse als Pfand für die Kreditwürdigkeit eines Unternehmens. Der Käse ist eine Währung, ein bisschen wie Gold. Gelbes Gold, »*oro giallo*«.

Fast vier Millionen Laibe kommen jedes Jahr auf den Markt, für einen Umsatz von 2,5 Milliarden Euro. 40 Prozent macht der Export aus. Nähme man den Reggianern ihren Käse weg, die Wirtschaft wäre hart getroffen. Mal abgesehen vom Selbstwertgefühl. Der Schriftsteller Alberto Savinio fand, in der Familie der Käse sei der Parmesan das, was der Kontrabass in jener für Streichinstrumente sei. Mit seinen tiefen, fundamentalen, väterlichen Bässen. »Er ist schwer, robust, er flößt Vertrauen ein.«[1]

Es gibt kriminelle Kommandos, die sich auf den Überfall von Käselagern spezialisiert haben. Bankräuber, nur eben mit Käse als Objekt der Begierde. Offenbar werden sie von der Mafia aus dem apulischen Foggia befehligt. Seit der Polizeioperation »*Wine & Cheese*« im Jahr 2017 nennt man sie auch »Bande des Parmesans«.

Sie kommt in der Nacht, manchmal auch an Feiertagen, wenn die Käser ruhen, an Weihnachten oder an Ostern. In der Regel wählt die Bande kleinere Kooperativen in dünn besiedelten Gegenden der Emilia aus, mitten im Nebel. Die Ermittler haben schon einige Überfälle gefilmt, man weiß nun ziemlich gut Bescheid darüber, wie die Diebe vorgehen, nämlich in Gruppen von sechs bis acht Männern. Das Hallentor sprengen sie einfach weg, dann tragen sie die Laibe in ihren Lieferwagen, einen nach dem anderen. Die Banden schlugen auch schon an den Raststätten zu, wenn die Transporteure für einen *caffè* hielten, wie das die Camorra mit den norwegischen Lieferanten des *baccalà* machte.

Tausende Laibe verschwinden so jedes Jahr, für Millionen von Euro. Da der Käse ein Siegel trägt, auf dem alle wichtigen Daten festgehalten sind, Herkunft und Alter zumal, ist er nun nur noch für den Schwarzmarkt geeignet. Doch dieser Schwarzmarkt ist groß und die Bande so gut organisiert, dass der gestohlene *Parmigiano Reggiano* immer Abnehmer findet: in Stücke geschnitten und vakuumverpackt oder gerieben. So verliert sich die Spur. Auch dafür sorgt die »Bande des Parmesans«. Zu den Käufern gehören unter anderem Märkte im Süden des Landes und große Handelsketten.

Um sich besser zu schützen, haben sie in der Emilia damit begonnen, Mikrochips in die Kruste des Käses zu pflanzen.[2] Der soll der Polizei, so sie denn schnell reagiert, den Weg zu den Dieben weisen. Doch nicht alle Käsereien haben Alarmanlagen eingerichtet, obschon das Konsortium seine Mitglieder dazu anhält. Regelmäßig organisiert es Konferenzen zur Sicherheit, und gemeint ist nicht die Nahrungsmittelsicherheit.

Mager, süß, rosa

Früher stand neben fast jedem *caseificio* in der Emilia eine Schweinezucht. Die Betriebe bilden eine innere Einheit, einen Zyklus. Fast nichts geht verloren, von der Milch nicht, vom Schwein ja sowieso nicht. Mit der Molke der Käser lassen sich die Tiere mästen, jeden Tag fallen Hektoliter davon ab. Die Molke ist das Doping der Schweine, flüssig oder als Pulver, sie enthält eine Menge Mineralien und Proteine. So kommen die Tiere in kurzer Zeit auf viel Gewicht an passender Stelle, auch an den Oberschenkeln der Hinterbeine. Das sind die nobelsten Stücke des Schweins.

Schon die alten Römer aßen rohen, luftgetrockneten und gesalzenen Schinken. Das italienische Wort dafür, *prosciutto*, kommt vom Verb *prosciugare*: austrocknen. Damit sind wir schon mittendrin in der Herstellung der zweiten Exzellenz der Emilia: Der *Prosciutto di Parma* oder einfach *il Parma*, wie die Emilianer den Parmaschinken nennen, ist süßer als seine Brüder aus San Daniele oder aus Spanien, die Farbe seines Fleischs ist heller, fast schon rosa.

Der *Parma* trägt auch keine Füße mehr, wenn er für ein paar Jahre aufgehängt wird, nicht wie der San Daniele aus der gleichnamigen Gemeinde in den Hügeln des Friauls und nicht wie der Iberico aus der Extremadura. Das Konsortium des *Parma* fand, ohne *zampino* sehe das viel hübscher aus. Die Klaue, so offen figurativ, verderbe vielen die Lust am Schwein eher, als dass sie den Appetit anrege. In fußloser Form gleicht die Keule einem Hähnchenschenkel. So ist es auch leichter, den Schinken in sehr feine Scheiben zu schneiden – nicht von Hand, sondern mit Präzisionsmaschinen. Auch das gab viel zu reden, weil Schneidemaschinen beim Rotieren heiß werden und das Gewebe des Schinkens beschädigen können. Puristen und Traditionalisten fanden ohnehin, dass da eine Menge alter, hehrer Bräuche vor die Säue geworfen werden, sozusagen. Aber das ist lange her.

Früher, und das ist noch länger her, waren die meisten *prosciutti* aus Italien einmal dem Iberico sehr ähnlich. Auch sie kamen vom schwarzen Schwein, dem ansässigen *Suino nero*, das in den meisten Fällen in der freien Natur lebte. Dann, vor etwa zwei Jahrhunderten, begannen die Italiener, weiße Schweine aus der Fremde zu züchten: *Large White*, *Duroc* und *Landrace* – sie alle verhießen mehr Schinken in kürzerer Zeit. Es war wie beim Holsteiner Rind und dem *Parmigiano Reggiano*: Das gute Geschäft schrie nach Leistung, nach größeren Zahlen.

Nach 200 Jahren gibt es von den drei Rassen schon lange

einen italienischen Typus. Nur aus ihnen dürfen Parma-schinken gefertigt werden, und das auch nur, wenn die Schweine in einer von zehn Regionen im Norden und im Zentrum Italiens aufgewachsen sind und bei der Schlachtung mindestens neun Monate alt waren und weniger als 176 Kilogramm wogen. Die Verarbeitung muss dann in einer genau definierten Zone im Hinterland von Parma vorgenommen werden, begrenzt durch die Flüsse Enza und Stirone. Der kleine Ort Langhirano ist die geistige Kapitale des Schinkens, dort steht auch das Museum des *Parma*.

Ist der Trocknungsprozess erst einmal in Gang, kommen die Prüfer vom Konsortium und stechen mit einem nadel-artigen Pferdeknochen, der so genannten *fibula*, überall da feine Löcher ins Fleisch des Schinkens, wo die Venen und Arterien waren, und riechen dann am porösen Knochen. Nur wenn die Stellen nach zwölf bis fünfzehn Monaten trocken sind, erhält der Schinken das Brandsiegel mit der fünf-zackigen Herzogskrone und dem Schriftzug Parma, in Versalien. Das ist die weltbekannte Marke des *Prosciutto di Parma*, ein Symbol wie ein Ausrufezeichen. Es verspricht hohe Einkünfte.

Neun Millionen *Parmas* werden im Jahr gemacht, für Italien und die Welt. Etwa eine halbe Million geht nach Deutschland, das wichtigste Abnehmerland. Allein auf jeden Parmenser kommen jährlich sechs ganze *prosciutti*. Der Schinken, er ist ein großes Geschäft geworden, etwa eine Milliarde Euro wird damit jedes Jahr umgesetzt, und es wird immer mehr. In der Emilia allein arbeiten 50 000 Menschen in der Branche, in dieser Zahl sind die Zulieferer mit eingerechnet. Die Schweine kommen aus 3900 Zuchtbetrieben und 119 Schlachthöfen.[3]

Immer wieder fliegen Betrügerbanden auf, die Schweine in den Produktionszyklus schmuggeln, die dort nichts zu suchen haben, weil sie entweder nicht zu den drei Rassen gehören oder nicht in den zehn Regionen gezüchtet wurden, die für das Gütesiegel mit der Krone vorgesehen sind. In den Zeitungen ist dann jeweils von »*prosciuttopoli*« die Rede – das Suffix »-*opoli*« ist seit »*tangentopoli*«, den Mailänder Korruptionsfällen zwischen Politik und Wirtschaft zu Beginn der Neunzigerjahre, eine Kennzeichnung für alle möglichen Großskandale. Manchmal wird damit auch übertrieben. Im Fall des Schinkens aber ist die Bezeichnung gerechtfertigt.

Das Investigativprogramm *Report* auf *Rai Tre*, dem dritten Kanal des italienischen Staatsfernsehens, kam im Sommer 2019 zu dem Schluss, dass etwa jeder dritte Schinken aus Parma und San Daniele von Schweinen stammt, die den Kriterien der Konsortien des *Parma* und des *SD* nicht genügen. 2018 fand die Polizei mehr als eine Million Fälschungen, sie wurden alle beschlagnahmt. Nicht etwa, weil sie durch den Verzehr die Gesundheit gefährdet hätten. Aber weil sie vorgaben, etwas zu sein, das sie nicht waren. Zu einem hohen Preis.

Der Betrug dauerte schon so lange an, dass *Report* vermutete, es seien damit Milliarden ergaunert worden. »Das ist der größte Lebensmittelskandal in der Geschichte unseres Landes«, sagte der Moderator. »Aber niemand will darüber reden, weil viel zu große Interessen im Spiel sind.«

Der Betrug begann mit einer einfachen Feststellung. Der moderne, ernährungsbewusste Konsument fordert gesünderes Essen, etwa fettärmere Schinken, wenn er denn überhaupt noch Fleisch isst. Seitdem die Weltgesundheitsorganisation vor Krebserregern gewarnt hat, die im Schinken lauern, ist die Vorsicht zusätzlich gewachsen. Man kann das in Metzgereien und Supermärkten beobachten: Fragt der Verkäufer den Kunden, was ihm lieber sei, ein magerer oder ein etwas fettreicherer Schinken, wählt der Käufer in der Regel den mageren, obschon der fettere meistens mehr Geschmack hat, mehr Charakter.

Der Markt schrie also nach Schinken mit weniger Weiß, und dieser Wunsch wurde nach unten weitergereicht bis zu den Züchtern und Mästern, die am Anfang der Kette stehen. *Report* interviewte einen Samenhändler, der vor laufender Kamera erzählte, wie er über die Jahre hinweg in großem Stil illegal Samen von Schweinen verkaufte, die nicht zu den drei Rassen gehörten, vor allem vom dänischen *Duroc*. Züchter nennen es ein »Topschwein«. Es kommt viel schneller auf das nötige Gewicht als die italienischen Schweine. Und sein Fleisch ist magerer und etwas dunkler.

Dutzende Zuchten arbeiteten mit dem Samen des Händlers, er hatte einen großen Teil der Ställe im Norden Italiens damit beliefert. Die Ermittler filmten einmal, wie er sich auf einem Parkplatz in Turin mit einem Züchter traf, ihm eine weiße Kunststoffbox überreichte, dafür einen Umschlag mit Banknoten erhielt, sie zählte und wegfuhr. Und alle hätten Bescheid gewusst, sagte er, auch die Konsortien des *Parma* und des *San Daniele*, die ebendiese Rasse für die Herstellung verbieten. Es wäre einfach gewesen, den Betrug aufzudecken. Mit simplen Gentests. Für die Kontrollen sind Zertifizierungsinstitute vorgesehen, das *Istituto Parma Qualità*, kurz IPQ, für den Parma und das *Istituto Friuli Controllo Qualità*, kurz IFCQ, für den San Daniele. Sie sollten unabhängig sein, damit sie unbefangen prüfen. Doch im Zuge der jüngsten Skandale erfuhren die Italiener, dass alles miteinander verwoben war: Im IPQ und im IFCQ saßen auch

Firmen aus dem Konsortium der Hersteller der beiden Schinken. Die Kontrolleure kontrollierten sich selbst.

Ein Kommissar, der wegen der vielen Ungereimtheiten zurücktrat, erklärte den Betrug mit den dänischen Schweinen mit einem artverwandten Vergleich. »Wenn man diese Schinken auf dem Markt belässt, ist es, als würde man vorgeben, *Brunello di Montalcino* zu verkaufen, obschon der Wein aus Trauben für Lambrusco hergestellt wurde.« Brunello ist ein wertvoller Roter aus der Toskana, der besser wird mit fortschreitendem Alter. Lambrusco ist ein roter Perlwein von der gleichnamigen Rebe aus der Emilia, der jung getrunken wird, es gibt ihn auch süßlich. Oder anders: Ein dänisches Schwein kann nicht *Parma* oder *San Daniele* sein.

Manche Züchter kreuzten dänische mit italienischen Tieren, damit der Betrug nicht auffiel. Andere haben ganze Schweineherden direkt aus Dänemark importiert. Einer wurde bekannt, weil er die Tiere in den Bergen versteckte. Auch er flog 2018 auf. Damals dachte man, die Branche habe die Warnung verstanden und die Konsortien würden auf die Einhaltung ihrer selbst definierten Vorgaben pochen. Doch bereits ein Jahr später gab es einen neuen Skandal, ein weiteres »*prosciuttopoli*«. Wieder mit Prüfern, die nicht prüften. Wieder mit dänischen Schweinen. Diesmal gerieten 3,5 Millionen Schinken in den Verdacht, die Marken nicht zu verdienen, die man ihnen eingebrannt hatte.[4]

Der kommerzielle Druck wirkt sich auch auf die Haltung der Tiere aus. Sie ist industriell geworden, intensiv nennen sie es in der Fachsprache. Die Schweine leben in Batterien, eng an eng. In vielen Ställen sind die Platzverhältnisse so knapp, dass sich die Tiere gegenseitig verletzen. Die Schwänze werden ihnen schon kurz nach der Geburt abge-

schnitten, sie wären sonst die ersten, die sie einander abbei-
ßen. Dann sind die Ohren dran. Das ist der harte Tribut des
Erfolgs, bezahlt wird er von den Tieren.

Die Schinkenhersteller aber reden lieber von dem, was
nach der Mästung und der Schlachtung kommt, und da
mischen sich Meteorologie und Poesie, Winde und Wetter.
Alle Wonne ihres Produkts, so erzählt man sich in der
Emilia, liegt in der Luft, die vom Tyrrhenischen Meer rüber-
weht. Sie überwindet Berge und durchstreift Wälder, und
auf ihrem Weg in die Ebene des Po nimmt sie alle Aromen
der prächtigen Natur auf, Noten von Pinien, Eichen, Kasta-
nienbäumen.

Früher ließ man die Schinken im Freien trocknen, damit
sie auch möglichst viel von dieser zauberhaften Zutat aus
der Atmosphäre annehmen konnten. Das darf man heute
nicht mehr. Doch wer sich aus solchen elementaren Dingen
etwas macht, der baut große Fenster in die Trocknungs-
räume und richtet sie so aus, dass die Winde aus der Versilia
die Hallen fluten und die Schinken weich machen. Und zart.
Und süß. Und rosa. Und mager, vielleicht zu mager.

Die Enthüllungen der Schülerzeitung

Auch im Paradies, im agronomischen Herzland Italiens,
gibt es Sünder. Die *Emilia felix*, die beste aller Welten, ist
ohnehin eine Täuschung, eine, in der man sich lange Zeit
wälzte. Elia Minari war 16 Jahre alt und Gymnasiast am
Liceo Aldo Moro von Reggio Emilia, als er sich mit einigen
Kameraden mit einem Thema zu beschäftigen begann, das
viel größer war als er. Es ist ja auch größer als das Land, größer als Italien: die 'Ndrangheta.

Minari gründete eine Schülerzeitung, der er den verspielten Namen *Cortocircuito* gab. Er steht für »Kurzschluss« und, getrennt, *corto circuito*, für »enges Netzwerk«. Das Blatt kam jeden Monat heraus, Format A5, gedruckt, zwanzig Seiten dick. Es wurde in zwölf Gymnasien der Provinz verteilt.

In jeder Schule saßen Mitarbeiter. Minari koordinierte die Redaktion, das enge Netzwerk. Über alles Mögliche wollten sie berichten, auch über gesellschaftlich und politisch relevante Themen. Eine der ersten Geschichten handelte von der mysteriösen Diskothek *Italghisa* in Reggio Emilia, die auch Jugendliche aus anderen Regionen anzog. Tolle Musik, gute Drinks. Alle Feste der Schule wurden dort gefeiert. Auch die offiziellen Abiturfeiern fanden immer da statt, obschon sie von vielen verrückten Gerüchten umrankt war, lange schon. Es hieß, die Disco gehöre der kalabrischen Mafia. Konnte das sein?[5]

Die Recherche begann mit einem Kassenzettel, auf dem ein Firmenname angegeben war. Im Verzeichnis der Handelskammer fand Minari die Namen der Besitzer, er suchte weiter und stieß auf einen Eintrag in den Akten der Polizeipräfektur. Und dort stand, offiziell, dass das *Italghisa* Verbindungen zur 'Ndrangheta habe. Als Manager im Hintergrund hatte die Mafia einen mächtigen Mann platziert, damit es niemand wagte, dem *Italghisa* Konkurrenz zu machen. Nachtclubs sind ausgezeichnete Waschmaschinen für schmutziges Geld. Die jungen Redakteure waren überrascht. Die Gerüchte stimmten also. Warum war der Laden noch offen?

Die Geschichte von *Cortocircuito* erschütterte die alte Gewissheit, dass es so etwas wie organisierte Kriminalität in der Emilia nicht gibt, nicht geben kann. »Bei uns doch nicht!« Das war 2009.

Reggio Emilia im Winter 2019. Nebel schleicht durch die Straßen, ein Nieselregen geht über die Stadt. Reggio ist eine dieser typischen Kleinstädte der Region, 180 000 Einwohner, kultiviert, reich, kuratiert wie eine Schmuckschatulle.

Es sind noch fünf Minuten bis 16 Uhr, da textet Elia Minari schon aus dem Lokal beim alten Stadttor: »Bin drinnen.« Wenn er einen Termin für ein Telefongespräch ausmacht, sagt er zum Beispiel: »Wollen wir uns Dienstag nächster Woche hören, geht 14.40 Uhr?« Und das ist speziell in einem Land, in dem man sich normalerweise für den nächsten Tag *in mattinata*, irgendwann am Morgen, oder *nel pomeriggio* verabredet, am Nachmittag. Reserviert ist ein großer Saal mit Sofas und bunten Bildern im hinteren Teil der Bar. Die Frau am Tresen weiß Bescheid. »Elia? Da vorne, vorbei am Kühlschrank und den Gang runter.«

Es ist schon erstaunlich, dass keine Polizei an der Tür steht. Minari ist ein schmaler junger Mann mit bubenhaften Gesichtszügen. Zehn Jahre sind seit der Gründung der Schülerzeitung vergangen, aber man kann sich gut vorstellen, wie er als Teenager aussah. Wohl nicht viel anders als heute.

Minari hat unterdessen eine kulturelle Vereinigung gegründet, die den Namen der verblichenen Schülerzeitung trägt. In Bologna hat er Rechtswissenschaften studiert und doziert nun an der Universität von Parma, sie haben dort einen neuen Kursus auf ihn zugeschnitten: »Prävention und Kampf gegen Korruption und organisierte Kriminalität«. Minari hält die Vorlesungen. Im ersten Jahr haben sich 286 Studenten eingeschrieben, das ist seine größte Genugtuung.

Gleichzeitig tourt Minari durchs Land, besucht Schulklassen und liest in Buchhandlungen aus seinem Buch vor. Es heißt *Guardare la mafia negli occhi*, auf Deutsch: Der Mafia in die Augen schauen. Es liest sich wie eine Autobiografie, die Erzählung eines sehr jungen Lebens in einer verklärten Welt. Minari hat schon Auszeichnungen erhalten, die anderen zum Karriereende verliehen werden. Die Gemeinde Bibbiano, Wiege des Parmesans, machte ihn zum Ehrenbürger. Für seinen Mut.

Nur wenn er öffentlich auftritt, schickt der Staat eine Leibwache mit. »Im Alltag kann ich mich zum Glück frei bewegen, ohne Personenschutz«, sagt er. Er sehe sich nicht als Opfer, wolle nicht klagen, er hat da nämlich eine Theorie. »Im Norden will die Mafia möglichst wenig Lärm machen, nur nicht auffallen.« Wenn sie ihm etwas antun würde, wäre das geschäftsschädigend. Das ist seine persönliche Gewissheit.

Er spricht auf Fachkonferenzen. Manchmal nehmen auch Kommissare aus Deutschland teil. Minari hat schließlich viel recherchiert darüber, wie die neue Mafia operiert, die kalabrische im Besonderen. Sie folgt in Deutschland demselben Muster wie in der Emilia. Und wie in Deutschland hat man sie auch in der Emilia lange Zeit unterschätzt.

Spätestens nach der Enthüllung über die Diskothek *Italghisa* wussten die Schüler, dass sie es mit gar nicht schülerhaften Themen zu tun hatten. Und machten dennoch weiter. Oder gerade deshalb.

In einer Recherche kümmerten sie sich um Ungereimtheiten bei der Müllentsorgung, auch die war von der 'Ndrangheta durchsetzt. Oder um eine Serie von Bränden: 40 in einem einzigen Jahr. Es brannten Lastwagen, Nachtlokale, Autos, Villen, Pizzerien, auch eine Baufirma wurde Opfer der Flammen. Die lokale Presse behandelte jeden Brand einzeln, als wäre die Serie ein Zufall. Es kursierte sogar die These, die meisten dieser Brände seien die Folge von Selbstentzündungen. Man neigte nun mal dazu, das Offensichtliche zu leugnen, zu beschönigen, alles kleinzureden.

Die jungen Ermittler schauten sich auch die Baustellen in der Provinz an, es gab eine Menge, auch große, etwa jene für den schönen Bahnhof für Hochgeschwindigkeitszüge in Reggio Emilia. Gezeichnet hatte ihn der spanische Stararchitekt Santiago Calatrava, der Zuschlag war ein Coup für Reggio. Parma hätte nämlich auch gerne einen Bahnhof bekommen, der es an das Netz des »roten Pfeils«, der *Frecciarossa*, des Schnellzugs der italienischen Staatsbahn, angeschlossen hätte. Reggio aber hatte im richtigen Moment die bessere politische Lobby.

Für ihre Recherchen nutzten die Schüler nur offene Quellen, *Open Sources*, die jedem zugänglich sind. Daten und Einträge im Gewerbeverzeichnis etwa, solche im Liegenschaftskataster, in Versammlungsbeschlüssen der Stadtverwaltung, in den Akten der Justiz. Damals war das gar nicht so einfach, sie mussten auf die Ämter. Heute findet man alles im Netz. Sie kreuzten die Daten, legten das Katasterverzeichnis auf den realen Stadtplan, zeichneten Verbindungen zwischen Firmen und Familien nach und fanden dabei heraus, dass viele Linien von Kalabrien in die Emilia führten. 1100 Kilometer Distanz, aber eine Welt.

Die 'Ndrangheta hat Arme, die überall hinreichen. Doch die stärksten Arme hat sie im reichen Norden Italiens: Die Emilia ist der Bizeps der Organisation.

Verbannt in den Norden

Die ersten kalabrischen Mafiosi kamen in den Achtzigerjahren in den Norden, und zwar hoch offiziell. Der Staat wollte es so. Es gab dafür den *soggiorno obbligato*, die Aufenthaltspflicht, eine Strafmaßnahme ohne Gefangenschaft – eine Art Konfinierung. Der Staat schickte gefährliche Protagonisten aus dem organisierten Verbrechen in Gegenden des Landes, von denen er annahm, dass sie kraft ihres *genius loci* die verlorenen Söhne womöglich wieder auf den richtigen Weg bringen würden. Oder dass in der Ferne wenigstens die Kontakte zu den Kartellen erlahmen. Die Emilia schien Rom ein nachgerade idealer Ort zu sein für die Verbannung. Im Norden funktionierte schließlich alles, und, so sagte man sich, dort würde man die Aktivitäten der Mafiosi auch viel besser überwachen können als etwa in Kalabrien oder Sizilien, wo der Staat sich nur mit Mühe behauptet. Wenn überhaupt. In Rom sagte man sich also, dass die Mafia nur im Süden leben und überleben könne.

Es war ein fürchterlicher Trugschluss. Damit beflügelte der Staat die Expansion der 'Ndrangheta in andere, nördlichere Regionen des Landes. 1995 wurden die *soggiorni obbligati* abgeschafft.

Der erste kalabrische Boss, der auf diesem Weg in die Emilia kam, war Antonio Dragone, Pate der gleichnamigen 'ndrina aus Cutro, einer kleinen Stadt bei Crotone, 226 Meter über dem Ionischen Meer, 10 000 Einwohner. Er wurde 1982 nach Quattro Castella versetzt, einer Gemeinde in der Provinz von Reggio Emilia. Dragone musste das zunächst wie ein Auslandsaufenthalt vorkommen.

Er sollte zum Kolonisator im Exil werden, oder wie es Nando dalla Chiesa und Federica Cabras in ihrem Buch

Rosso Mafia – La 'Ndrangheta a Reggio Emilia schreiben: »Er war der erste Keil der kalabrischen Zivilisierung.« Mit Zivilisierung ist in diesem Fall natürlich nicht die Schaffung oder Übermittlung einer neuen, fortschrittlicheren Zivilisation gemeint, sondern das Gegenteil. Dragone exportierte das kalabrische Modell in die Emilia, passte die Regeln dem neuen kulturellen Rahmen an, suchte nach der Gunst im Volk, grub sich in die Gesellschaft ein, schlug Wurzeln. Eine erstaunliche Karriere für einen wie ihn, aus einer kleinen Stadt am Mittelmeer.

Cutro im Crotonese galt bis in die Siebzigerjahre als clanfreie Zone. Es hieß, es gebe dort ein paar »gute Hühnerdiebe«, mehr nicht. Der Ort war landesweit bekannt für sein Brot, das *Pane di Cutro*, der Stolz der Cutresi. Sie backen es goldbraun und knusprig im Holzofen, fürs Einfeuern ziehen sie Buchenholz vor. Das Brot bleibt mehrere Tage frisch, fast eine Woche. Hergestellt wird es mit dem Weizen, den sie auf den Feldern rund um die Stadt anbauen, die Gegend rund um den Ort ist auch als Weizenkammer Kalabriens bekannt. Die Felder tauchen die Landschaft in spektakuläre Farben, je nach Saison ist sie sattgrün, gelb oder braun und dann, nach der Brandrodung, pechschwarz.

Aber Cutro ist arm, das war es immer schon: hohe Arbeitslosigkeit, null Perspektive. Wer kann, zieht weg, vor allem die Jungen verlassen die Gegend. Man sieht sie nur im Sommer, dann kommen alle für den Urlaub ein paar Wochen zurück ins *paese*, ins Dorf. Als Pier Paolo Pasolini 1959 mit einem Fiat 1100 durch Italien reiste, Tausende Kilometer rauf und runter, um das Land zu erzählen, beeindruckte ihn kein Ort mehr als diese entrückte Ecke. »Das Ionische Meer«, schrieb er, »ist nicht *mare nostrum*, unser Meer: Es macht Angst, es schnürt die Kehle zu, es verführt.« Und über Cu-

tro: »Das ist nun wirklich das Land der Banditen, wie man
sie aus den Western kennt. Hier die Frauen der Banditen,
dort die Söhne der Banditen. Man spürt, ich weiß nicht
warum, dass wir uns jenseits des Gesetzes befinden, jenseits
unserer Kulturwelt, auf einer anderen Ebene. Im Lächeln
der Jungen, die von ihrer grausamen Arbeit zurückkommen, ist ein Flackern, es zeugt von zu viel Freiheit, von Toll-
heit fast.«[6]

Die Zeilen trugen Pasolini eine Klage der Gemeinde ein,
die Cutresi fühlten sich in den Dreck gezogen, im Innersten
getroffen. Der große Intellektuelle redete sich darauf um
Kopf und Kragen. Aus dem Substantiv *banditi*, Gauner,
wurde ein Adjektiv: Die Cutresi, dieses »arme Volk«, schrieb
er in einem Zeitungsartikel, sei »*bandito dalla società italiana*«:
ausgestoßen also aus der italienischen Gesellschaft. Das
reichte für die Wiedergutmachung, die Aufregung legte
sich.

Antonio Dragone entstammte einfachen Verhältnissen.
Nichts prädestinierte ihn dazu, dass er einmal die Mafia
nach Cutro bringen würde. Er wurde Hausmeister in der
Primarschule, die er einst besucht hatte, viel mehr Bildung
hatte er nicht genossen. Eines Tages begann Dragone damit, sich wie ein Mafioso aufzuführen, mit der alten Masche: Er bot den Ladenbesitzern und Unternehmern in der
Stadt an, sie vor ihm selbst zu schützen, wenn sie dafür
regelmäßig eine Steuer entrichteten. Im anderen Fall: Gott
bewahre.

Zunächst war nicht so klar, wie ernst man ihn nehmen
musste. Es gab Leute, die ihn für einen Clown hielten, für
einen jämmerlichen Aufschneider. Doch beim Eintreiben
des *pizzo* erwies er sich als gnadenlos. Seine Autorität wuchs,
bis sich ihm in Cutro alle beugten. Einige Familien versuch-

ten den Aufstand, die Hierarchien waren noch nicht definitiv bestimmt, und so kam es, dass im Ort der »Hühnerdiebe«, in dieser »dynastielosen Stadt«, Clankriege begannen, wie man sie sonst nur von San Luca und Reggio Calabria kannte, von Locri und Gioia Tauro.

Dragone wurde in die Emilia verbannt, so hoffte man, den Konflikt entschärfen zu können. Er traf da auf viele Landsleute, die schon in den Jahren zuvor umgesiedelt worden waren. Im Norden Italiens und im Norden Europas versprachen sich viele Kalabrier mehr Chancen auf Arbeit. Aus Bauern wurden Bauarbeiter, Maurer, Maler.

Calabresi aber blieben alle, die Integration verlief nur schleppend. Das lag daran, dass die Süditaliener gerne unter sich waren, sich in einigen ausgewählten Bars trafen, in ihrem Dialekt redeten. Sogar die liebsten Lebensmittel aus Kalabrien ließen sie sich in die Emilia bringen, auf eigens dafür eingerichteten Handelswegen, etwa das Brot aus Cutro. Zur Ghettoisierung der Kalabrier trugen aber auch die Emilianer bei, die zwar den Ruf hatten, ein weltoffenes und solidarisches Volk zu sein. Doch mit den Kalabriern ist man sich fremd geblieben, wie sich Menschen aus verschiedenen Ländern fremd sein können.

Dragone wurde auch am neuen Ort schnell aktiv. Die archaischen Drohgebärden konnten in der Emilia allerdings nicht funktionieren. Ein Boss sagte einmal, ein emilianischer Unternehmer lasse sich nicht einschüchtern und erpressen, der laufe sofort zur Polizei. Der Staat hat im Norden einen anderen Stellenwert als im Süden, auch nicht den allerbesten, aber immerhin: Er hat einen. Für Dragone galt es also, sich behutsam anzuschleichen, sich beliebt zu machen und Geschäftsbeziehungen aufzubauen. Er war geduldig, er zeigte ein ganz anderes Temperament.

Zuhause sorgte unterdessen ein getreuer Alliierter dafür, dass sich die physische Abwesenheit des Paten nicht zu einem Machtvakuum ausweitete: Nicolino Grande Aracri, den sie bald »*Don Nicola*« riefen, war der 'Ndrangheta als junger Mann schon beigetreten. Auch er war ein Mafioso aus erster Generation, er stammte aus einer unbescholtenen Familie, der Vater war Viehzüchter gewesen. Doch im Gegensatz zu Dragone hielt ihn niemand für einen Prahler: Grande Aracri hatte schon im Dienst anderer Clans gemordet, das war weitum bekannt, in Cutro trug ihm das den nötigen Respekt ein.

Von »*Don Nicola*« heißt es heute, er sei einer der ersten modernen Bosse der kalabrischen Mafia gewesen, ein Stratege und Organisator, er machte das Business international. Deutschland, die Schweiz, Frankreich – seine Märkte beschränkten sich bald nicht mehr nur auf die Achse zwischen Cutro und der Emilia, der Lombardei und Venetien. Daheim mochten sie ihn, weil er die Schutzsteuer abschaffte und stattdessen mit falschen Rechnungen Geld machte, und zwar unten an der Ionischen Küste, in den Restaurants und Hotels. Er war immer perfekt gekleidet, Brillantine im schwarzen Haar. Dem Staat gab er vor, er lebe allein von einer Invalidenrente. Bei einer Durchsuchung fand die Polizei dann aber Dokumente aus einem Bankkonto mit 200 Millionen Euro und eine Bürgschaft für ein Immobilienprojekt in Algerien.

Es war nur eine Frage der Zeit, bis der Schüler den Meister ablösen würde. Und wie immer, wenn sich die Clans nicht mehr verstehen, fließt Blut, viel Blut, so viel, bis vom Rivalen und seiner Familie nichts mehr übrig ist. Antonio Dragone wurde an einem Frühlingstag 2004 in Cutro erschossen. Er war erst kurz davor freigelassen worden. In der

Stadt sollen sie seinen Tod wie eine Befreiung empfunden haben.

Die Grande Aracri übernahmen, »*Don Nicola*« war nun der unumstrittene Boss, auch als er einsaß. Cutro blieb das Hauptquartier des Clans. Die großen Geschäfte aber machte man in der Emilia, dem einst jungfräulichen Territorium, einer Gegend, in der der Staat stark sein sollte und doch Stück um Stück die Macht verlor. Eine Nabelschnur verband die beiden Welten. Die Verbindung war so stark, dass Kandidaten für das Bürgermeisteramt von Reggio Emilia auch Wahlkampfauftritte in Cutro machten. Dort saßen inoffizielle Wähler, und deren Empfehlung an die Weggezogenen, die in der Emilia wählten, war eine Garantie.

Ein bisschen *Don Camillo und Peppone*

Ein Bruder des neuen Superbosses, Francesco Grande Aracri, war in den Neunzigerjahren ebenfalls in den Norden versetzt worden, genauer: nach Brescello in der *Bassa reggiana*, einer kleinen Gemeinde in der Ebene am rechten Ufer des Po. 5600 Einwohner, 30 Kilometer von Reggio entfernt.

Das Land hier ist so flach wie in Holland, die einzigen Anhöhen sind Bodenwellen auf den engen, schlechten Provinzstraßen oder Bahnübergänge. An vielen Tagen zwischen Herbst und Frühjahr ist der Nebel in dieser Gegend so dick, dass man keine 20 Meter weit sieht, jede Kurve ein Rätsel, jeder entgegenkommende Traktor eine Gefahr. Pappelhaine stehen im Grau, manchmal ist es auch nur ein Schatten dieser dünnen, langen Bäume, eine perfekte Gerade im Nichts.

Ausgerechnet Brescello. Das Dorf ist berühmt. Sein Hauptplatz, die Piazza Matteotti, mit dem Stadthaus an einem Ende und der Kirche am anderen, war einst Bühne der Filmsaga *Don Camillo und Peppone*, inspiriert von den Werken Giovanni Guareschis. Der Pfarrer und der kommunistische Bürgermeister, ihre Alltagsfehden, ihr Kampf um Herz und Kopf – da war alles drin, was die katholisch-kommunistische Emilia immer ausmachte. Der französische Sänger und Schauspieler Fernand Contandin alias Fernandel spielte Don Camillo, der Italiener Gino Cervi gab Peppone. Die fünf Filme entstanden von 1952 an.

Brescello hat danach einen gewaltigen Aufschwung im Tourismus erlebt. Fast alles heißt jetzt »Don Camillo« oder »Peppone«, eine Bar, ein Restaurant, ein Hotel, ein Museum gibt es natürlich auch. Vor die Chiesa di Santa Maria Nascente haben sie eine Bronzestatue von Don Camillo gestellt, in die Ecke vor dem Rathaus eine von Peppone, sie grüßen einander auf Distanz, beide lebensgroß.

Elia Minari und seine Freunde interessierten sich aber nur für Francesco Grande Aracri, den Bruder von »*Don Nicola*«, einen Bauunternehmer mit erstaunlich großen Möglichkeiten. Francesco Grande Aracri galt als Wohltäter, obschon alle wussten, dass er früher schon einmal wegen Zugehörigkeit zur Mafia verurteilt worden war. Jugendsünden, hieß es, dumm gelaufen. Warum sollte dieser Mann, der den Leuten im Dorf Arbeit gab, nicht eine zweite Chance erhalten? Und was soll er dafürkönnen, dass Bruder Nicolino wegen Drogen- und Waffenhandels, wegen Wucher und Geldwäsche, Erpressung, Korruption und Glücksspiel schon lange in Haft saß? Das sei ja nicht seine Schuld, hieß es.

In Brescello gab es schon lange eine kleine, feste Gemeinde von Cutresi. Grande Aracri besaß zwei Baufirmen und wurde immer größer. Er kaufte sich in die Konkurrenz ein, sicherte sich Aufträge, baute Villen, eine ganze Siedlung etwa für die Cutresi, die nur durch eine Straße zugänglich war. So ließ sich das Viertel auch besser kontrollieren. Im Dorf nannte man es scherzhaft »*Cutrello*«, eine Namensvermählung: Cutro und Brescello.

Grande Aracri tat alles, um sich beliebt zu machen. Er bezahlte für den Verkehrskreisel am Dorfeingang, und für das Blumenbeet dazu. Nach einer großen Überschwemmung schafften seine Firmen Sand heran, 81 Kippwagen voll, alles umsonst. Über einen Vertrauten kaufte er den örtlichen Fußballverein.

Im Dorf war man überzeugt, dass die Mafiosi gute Leute sind, selbst dann noch, als es gegenteilige Signale gab. Der Betreiber der Bar *Don Camillo* am Hauptplatz hängte einmal ein Schild ins Fenster:»*Chiuso per pizzo*«, Geschlossen wegen Schutzgelderpressung.[7] Die einen beschwichtigten, mit 'Ndrangheta habe die Geschichte nichts zu tun, eher mit *corna*, der Mann sei gehörnt worden. Andere warnten halblaut vor den Gefahren. Notfalls erkauften sich die Mafiosi die Gunst im Volk. In ihrem Sold stand auch ein Lokaljournalist, der für gute Presse sorgte. Er wurde später zu neun Jahren Haft verurteilt.

Während der Wirtschaftskrise investierte die Mafia überall im Norden ganz massiv in Baufirmen, die von den Banken keine Kredite mehr erhielten und kurz vor dem Bankrott standen. Sobald die Unternehmer dann die Zinsen nicht mehr bezahlen konnten, übernahmen die Clans immer mehr Teile der Firmen, bis sie ihnen ganz gehörten. Die Namen der Besitzer aber blieben die alten. Wer sich weigerte, dabei mitzumachen, wurde bedroht oder mit Gewalt gezwungen. Etwa durch Brandanschläge. Oft lief die Unterwanderung aber ganz ohne Reibung. Schließlich war nur die Mafia liquid. Sie stellte ein, während alle anderen Mitarbeiter entließen.

Auch die Behörden ließen sich verlocken, der Spardruck war für alle groß. Wenn sich auf öffentliche Ausschreibungen Firmen meldeten, die alles zum halben Preis anboten, dann mochte man nicht allzu hart nachfragen, wie das möglich sei, und sie erhielten den Zuschlag. Es gab Baufirmen, die damit prahlten, sie könnten über Nacht zehn Lastwagen kaufen. Und wenn die Kosten dann explodierten: Was will man machen?

Es waren auch Bauunternehmer dabei, die in Kalabrien schon verurteilt worden waren und eigentlich gar nicht mehr hätten mitbieten dürfen. Eine kurze Recherche auf Google hätte gereicht, um sich des Leumunds zu vergewissern. Doch auch das passierte nicht. Minari und seine Freunde schafften sich eine alte Videokamera an. Sie fuhren zu den Baustellen, den Nachtlokalen der Clans, den Restaurants, vor die Villen der Bosse. Sie hielten einfach drauf, wenn die mutmaßlichen Mafiosi aus ihren Häusern traten und stellten alle Fragen, die sonst niemand stellte. Das Nachhaken sei immer schon sein Ding gewesen, sagt Minari, seine Leidenschaft. Neugier trieb ihn an, sie trieb ihn immer weiter. Und als dann öffentliche Anerkennung dazukam, wurde diese Arbeit bei *Cortocircuito* ziviles Engagement. Doch nicht alle befürworteten es.

Als Francesco Grande Aracri angeklagt wurde und die Polizei Güter für drei Millionen Euro beschlagnahmte, gab es in Brescello eine Protestkundgebung. Sie sollte spontan wirken, war aber inszeniert. »Brescello ist nicht mafiös«, skandierten die Menschen. Sogar der Pfarrer, Don Evandro, warf den jungen Rechercheuren von *Cortocircuito* vor, sie zögen mit ihren unwahren Geschichten seine Gemeinde durch den Dreck, darunter werde auch der Tourismus leiden. »In Brescello gibt es keine Mafia«, sagte er. Der örtliche Bischof verbot ihm danach, fortan so zu reden. Anschließend winkte der gesprächige Don Evandro immer ab, wenn ihn Reporter zur Mafia befragen wollten.

An der Spitze der Demonstranten marschierten auch die Söhne des Bosses mit. Später wurde bekannt, dass der Bürgermeister es war, der die Kundgebung überhaupt angeregt hatte. Das Kartenhaus drohte zu kollabieren. Schon sein Vater war Bürgermeister gewesen, 19 Jahre lang. Alles in der Familie.

Die Geschichte über Brescello machte *Cortocircuito* landesweit bekannt. Ausgerechnet Brescello. 2016 wurde die Gemeindeverwaltung aufgelöst, wegen Unterwanderung durch die Mafia. Rom entsandte einen Commissario, der den Rechtsstaat wiederherstellen sollte. Wie das in Sizilien, in Kalabrien und Kampanien ständig vorkommt. Für die Emilia war es eine Premiere. Im Dekret des italienischen Staatspräsidenten zur Auflösung hieß es, die 'Ndrangheta habe die Gemeinde gelenkt. Diese Erkenntnis sei auch den Recherchen von *Cortocircuito* zu verdanken. Minaris Videos und Interviews, sie gehören seither zu den Akten.

Gerichtsaula der Mafia

Fünf Recherchen der Schüler führten dazu, dass der Staat aktiv wurde. Minari und seine zehn Freunde, fünf Mädchen, fünf Jungs, sie rüttelten den Norden wach.

Auch ein Teil des Mafiaprozesses »*Aemilia*«, der ab 2016 am Gericht von Reggio Emilia verhandelt wurde, ging auf die Enthüllungen dieser Schulfreunde zurück. »*Aemilia*« ist der bisher größte Mafiaprozess in der Geschichte Norditaliens und der größte, der je gegen die 'Ndrangheta geführt wurde: Hunderte von Angeklagten, ein Berg von Indizien. Der Prozess war so groß, durchwirkt von so vielen Verästelungen, dass die Medien Mühe bekundeten, ihn einigermaßen verständlich darzustellen.

Im Atrium des Gerichts von Reggio Emilia richteten sie dafür einen so genannten »Aulabunker« ein, auch dieser Begriff sollte an den Großprozess von Palermo erinnern, den »*maxiprocesso*« in den Achtzigerjahren gegen Cosa Nostra. Im Nachhinein fand man heraus, dass die Firma, die die Aula in Reggio gebaut hatte, sich gar nicht hätte um den Auftrag bewerben dürfen – wegen Verbindungen zur Mafia.[8]

In der Halle gab es Platz für 400 Leute. Manchmal wohnten auch Angehörige den Verhandlungen bei. Die Angeklagten wurden für die Verhandlungen in drei Käfige geführt, wie man sie aus dem Zoo kennt, ebenfalls wie damals in Palermo. Von dort schickten sie Kusshände in den Saal, zuweilen auch laute Verwünschungen an die Adresse der Richter und Journalisten. Fast drei Jahre dauerte der Prozess in erster Instanz, 195 Sitzungen insgesamt, bis am 31. Oktober 2018, dem Tag der Urteilsverkündigung. 118 Angeklagte wurden zu Haftstrafen verurteilt, 24 freigesprochen. Bei fünf Verdächtigen galten die Vergehen als verjährt. Einer starb während der Verhandlungen. Insgesamt sprach das Gericht Haftstrafen von 1223 Jahren aus.[9] Die Verurteilten sollen alle dazu beigetragen haben, dass sich die 'Ndrangheta und im Besonderen der Clan Grande Aracri in der Emilia festsetzen konnte.

Zu 22 Jahren und neun Monaten Haft wurde etwa Pasquale Brescia verurteilt, ein Bauunternehmer, geboren 1967 in Crotone, ein robuster Mann mit tiefer Stimme.[10] Er besaß auch ein Restaurant in Villa Gaida an der Via Emilia, zwischen Reggio und Parma. Das *Antichi Sapori* diente den Bossen offenbar als Treffpunkt, dort haben sie ihre Gelage abgehalten und ihre Strategien festgelegt. Bei einem Abendessen 2012, das prozessrelevant werden sollte, besprachen sie zum Beispiel, wie der Präfekt der Provinz dazu gebracht werden könnte, ihre Firmen von der Schwarzen Liste zu nehmen. Auch Polizisten verkehrten in dem Lokal, hohe Kader des Staates. Zahlen mussten sie nie, jedenfalls nicht mit Geld. Auch sie wurden verurteilt.

Das *Ristorante Pizzeria Antichi Sapori* ist im Erdgeschoss eines dreistöckigen Wohnhauses untergebracht, direkt an der Straße. Seit einigen Jahren ist es geschlossen, die Fenster sind mit Papier abgedeckt, damit man nicht hineinsieht. Auf dem Parkplatz wächst Gras.

Der Augsburger Wirt

Eine der höchsten Haftstrafen im Prozess kassierte Gaetano Blasco, geboren 1962, ebenfalls in Crotone: 38 Jahre und vier Monate in erster Instanz. Das Tribunal gelangte zur Überzeugung, dass Blasco nicht nur ein Mitläufer war, einer aus der Grauzone, sondern Teil der Führungsebene der emilianischen 'Ndrangheta mit Interessen bis nach Deutschland.[11]

Seine finanziellen Mittel überstiegen bei Weitem das, was er dem Finanzamt meldete, aber damit war er ja nicht allein. In der Öffentlichkeit trat Blasco als Dachdecker auf, er besaß ein Unternehmen für Holzbauten und Holzdächer, von denen es hieß, sie seien brandfest. Das war keine zweitrangige Eigenheit, denn in der Gegend brannten ständig Dachstühle. Gemeinsam war den brennenden Dächern, dass sie alle von Konkurrenten Blascos montiert worden waren. Ein Zufall?

Von Gaetano Blasco hörten die meisten Italiener zum ersten Mal im Nachgang zu einer Serie von Erdbeben im Mai 2012. Das Epizentrum lag jeweils in der Emilia, Schockwellen waren aber im gesamten Norden Italiens zu spüren und in der Schweiz, in Österreich, sogar im Süden Deutschlands. Die Beben richteten schlimme Schäden an. Zehntausende Häuser wurden zerstört. Ganze Käselager stürzten ein, Tausende Laibe des *Parmigiano Reggiano* zerbrachen.

Das Herz Italiens, es hatte einen Infarkt erlitten, und die Italiener litten mit. Nicht alle allerdings.

In einem Telefongespräch mit einem kalabrischen Unternehmerfreund, der später ebenfalls angeklagt werden sollte, lacht und scherzt Blasco über die Katastrophe.

»Hast du den letzten Erdstoß gespürt?«, sagt er.

»Natürlich«, sagt der andere, »ich bin aus dem Haus gerannt.«

»In Mirandola ist eine Fabrikhalle eingestürzt.«

»Jetzt gibt's Arbeit, ha ha.«

»Klar, lass uns eine Runde drehen.«

»In Carpi, in Cavezzo.«

»Oho, in Cavezzo muss eine Käserei abgerissen werden.«

»Jetzt werden Holzbauten gefragt sein, alles aus Holz, Gaetano!«

»Hoffentlich, hoffentlich. Wir müssen schnell anfangen, einige Cutresi sind schon dran. Und wir sind noch am Reden.«[12]

Als die Polizei im Rahmen der großen Verhaftungswellen auch Gaetano Blasco festnehmen wollte, war der nicht aufzufinden. Es hieß, er sei untergetaucht, auf der Flucht. Dabei war Blasco an seinem zweiten Wohnsitz, in Augsburg. Dort betrieb der Dachdecker ein Restaurant mit schönen, großen weißen Fenstern raus zur Straße. Nettes Ambiente, gutes Essen. Er benannte es nach sich selbst: *Da Gaetano*.

Unter Beobachtung stand er schon länger, die Augsburger Polizei hatte Hinweise von den Carabinieri erhalten. Gaetano Blasco, so steht es in den Gerichtsakten, soll auch Pistolen und Gewehre von Deutschland über Reggio Emilia nach Kalabrien verschoben haben. Ein wahrer Experte soll er auf dem Gebiet des Waffenschmuggels gewesen sein.[13]

Auch Blasco wurde zum Verhängnis, dass sich Elia Minari und dessen Netzwerk von Mitschülern für ihn interessierten. Sie fanden es kurios, dass die vielen Brände in der Umgebung von Reggio Emilia immer als Einzelfälle behandelt wurden, obschon die Matrix oft dieselbe war. Wer nicht mit Blasco arbeiten wollte, der sollte dafür bezahlen. In manchen Fällen hieß es, die Dächer hätten sich wohl von selbst entzündet. Eine leidige Sache.

Zwei Mal hat Blasco Minari offen gedroht, zwei Mal mit den exakt selben Worten. »Bis nach Hause« werde er ihn verfolgen, sagte er. Fünf Jahre lagen zwischen der ersten und der zweiten Drohung. Das zweite Mal sprach er die Drohung im Gericht aus, vor den Richtern im Prozess Aemilia, für alle hörbar.

Im Sommer 2019 sind auch Francesco Grande Aracri, der Statthalter des Clans in Brescello, und zwei seiner Söhne verhaftet worden. Der Vater wurde verurteilt, in dritter und letzter Instanz.

Minari kennt seine Recherchen so gut, dass er von jeder Figur aus den Prozessen das genaue Strafmaß auswendig weiß, samt Justizgrad. Seine Sätze sind wie gestanzt. »Man muss genau sein und sollte nie übertreiben«, sagt er. Sonst mache man sich angreifbar. Etwas Angst sei schon dabei. Seine Eltern hätten ihm immer abgeraten, sich mit diesen Dingen zu beschäftigen. »Sie sagten: ›Ausgerechnet die 'Ndrangheta! Konntest du dir nicht was Leichteres aussuchen?‹«

Die großen Fälle recherchierten sie im Sommerurlaub. Auch Brescello war eine Ferienrecherche. Manchmal habe er sich alleine gefühlt, auch im Gymnasium, vor allem zu Beginn, als noch alle das Offensichtliche leugneten. Das sei die schwierigste Phase gewesen. Er habe damals Briefe von Anwälten der Mafiosi erhalten, die mit Verleumdungsklagen ihrer Mandanten drohten. Der Druck war riesig, das Leugnen durchdrang die ganze Gesellschaft.

Seit »*Aemilia*« aber glaubt in der Emilia niemand mehr, die Mafia sei etwas für den Süden. Nur für den Süden.

Eine viel zitierte Eingebung von Leonardo Sciascia, dem großen sizilianischen Schriftsteller, hatte sich bewahrheitet. In seinem Roman *Il giorno della civetta*, Der Tag der Eule, schreibt Sciascia von der »Linie der Palme«. Gemeint war die Grenze des südlichen Klimas also, des Klimas, in dem die Palmen gedeihen. Diese Linie verschiebe sich immer weiter nach Norden, schreibt Sciascia. Das habe er von Wissenschaftlern gehört, die Linie sei schon über Rom hinaus. »Vielleicht wird ganz Italien einmal Sizilien sein.« Sciascia spielte damit nicht nur auf das Klima an. Die Palme war eine Metapher für die Mafia. Das Buch erschien 1961, es war prophetisch.

Und dennoch, ein emilianisches Geschäft blieb der Mafia bisher verschlossen: Trotz vereinzelter Versuche, die hoch gepriesene Lebensmittelindustrie, die Welt der Exzellenzen, zu unterwandern – es gelang nicht. Man kann nur mutmaßen, warum das so ist. Elia Minari sagt, es liege daran, dass der Schinken aus Parma, der Parmesan aus Reggio Emilia, der Essig aus Modena dank ihres internationalen Erfolgs von Krisen immer verschont blieben. Selbst während der ersten, akuten Phase der Corona-Pandemie brach das Exportgeschäft nicht ein.[14] Es hatte deshalb auch noch nie Liquiditätsprobleme, wie das in anderen, konjunkturanfälligeren Wirtschaftssektoren oft vorkommt, etwa im Bauwesen, in der Gastronomie, der Hotellerie. »In der Krise brauchen Bauunternehmen und Gastbetriebe schnell viel Bargeld, und das kommt nun mal oft von der Mafia.«[15] Außerdem sind die vielen lokalen Lebensmittelproduzenten der Emilia eng vernetzt, in Kooperativen und Konsortien. Soziale Kontrolle schützt vor Infiltrierung. Im Baugeschäft dagegen fand die 'Ndrangheta strukturelle Schwächen vor, die sie mit ihrem immensen Kapital leicht für sich nutzen konnte: mit billigen Arbeitskräften und billigen Materialien. Das Essen aber, sagt Minari, sei der Stolz der Emilianer, da passe man eben besonders gut auf.

»Parma Salami Genova«

Eine größere Gefahr für das Geschäft sind die vielen Gaukler und Trittbrettfahrer des »Made in Italy«, überall auf der Welt. Jene ausländischen Firmen also, die so tun, als würden sie italienische Spezialitäten und Köstlichkeiten verkaufen, ihren Produkten Namen geben, die italienisch klingen, ihre Etiketten mit italienischen Sujets schmücken, obschon gar nichts daran italienisch ist, weder der Rohstoff noch die Methode bei der Verarbeitung. Sie pfeifen auf Tradition und Geschichte.

Das »*Italian Sounding*« ist reines Parasitentum, ein unfairer Tanz auf der Erfolgswelle einer Marke. So jedenfalls sehen es die Italiener. Sie nennen es auch »*agropirateria*«, Piraterie mit Lebensmitteln. Diese ist ein Seitenaspekt der Agromafia. Strafrechtlich relevant ist das Kopieren nur in seltenen Fällen. Am meisten wird in reichen Ländern imitiert, nämlich in den USA, Kanada, in Australien, auch in Deutschland. Das unterscheidet die »Agropiraten« von den Fälschern im Modesektor, die hauptsächlich in Entwicklungsländern operieren, etwa in Sweatshops in Südostasien.

Die rasante Verbreitung des »*Italian Sounding*« ist natürlich ein Beweis dafür, dass das Italienische weiterhin sehr populär ist. Für das Business des echten »*Made in Italy*« ist der damit verbundene Geschäftsverlust allerdings dramatisch. 100 Milliarden Euro, so schätzt der Bauernverband *Coldiretti*, werden jährlich mit Produkten umgesetzt, die im Ausland hergestellt werden und mit dem Appeal des italienischen Essens werben.[16] Zwischen 2009 und 2019 hat sich der Absatz solcher Produkte beinahe verzehnfacht. 2014 war ein Wendepunkt, damals überholte das falsche zum ersten Mal das wahre »*Made in Italy*«, und das wahrscheinlich für immer. Mittlerweile sollen zwei von drei italienischen Produkten Fälschungen sein.[17]

Coldiretti sammelt die Kopien und setzt sie auf Listen samt Bildern der inkriminierten Erzeugnisse, der Verband nennt sie »Galerie des Horrors«. Am meisten werden Produkte aus der Emilia kopiert, allen voran der *Parmigiano Reggiano*.

In Brasilien heißt er »*Parmesao*«, in Argentinien gibt es auch den »*Reggianito*«, in Uruguay den »*Parmesano*«, im Rest der Welt läuft er unter der Bezeichnung »Parmesan«. In den USA gibt es ihn auch vegan, was ein Widersinn in sich ist.

Da und dort soll man eine Mischung zum Selbermachen kaufen können: Parmesan in zwei Monaten. Es verwundert nicht, dass der echte *parmigiano* mit dem Slogan wirbt: »*Quello vero è uno solo.*« Der echte ist einer allein.

Oft gefälscht werden auch der *Grana Padano* und die Schinken aus Parma und San Daniele. In Mexiko fand *Coldiretti* einen »*Parma Salami Genova*«. In den Ohren eines Italieners klingt das ungefähr wie: »Sushi Ente Peking«. Ebenfalls im südlichen Teil Nordamerikas gab es mal eine »*Mortadella Siciliana*«, obwohl die Mortadella doch nur aus Bologna kommen kann.

In Russland zog ein Unternehmer eine Linie von Produkten mit integriertem Selbstlob auf: »*Una grande Mozzarella*«, »*Una grande Ricotta*« – auf Italienisch. Als Logo ein Herz in den Farben der Trikolore. Handelskriege treiben das »*Italian Sounding*« weiter an. Seitdem der Westen Russland mit Wirtschaftssanktionen belegt hat, erlebt das angeblich Italienische dort einen Boom: Die russischen Marken *Casa Italia* und *Buona Italia* lassen wenig Zweifel daran, womit sie das Herz erobern möchten.

Einen Scherz erlaubt sich *Parriano*, ein holländischer Hersteller von Käse, sein Slogan geht so: »Damit dein Essen italienischer schmeckt, entscheide dich für holländisch: *Parriano*, der Käse, der sich für einen Italiener hält.«[18]

Und dann ist da noch der Wein. In Argentinien etwa verkaufen sie einen weißen Bardolino in den italienischen Nationalfarben, wenngleich der Bardolino DOC ein Rotwein vom Gardasee ist. In Rumänien produzieren sie einen weißen Barbera. In Kalifornien tut ein Hersteller so, als reiften seine Trauben im Chianti bei Siena und in Südamerika wird ein Marsala angeboten, der mit Sicherheit nicht aus der gleichnamigen sizilianischen Hafenstadt stammt.

Am häufigsten wird Prosecco imitiert, der ursprungsge-schützte Weißwein aus dem Veneto und dem Friuli, her-gestellt aus der Rebsorte Glera. Er kann still sein, perlig oder schaumig. Aber er muss, wenn er so heißt, aus den Regio-nen kommen, die dafür vorgesehen sind. *Coldiretti* führt auf seiner »Horrorliste« Abwandlungen mit ähnlich klingen-den Namen: »*Meersecco*«, »*Kressecco*«, »*Semisecco*«, »*Consecco*«, »*Whitesecco*«, »*Crisecco*«. Im Lamento der Hersteller des rich-tigen Prosecco über die Produzenten des falschen schwingt allerdings auch eine Portion Heuchelei mit: Manche von ihnen fälschen selbst, vor allem süßen sie ihren Prosecco auf. 2018 wurden 7300 Hektoliter Prosecco beschlagnahmt, die überzuckert waren.[19] Die Polizei fand riesige Zuckerlager, die man eher in einem Süßwarenkonzern vermuten würde.

Auch für die Herstellung von Weinen fand die Polizei schon in mehreren Ländern Kits zum Selbermachen, wie für den Parmesan. Das Pulver, das aus der Gefriertrocknung gewonnen wird, lässt sich mit Wasser zu Wein mixen, das ist fast Alchemie. Dazu gibt es den Korken und das falsche Etikett: für Barolo, Brunello oder Amarone, die teuersten Tropfen. So kosten sie etwa einen Euro pro Flasche. Es gibt auch Multipackungen für eine Herstellung in fast industri-ellen Ausmaßen.

Normalerweise wird dieses Geschäft mit den Kits nicht von Ausländern betrieben, sondern von Italienern. 2014 flog eine Verbrecherbande in der Emilia auf, die Weinpulver über Strohfirmen auf den internationalen Markt brachte, und zwar ganz groß: ein Geschäft von 28 Millionen Euro.

Eine Studie hat ergeben, dass Kunden bereit sind, bis zu neun Prozent mehr für ein Produkt auszugeben, wenn »*Tos-cana*« oder »*Toskana*« oder »*Tuscany*« auf dem Aufkleber steht.[20] Die Mineralwasserfirma *Panna* aus Scarperia e San

Piero, einer Ortschaft im Hinterland von Florenz, wo die Medici einst jagten, konnte ihren Verkaufserfolg um 14 Prozent erhöhen, seitdem sie mit der Lilie werben darf, dem Wappen der Stadt.

Ein italienischer Olivenölhersteller machte von sich reden, weil er auf das Etikett seines besten Erzeugnisses »*Firenze*« schrieb. Das sollte zur irrtümlichen Annahme verleiten, die Firma aus Montevarchi bei Arezzo habe ihre Presse in Wahrheit in Florenz stehen. »Firenze« klingt wohl einfach besser als Montevarchi, zumal auf dem internationalen Markt. Manchmal prahlen auch Italiener damit, Italiener zu sein.

»*Gino*«, der Chinese

Eine Geschichte für sich schreibt »*Gino*«, das ist der Name eines Tomatenmarks, es ist Marktführer in Afrika. Als Logo verwendet der Hersteller auf seinen Dosen, Tuben und Beuteln eine Tomate mit lächelndem Gesicht, sehr weißen Zähnen, Armen und Füßen, der grüne Stiel ist das Haar – die drei Farben der Trikolore. »*Gino*« schiebt sich die Sonnenbrille ins Haar, ein sympathisches Kerlchen. Für das Design des Maskottchens haben sich die Grafiker an Vorbildern aus den Sechzigerjahren orientiert, so ähnlich sahen damals in Italien Werbungen aus der Tomatenbranche aus. Nur ist dieser »*Gino*« kein Italiener, sondern Chinese. Das Tomatenmark »*Gino*« kommt aus China.

China ist zu einer Weltmacht geworden für verarbeitete Tomaten, und zwar aus dem Nichts, ab den Neunzigerjahren. Aus Parma, wo im 19. Jahrhundert die industriell gefertigte Konserventomate erfunden wurde, importierten die Chinesen die Anlagen, die Maschinen und das Wissen.

Anschließend stampfte der Staatskonzern *China National Cereals, Oils and Foodstuffs Corporation*, kurz COFCO, eines der größten Unternehmen der Welt, in der Mongolei und in Xinjiang in kurzer Zeit 15 Fabriken aus dem Boden.

Insbesondere die Neapolitaner waren begeistert von den Mengen an Konzentrat, die diese Fabriken imstande waren herzustellen – zu einem unschlagbaren Preis. Sie machten Deals, die den Weltmarkt veränderten, wie der französische Journalist Jean-Baptiste Malet in einer minutiösen Recherche auf drei Kontinenten für sein Buch *Das Tomatenimperium* nachzeichnete.[21]

Italien, das früher das Geschäft mit Konserventomaten und Tomatenmark beherrschte, holte sich das Püree nun aus China. Jede Woche kamen an den Häfen von Salerno und Neapel große Ladungen an. 2016 waren es schon mehr als 100 000 Tonnen.[22] Die Feldarbeiter werden in China noch schlechter behandelt als in Italien, und was genau im Mark steckt, wie viel Chemie für die Produktion benötigt wird, bleibt ein Rätsel.

Doch China wurde über die Jahre der größte Exporteur von Tomatenmark, alle multinationalen Konzerne aus der Lebensmittelindustrie holen sich das Konzentrat für ihr Ketchup, für Saucen und Suppen derzeit aus dem fernen Osten. Nach Süditalien exportieren die Chinesen »dreifach konzentriertes Mark«, das in den Fabriken bei Neapel mit Wasser und Salz zu »zweifach konzentriertem Tomatenmark« gestreckt und ins Ausland weiterverkauft wird – als »*Made in Italy*«, mit dem entsprechenden Etikett. Die Märkte? Afrika und Europa. »*Gino*« ist immer im Vorteil, er hat Gott an seiner Seite. In einer Werbung für das beliebte Mark geht der Dialog so: »Dank Gino kann ich jetzt meine Familie versorgen.« – »Möge Gott Gino segnen.«[23]

Lapdance im Mailänder Gemüsemarkt

Dann, am Ende der Reise, fast am Ende der A1, am Ende Italiens, kommt noch Mailand, die wirtschaftliche Metropole. Mehr Europa als Italien. Entrückt fast.

»*Lassù*«, sagen sie im Süden, wenn sie vom Norden reden, »dort oben«, und sie meinen das nicht nur geografisch. Für die im Norden ist der Süden »*laggiù*«, »dort unten«. Man macht sich gar keine Vorstellung, wie weit Mailand von Pachino entfernt ist. Wie groß das Gefälle zwischen »*lassù*« und »*laggiù*« wirklich ist.

Mailand ist immer Avantgarde. Wenn es noch eine Hoffnung gibt für Italien, dann hier oben. In Mailand mit seiner Galleria Vittorio Emanuele, dem Kaffeeduft in der Luft, dem Restaurant *Savini*, unter dessen Kronleuchtern schon Giuseppe Verdi und Giacomo Puccini zu Tische saßen. Mailand mit seinem Opernhaus, *La Scala*, seinem Dom, seinen Museen, seinem *Piccolo Teatro*, Mailand mit seinen Banken, seinen Medien, seiner Mode an der Via Montenapoleone, seinen Universitäten – der *Statale*, dem *Politecnico*, der *Bocconi*, es sind die besten Hochschulen im Land.

In Mailand funktionieren die öffentlichen Verkehrsmittel, die Krankenhäuser, die Abfalltrennung, das Car- und Worksharing. Mailand hat immer in die Zukunft geblickt, in einem Land, das vor allem vom Nachlass der Antike und der Renaissance lebt, vom Gestern, von der konservierten Schönheit: Rom, Florenz, Venedig. Mailand ist anders. Mailand ist Morgen. Mailand setzt Trends, nationale und globale, und Mailand hat eine Skyline.

Mailand sei das New York Italiens, sagt Beppe Severgnini, ein bekannter Journalist der Mailänder Zeitung *Corriere della Sera* und Buchautor. »Mailand ist der Bug des Schiffs. Wenn

Italien eine Regatta gewinnt oder auf einen Felsen prallt, dann kommt immer zuerst Mailand an oder dran.«[24]

Denn Mailand ist auch das: Avantgarde im Fragwürdigen, gerade im Politischen. Der Faschismus begann hier, der überhaupt nicht linke italienische Sozialismus auch, und der rechte Populismus. Aus der Zeit Bettino Craxis, des Sozialistenchefs und früheren Premiers, stammt das Bonmot »*Milano da bere*«, wörtlich: »Mailand zum Trinken«. Gemeint war eine Epoche der Exzesse, der Korruption, der Frivolitäten und Vulgaritäten. In jener Zeit, den Achtziger- und Neunzigerjahren, verlor Mailand einen schönen Teil seiner Eleganz und den Titel der *capitale morale*, der moralischen Hauptstadt.

Dann kam Silvio Berlusconi, der Mailänder Medienmogul, ein alter Freund Craxis, und herrschte fast 20 Jahre über Italien. Er veränderte die politische Kultur des Landes. Berlusconi war schon Rechtspopulist, als man in Europa noch gar nicht wusste, was das ist. Die große weite Welt wird sich wohl aber vor allem an einen anderen Begriff erinnern in seinem Zusammenhang, einen immer noch mysteriösen und doch irgendwie selbsterklärenden: *bunga bunga*. Nach Berlusconi kam Matteo Salvini von der *Lega*, ein Rechtspopulist aus Opportunismus und Fremdenfeind, und der machte sich einen Namen damit, dass er Schiffen mit geretteten Flüchtlingen aus Afrika einfach die Einfahrt in italienische Häfen verwehrte, manchmal wochenlang.

Diese prägenden Figuren, alles Mailänder, mögen so gar nicht zu ihrer Stadt passen. Mailand hatte immer ein großes Herz, in keiner anderen Stadt Italiens arbeiten mehr Menschen in gemeinnützigen Vereinen, in Mensen für die Armen etwa. In Zeiten, als im Norden Wirtschaftsboom war, integrierte sie Hunderttausende Menschen aus der »inneren Emigration«.

Es waren Italiener von »*laggiù*«: Sizilianer, Kalabresen, Sarden, Apulier. An der Peripherie Mailands entstanden Trabantenstädte für Fabrikarbeiter, die in einem grotesken Kontrast zur innerstädtischen Schönheit standen und doch gut passten, Grau in Grau. Was war man froh um die Arbeit. Viel Geld floss zurück in den Süden. Und so sorgten Mailands Fabriken für den sozialen Frieden in einem zerrissenen Land, das Erste und Zweite Welt in sich trägt.

An der Via Lombroso am Rand der Stadt, in einem Viertel voller verlassener Fabrik- und Lagerhallen, die wie ausgeschlachtete Dinosaurier herumliegen, gleich beim Ostring, steht seit 1964 der *ortomercato*. Er ist der größte Markt des Landes für Früchte und Gemüse, die vorläufige Endstation für Tomaten, Zitronen und Orangen, für Pfirsiche und Melonen, für Auberginen und Kohl aus dem *Mezzogiorno*. 24 Stunden am Tag, sieben Tage die Woche, kommen hier Lastwagen an und laden ihre Ware ab, bevor diese dann weitertransportiert wird, vor allem ins Ausland. Mailand ist das Verteilzentrum, der Hub, 650 000 Quadratmeter groß. 116 Broker verhandeln täglich mit 11 000 Großkunden.

Der Mailänder *ortomercato* war einmal der größte Gemüsemarkt in Europa. Doch dann lief vieles schief und noch mehr krumm, nun ist man nur noch die Nummer 14.

Der Markt hat einen miesen Ruf, obschon es hier auch den besten Fisch im Land gibt, neben Blumen, Fleisch und anderen Lebensmitteln. Mag Mailand auch weit entfernt sein vom Meer: Wahrscheinlich ist der Fisch, der hier gehandelt wird, oftmals frischer als in Neapel. Von hier werden beinahe alle gefeierten Restaurants in Europa beliefert, manchmal auch solche weiter weg. Der Stadtflughafen *Milano Linate* ist nur fünf Minuten entfernt.

Der *Corriere della Sera* schreibt vom *ortomercato*, er sei eine

»separate Welt, in der viele Kapitel der Mailänder Geschichte geschrieben worden seien, einschließlich solcher aus dem Genre der Vermischten Meldungen«. Das Blatt nennt sie Kapitel aus der *cronaca nera*, der schwarzen Chronik, so heißt eine ständige Rubrik in den italienischen Zeitungen, in der über alles möglich berichtet wird, das nicht in die gängigen Kategorien passt: Morde, Klatsch, Dramen und Skandale.

Seit Jahrzehnten ist der *ortomercato* in den Händen der Mafia, sie hält ihn wie eine Geisel. Auch äußerlich sieht man ihm an, dass er eine Parallelwelt geworden ist: Seit der Gründung sind die rostigen Stahlgitter und Backsteinmauern, die ihn umgeben, immer höher geworden. Auf der Umzäunung liegt zusätzlich noch eine Rolle Stacheldraht. Der Markt wirkt wie ein Gefängnis, oder wie eine militärische Hochsicherheitszone. Überall wurden Überwachungskameras angebracht.

Bis in die Neunzigerjahre herrschten Clans von Cosa Nostra über die Hallen, sie brauchten den Markt als logistisches Zentrum. Im Endeffekt kontrollierten sie so die ganze Kette, vom heimischen Sizilien bis ans Ende der Seidenstraße der Agromafia. Von den Äckern in Pachino mit ihren Heerscharen ausgebeuteter Feldarbeiter über die Märkte von Vittoria und Fondi bis nach Mailand, alles bedient mit eigenen und verbündeten Transportfirmen. Und weiter bis zu den Regalen der Supermärkte und der kleinen Läden, den Küchen von Restaurants und Pizzerien, eigenen und fremden. Und bis auf den Tisch und den Teller. Nichts entging ihr mehr, das ganze Geschäft gehörte der Mafia.

Zwischen den Holzpaletten und den Kisten mit den Zitronen und Orangen aus Sizilien reisten neben Drogen und Waffen manchmal auch flüchtige Mafiosi mit, und dicke Koffer voller Bargeld. Von der Via Lombroso bis zu den

Schweizer Banken in Chiasso und Lugano war es von hier nur noch etwa eine halbe Stunde. Und dort, in der Schweiz, fragte bis vor einigen Jahren niemand, wo das Geld herkam.

Während der Herrschaft der Sizilianer im Markt durfte auch die Camorra ein bisschen mitmachen, einige Clans der beiden Kartelle hatten sich ja in Transportgesellschaften zusammengeschlossen. Das lief wie am Schnürchen. In den Neunzigerjahren übernahm dann aber die 'Ndrangheta, sie verdrängte Cosa Nostra und Camorra mit ihrer ganz eigenen Gründlichkeit. Von der Konkurrenz war schnell nichts mehr übrig, die Kalabresen sicherten sich das totale Monopol. Den Ton gab zunächst der Clan Morabito aus Africo an, eine der mächtigsten Familien aus Kalabrien. Später übernahmen die Piromallis, der Clan aus Gioia Tauro, der auch das gefälschte Olivenöl nach Amerika verkaufte.

Die dunklen Machtverhältnisse im Markt waren dermaßen breit bekannt und wurden schon fast als normal angesehen, dass auch groteske Situationen einfach durchgingen. So gab es einen kalabrischen Mafioso, der mit seinem Ferrari das Kontrollhäuschen passierte. Gemeldet war er als *facchino*, als Kistenträger also. Dabei war allen klar, dass es sich hier um einen der großen Bosse handelte.

Immer wieder geriet die börsennotierte Betreibergesellschaft des *ortomercato* in die Schlagzeilen. Die So.Ge.Mi., kurz für *Società per l'Impianto e l'Esercizio dei Mercati Annonari all'Ingrosso di Milano*, sollte im Namen der Mailänder Stadtregierung nach dem Rechten schauen. Manche ihrer Manager schauten stattdessen vor allem auf sich selbst, ließen sich bestechen, boten der Mafia einen perfekten Service.

Die 'Ndrangheta war – und ist wahrscheinlich noch immer – Herrin im Markt. Wie sehr, das zeigte sich, als sie im Untergeschoss des Direktionsgebäudes von So.Ge.Mi.

einen Nachtclub einrichteten.[25] Oben arbeiteten die Funktionäre der Gesellschaft, unten tanzten halb nackte Damen auf dem Schoß der Bosse und ihrer Kunden. Zwischen zwei Schichten, nach der Ankunft der Tomaten, vor der Lieferung der Melonen.

6 – Über die Alpen: Wie Deutschland, die Schweiz und Österreich sich ins italienische Essen verliebten – und dabei auch die Mafia kennenlernten

> »*Geh zu diesem Pisser und sag ihm, dass der Wein abscheulich ist. Ich habe es mit meinen eigenen Ohren gehört, jeder beschwert sich über diesen verdammten Wein.*«
> Ein Clanmitglied der 'ndrina Farao über die Qualität des Weins, den sie italienischen Restaurants in Deutschland aufzwingen

Turmbauten auf Autodächern

Es ist, als wäre sie immer schon da gewesen, diese Liebe für das Italienische und das italienische Essen im Besonderen. Hinter dem Brenner und jenseits der Alpen verehrt man die italienische Kochkunst, den italienischen Caffè, das italienische Eis. Als Projektion, als Sehnsuchtsstillung. Dabei ist die Liebe noch jung, keine 50 Jahre alt.

In Wien eröffnete die erste Pizzeria 1975. In Zürich hielten es die Zeitungen damals noch immer für nützlich, die Pizza als Abwandlung der »Wähe« zu beschreiben, damit man verstand, worum es gehen könnte. Eine Wähe ist ein Kuchen aus Blätterteig, süß, ein Nachtisch. Wenn neue Lokale aufmachten, gab es Anleitungen dazu, wie man die Spaghetti formvollendet auf die Gabel dreht. Ein Löffel als Hilfe? In

Italien braucht den niemand. In Berlin und München gab es schon Anfang des 20. Jahrhunderts einige italienische Restaurants. Die *Trattoria Cuneo* in Berlin und das *Città di Firenze* in München gehörten zu den ersten, beide öffneten 1905. Doch richtig angekommen ist die *cucina italiana* auch in Deutschland erst 70 Jahre später.

Eine frische Liebe ist das also, aber eine unerschütterliche. Die Post-68er-Generationen, Eltern und Kinder, haben in Pizzerien erst gelernt, auswärts zu essen. Pizza und Pasta, das konnten sich viele leisten. Dank des »Italieners« an der Ecke wurde der Restaurantbesuch erschwinglich, quasi demokratisch. Und die Pizzeria war so viel mehr als eine Gaststätte, wie man sie bis dahin kannte. Sie öffnete eine ganze Welt. Es gab da immer zwei Stunden Urlaubsgefühl mitserviert, mit aller, gerne auch sehr dick aufgetragenen Folklore: dem schönen Sound Italiens, dem Augenzwinkern des *padrone*, dem Charme der Kellner. Augen zu, und plötzlich war die Sicht frei aufs Mittelmeer.

Aber das kam erst nach einer langen, durchaus konfliktreichen Kennenlernphase. Zunächst war der »Italiener« vor allem Migrant. »Gastarbeiter«, ein Gast auf Zeit. Er kam, um zu arbeiten, und nur das sollte er tun. Tunnels und Straßen bauen, am Fließband stehen. Nach dem Krieg, als der Wirtschaftsboom einsetzte, die Bestellbücher der Unternehmen sich füllten und die ansässige Arbeitskraft nicht ausreichte, um der Nachfrage gerecht zu werden, arbeiteten die Italiener in den Fabriken. Sehr gerne gesehen waren sie aber nicht. Es hieß, sie seien laut, sie stellten den Mädchen nach, sie hingen nur am Bahnhof rum, und das sind noch die weniger schlimmen Vorwürfe, die man ihnen machte.

Doch ohne sie ging es nicht. Sowohl die Schweizer als auch die Deutschen handelten bilaterale Abkommen mit

Italien aus, die ihnen das Recht gaben, genauso viele »Gastarbeiter« anzuwerben, wie sie brauchten. In den Fünfzigern waren es Hunderttausende. Zuerst kamen nur Männer, denn Familiennachzüge waren in den Anwerbungsdeals nicht vorgesehen. Die Männer waren erst einmal nur Gäste, sie trugen ihre ganze Wehmut nach der Heimat mit sich rum – und tonnenweise Lebensmittel, um das Heimweh zu stillen. Mit der Kartoffel, die in der Fremde so mächtig über die Teller herrschte, und mit all der deftigen Kost im Norden konnten sie wenig anfangen.

Wer mit dem Auto aus Italien anreiste, der belud auch das Dach mit den Köstlichkeiten von daheim, mit Olivenöl und Käse, Wurst, Chianti in Korbflaschen und Teigwaren. In Deutschland gab es Olivenöl damals meist nur in Apotheken, und es war teuer. Bilder solcher Turmbauten auf Wagendächern gibt es in fast jedem italienischen Familienalbum. Sie sind Symbole der Emigration, wie es die Fotos von Ellis Island in New York und dem Hafen von Buenos Aires waren, zwei weitere Destinationen aus der großen, oftmals schmerzvollen italienischen Migrationsgeschichte.

Die Dachladungen wogen jeweils so schwer, dass die Stoßstangen der Autos beinahe die Straße berührten. Doch weit war die Reise nicht, zumal für diejenigen, die in der Schweiz und in Süddeutschland arbeiteten. Getrocknete Pasta und *pelati* aus Konserven boten zudem den Vorteil, dass sie fast ewig haltbar waren, ganze Saisons ließen sich damit bestreiten. Auch die Sonderzüge aus Sizilien, Kalabrien und Apulien waren immer vollbepackt mit Essen. Die Züge trugen stolze Namen, feudal waren sie nicht: »*Freccia del Sud*«, Pfeil des Südens, »*Treno del Sole*«, Sonnenzug, »*Espresso del Levante*«. Mit solchen Namen machte man sich Mut für die lange Zeit in der kalten, herzenskalten Fremde.

Die ersten italienischen Restaurants waren vor allem für die Auswanderer gedacht. Es waren einfache Lokale, fast nur Italiener verkehrten darin. Manchmal dienten sie auch als fixe Treffpunkte italienischer Parteien und Vereinigungen, die sich um die Treue ihrer Mitglieder im Ausland kümmerten. Die Christdemokraten, die Kommunisten, die Antifaschisten – alle hatten sie ihre Vereinslokale.

Die Italiener waren oft unter sich. Sie spielten Karten, lasen die *Gazzetta dello Sport* mit den Nachrichten über den italienischen Fußball, sie lag immer einen Tag zu spät am Kiosk. Von einem Kartenspiel, der *morra*, kommt die gängigste Verwünschung der Schweizer jener Zeit gegen die Italiener. Bei der *morra* fiel oft die Zahl Fünf, *cinque*, sie wurde laut vorgetragen. Im Schweizerischen wurde daraus »Tschingg«, als Synonym für die Italiener, ein Kraftausdruck. Die Steigerung davon war »Sautschingg«.

Die Absonderung der Italiener in eigene Vereine und Esslokale behinderte die Integration. In einigen großen Fabriken gab es Mensen allein für sie, denn die Italiener mochten das Essen wirklich nicht, das es für die anderen Arbeiter gab. Und daheim warteten weder Ehefrauen noch Mütter, die den Männern die Gerichte kochten, die sie gerne gegessen hätten.

Ganz anders war es mit den Eisdielen und den Eiscafés, die hatten sofort Erfolg. Von den Dreißigerjahren an gab es in vielen Ländern Mittel- und Westeuropas *gelaterie*, ein wahrhafter Boom, der in der Folge nie mehr erlahmen sollte. Betrieben wurden sie vor allem von Norditalienern, die meisten von ihnen kamen sogar aus derselben Ecke, aus dem Val di Zoldo und aus der Valle di Cadore, zwei Tälern in der Provinz Belluno. Auch sie waren Saisonniers, die Saisons orientierten sich allerdings tatsächlich am Wetter:

Ihre Geschäfte waren jeweils nur von Frühjahr bis Herbst offen. Die kältere Jahreszeit verbrachten die *gelatieri* in der Heimat. Doch so saisonbedingt ihr Fach auch war: Die Eismacher bereiteten damit der gesamten italienischen Küche den Weg.

Beim »Italiener«

Allmählich entdeckten Gastarbeiter, dass es auch ein Leben außerhalb der Fabriken und der Bergwerke gab, und dass sich dieses Leben auch etwas angenehmer finanzieren ließ: mit Pizzerien und Trattorien. Da die meisten von ihnen aus dem *Mezzogiorno* stammten, war auch die Küche, die sie anboten, süditalienisch geprägt. Vom Kochen hatten nur wenige zu Beginn Ahnung, viele entschieden sich deshalb für das einfachste Gericht: die Pizza. Oder wie die Deutschen zunächst sagten: Teigfladen gefüllt mit Tomaten, Sardellen, Käse und anderen Zutaten. Das Wort Pizza wurde erst Mitte der Sechzigerjahre in den Duden aufgenommen.

Das Pizzabacken konnte man sich leicht selbst beibringen. Es gibt kaum eine einfachere Speise. Sind die Zutaten gut, ist die Pizza gut, so einfach ist das. Und wie schnell sie doch zubereitet ist: Neunzig Sekunden im Holzofen, dann ist sie fertig. Das Beste daran: Die Gewinnmarge war beträchtlich.

Die erste Pizza, so sagt man, soll es in Deutschland schon 1952 gegeben haben – in Würzburg, in der Pizzeria *Sabbie di Capri*. Der Betreiber dachte nicht in erster Linie an deutsche Kundschaft, als er das Lokal eröffnete, sondern an die dort stationierten amerikanischen Soldaten. Die kannten Pizza von daheim, in New York und Chicago setzte sie sich schon früher durch.

Bemerkenswert daran ist, dass in den Fünfzigerjahren Pizzerien auch in Italien noch sehr selten waren. Es gab sie nur in Neapel und Umgebung. Im ganzen Rest des Landes kamen noch einmal zehn dazu, mehr nicht. Die Pizza war also regional gefangen, so typisch, dass man sie lieber ganz den Neapolitanern überließ. Die neapolitanischen Emigranten hatten paradoxerweise mehr Erfolg damit im Ausland als in anderen Regionen im eigenen Land. Wenn man heute an jeder Straßenecke Italiens eine Pizzeria oder mindestens einen Laden mit *pizza a taglio* findet, mit Mitnehmschnitten, dann ist das der Migration geschuldet. Die Auswanderer haben die Pizza in die Welt getragen, und weil sie der Welt gefiel, kam sie zurück in die Heimat und breitete sich dann erst auf der Halbinsel aus. Im Nachhinein also, als erfreuliches Echo.

Auch der aufkommende Massentourismus hatte an dieser Entwicklung einen Anteil: Die Nordeuropäer, die zum Urlaub an die Strände Italiens fuhren, wollten auch da Pizza essen, wie sie es kannten von daheim in Rüsselsheim und Unterengstringen, oder, wenn möglich, noch ein bisschen besser im Geschmack. Und so gab es in Rimini und Riccione, wo man vor dem Boom des Tourismus nirgendwo eine Pizza bekam, nun überall den kulinarischen Exportschlager aus Süditalien. Auch die Italiener begannen sie zu lieben, immer mehr, heute werden in Italien jeden Tag acht Millionen Pizzen gebacken.[1] In der Entwicklungsphase ging das aber lange hin und her, das Verlangen schaukelte sich hoch, die Zahl der Pizzerien wuchs fast gleichzeitig in Italien und im Ausland. Der Durchbruch gelang Mitte der Siebzigerjahre, es war wie eine Emanzipation des Italienischen.

In der Schweiz hatten die Italiener gerade eine Welle des

Fremdenhasses überstanden. James Schwarzenbach, ein Parlamentarier aus Zürich und Rechtspopulist vor der Zeit, machte Stimmung gegen das, was er eine »Überfremdung des Vaterlandes« nannte. Er meinte damit vor allem die Italiener.

Mit seinen Initiativen wollte er Hunderttausende Italiener aus dem Land jagen, in einer kollektiven Ausweisung. Schwarzenbach scheiterte nur knapp, bei der Abstimmung 1970 stimmten 46 Prozent der Schweizer gegen die Italiener. So deutlich muss man das sagen: gegen die Italiener. Man warf ihnen auch vor, sie würden Katzen essen, alles Böse hängte man ihnen an. Das ist umso denkwürdiger, als sich die Integration der Italiener im Nachhinein als eine besonders gelungene erweisen sollte, als Paradeintegration. Zusammengewachsen sind sie, die Italiener und die Schweizer.

Nach dem Ölschock Anfang der Siebzigerjahre, der vielen Italienern Anstellung und Bleiberecht kostete, begann die Phase der Konsolidierung der italienischen Küche. In allen drei deutschsprachigen Ländern, in Deutschland und der Schweiz aber natürlich noch schneller als in Österreich, weil dort die Präsenz der südlichen Nachbarn weniger markant war. Österreich holte seine Arbeitskräfte eher aus dem Balkan und der Türkei.

Es entstanden nun in der Schweiz und in Deutschland viele italienische Lokale, wie es sie südlich der Alpen damals kaum gab, mit einem allumfassenden Angebot: Pizza, Pasta, *secondi* vom Fleisch und manchmal auch vom Fisch, *dolci*. Für die Italiener in Italien war das eine unerhörte Vermischung der Genres, fast schon ein Sakrileg, denn in Italien war ein Lokal entweder eine Pizzeria und machte Pizza, vielleicht noch Bruschetta als Vorspeise. Oder es war eine *Osteria*, eine Schenke, eine *Trattoria*, ein einfaches Gasthaus, oder ein *Ristorante*, gehobene Klasse, meist mit weißen Tischtüchern und Servietten. Im nördlichen Ausland gab es nun also die Kategorie des *»Ristorante Pizzeria«*, die alles durcheinanderbrachte. Doch auch dieses Konzept schwappte später mächtig zurück in die Heimat. Heute gibt es in Italien ebenfalls vielerorts unendlich lange Speisekarten mit vielen verschiedenen Gerichten, die Pizzen stehen meistens auf der letzten Seite.

Das *»Ristorante Pizzeria«* war auch eine Bühne, besser noch: ein Theater. In gewisser Weise war es dem Konzept des Themenrestaurants nicht unähnlich, etwa dem *Hardrock Cafe* oder *Planet Hollywood*. Alle Figuren darin spielten ihre Rollen, und sie taten es meist großartig. Die Bewirtung war, was man im soziologischen Jargon eine *»ethnic performance«* nennt, eine folkloristische Darbietung, wie es die deutsche Historikerin Maren Möhring in ihrer Studie über fremdes Essen in der Bundesrepublik nennt.[2]

Zu dieser folkloristischen Darbietung gehörte ein *pizzaiolo*, der eine regelrechte Zirkusnummer vorführte: Die Teigrondelle wurde virtuos und mit ernster Miene in die Höhe geworfen, ohne je danebenzugreifen. Die Gäste dachten sich derweil, das müsse einfach so sein, die Form bekomme er anders nicht hin. Vielleicht diene der Flug in der Mehlwolke ja dazu, dass der Teig noch etwas trocknete. Dann gab es den Ober in der Rolle des Unterhalters. Er sprach jedes Jahr noch etwas schlechter Deutsch, als wäre Verlernen der normale Gang der Dinge, mit der Zeit streute er immer mehr italienische Wörter ein.

Und dann war da noch der Chef, der auch wirklich den Chef gab, den *padrone*, der alle umsorgte, für alles zuständig war und am Schluss auch an der Kasse stand. Der Besitzer des Restaurants als Regisseur des Abends, das gab es nur beim Italiener. Oft trug das Lokal seinen Namen. Jeden Kunden kannte der *padrone* beim Namen, auch die Gäste ohne Doktortitel und Universitätsabschluss begrüßte er als *dottori*, auch *presidente* oder *direttore* war man schnell einmal. Die Tagesspezialitäten trug er mit salbungsvoller Stimme vor, als lese er sie einem von der Seele ab.

Was man auch wählte: Es war immer eine großartige Wahl: »*perfetto*!« – »*bellissimo*!« – »*fantastico*!«

Wo sonst gab es das, dass man beglückwünscht wurde, ohne etwas geleistet zu haben? Natürlich lobte der *padrone* damit vor allem sich selbst für all die fantastischen, perfekten und superschönen Gerichte auf seiner Karte, aber auch das war charmant. Überhaupt: der Charme des Personals, fast ausschließlich Männer. Den Damen, auch den betagteren, wurde beim »Italiener« so offen der Hof gemacht, dass sie hier besonders gerne einkehrten – am Arm ihres *dottore*. Eine Pizzeria war immer latent erotisiert, selbst dann, wenn Kellner und Wirt weit weg waren vom klassischen Bild des *latin lovers*.

Alle spielten mit, der Kunde auch, er begnügte sich mit der Rolle des Zuschauers mit gelegentlichen Auftritten als Statist. Man war schließlich gekommen, um sich bezirzen zu lassen, als wäre man noch in Italien in den Ferien. Am Strand, die Sonne in den Haaren. Beschwingt von dieser Leichtigkeit, die man den Italienern im Norden Europas so neidet. Der eine oder andere warf dann gerne ein paar ungefähre Brocken Italienisch in die Runde, die er im Sommer gelernt hatte. Auch dafür gab es Lob in Fülle, vom Zeremonienmeister höchstpersönlich. Ironie und Selbstironie, sie flossen ineinander.

Das Dekor beim »Italiener« wirkte immer, als kämen alle Stücke aus einer Requisitenkammer. Es war dermaßen stereotypisiert und uniform, dass man sich fragen konnte, ob es einen Kanon gab, an den sich alle still hielten. Einen Innendekorateur für alle.

Nicht fehlen durfte die in Bast gehüllte Flasche Chianti, die sich leer auch als Kerzenhalter anbot. Und das Fischernetz, zuweilen kombiniert mit einer Holzbarke. In aller Regel gab es in einem italienischen Lokal auch Regale für Weinflaschen, ganze Batterien davon. Da und dort hingen Maiskolben und Salamis von der Decke. Die Wände waren tapeziert mit Fotos aller Sehnsuchtsorte der Gäste: Capri und seine blaue Grotte, der schiefe Turm von Pisa, die Rialtobrücke von Venedig, das Kolosseum. Das Dekor schuf ein Ambiente. »Gehen wir zum Italiener?«, klang als Verheißung nach viel mehr, nämlich nach: »Gehen wir kurz nach Italien?«

Vom Verschmelzen und Kreuzen

Natürlich passten die Italiener ihre Offerte dem Ort an, damit das Fremde dem Gaumen der Einheimischen schmeckte. So ist das überall auf der Welt, wo Küchen gemischt werden, man spricht dann von *Crossover* und von *Fusion*. Schon die italienische Küche in ihrer vermeintlichen Reinform ist eine Frucht von Verschmelzungen und Kreuzungen mit fremden Einflüssen.

Jenseits der Alpen brauchten sich die Italiener nicht stark zu verbiegen. Sie schütteten mal ein bisschen Rahm in eine Tomatensauce, damit sie auch dem nordeuropäischen Empfinden geschmeidig und mächtig genug vorkam. Die Lasagne gab es nun vielerorts mit Béchamel – eine Sünde, aber sie bürgerte sich ein und war auch schnell vergeben. Wer zuerst die Idee hatte, die Carbonara mit Sahne anzurichten, ob es ein Italiener war oder ein Nichtitaliener, bleibt zweifelhaft. Klar aber ist, dass die echte Carbonara ihre grandiose Cremigkeit ohne Zugabe von Sahne erlangen sollte. Und die Pizza erst: Was nicht alles auf die Rondelle gelegt wurde, das nach einer strengen Auslegung eigentlich nicht dafür infrage kommt.

Die erfolgreichsten neuen Kreationen waren bald so populär, dass man sie als einen Zweig der ursprünglichen italienischen Küche ansah. Mit einem lokalen Twist zwar, aber dennoch: verschmolzen.

Die Schweizer gingen noch weiter, sie helvetisierten das Italienische und produzierten sogar die Nudeln in eigenen Fabriken. Schon in den Fünfzigerjahren entwickelten sie dafür Maschinen, die technisch so gut waren, dass auch italienische Hersteller sie kaufen wollten. Die Firmen warben nicht in erster Linie um italienische Kunden, sondern um schweizerische. Suggeriert wurde: »Greift zu, das sind italienische Spezialitäten, aber in Schweizer Qualität.«

Der Ruf der italienischen Produzenten war damals nicht der beste. Sie warben selbst auch nicht damit, dass sie ihre Ware in Italien herstellten. Statt das Herkunftsland hervorzuheben, wiesen sie in aller Regel darauf hin, dass die Produkte weltweit angeboten würden. *Ferrero* zum Beispiel druckte auf die Gläser mit Nutella nur, dass die Nüsse aus dem Piemont kämen, nicht aber, dass der Aufstrich auch im Piemont fabriziert wurde. Manche italienischen Firmen verlegten ihren Produktionsstandort ins nahe Tessin, um damit werben zu können, in der Schweiz zu produzieren. Etwa *Citterio*, *Cinzano* und *Alemagna Gelati*.[3]

Eine verkehrte Welt: Im Gegenzug griffen die Schweizer Produzenten für den Aufdruck auf ihren Dosenprodukten und der Pasta lieber auf Namen zurück, die sich nach Italien anhörten, den Schweizern aber keine Zungenbrecher abverlangten, zum Beispiel *Spaghetti Napoli*, *Prima*, *Gala* oder *Tomato*, eine Wortschöpfung aus *pomodoro* und Tomate. Das war »*Italian Sounding*« vor der Zeit.

In Wien wird bis heute die durchaus ketzerische Legende verhandelt, dass das knochenlose Schnitzel vom Kalb, der Inbegriff der Wiener Küche, vielleicht auf die *Cotoletta alla milanese* zurückgeht. Demnach hätte Feldmarschall Josef Radetzky das Rezept von seinen Schlachten aus Italien zurückgebracht. Von 1848 bis 1857 war er Gouverneur der Lombardei und Venetiens, ganz so verwegen ist die Version also nicht, obschon Historiker sie für sehr labil halten. Es mangelt an verlässlichen Quellen dazu. Im Vergleich zu Deutschland und der Schweiz ist die italienische Küche in Österreich insgesamt viel weniger stark verankert, außer natürlich in den Grenzgebieten zu Südtirol und dem Friaul. In Wien überwiegen die Einflüsse aus den Kronländern der verflossenen Habsburger Monarchie, etwa die ungarische Fleischküche, die serbische Gemüseküche oder die böhmischen Mehlspeisen. Entscheidend für die gastronomische Entwicklung im 20. Jahrhundert war auch in Österreich der Migrationsfaktor: Die ausländischen Arbeiter kamen dort vor allem aus dem Balkan und aus der Türkei, nur wenige aus Italien. Und mit Italien, das kam erschwerend hinzu, verband die Österreicher eine bewegte, unharmonische Vergangenheit. Die Verschmelzung verlief daher harziger.

Mächtig fusioniert wurde hingegen in Amerika. Die Pasta mit den Fleischklößen zum Beispiel, wie sie »*Fat Clemenza*« im *Paten* so prominent vorkocht, ist pures *Crossover*. Die italienischen Auswanderer in den USA waren stolz auf diese unförmige Speise, auch wenn es nicht die ihre war. Sie galt als Nachweis dafür, dass es ihnen in der Fremde besser ging: In Amerika aßen sie also Fleisch auch einfach als Zugabe zu den Fettuccine, während es in Italien Fleischgerichte damals fast nur an Festtagen gab. Daheim sollte man neidisch werden ob des großen Auswandererglücks. In Italien waren und sind *polpette*, die Fleischbällchen, ein Hauptgang.

Streng genommen brachen die »*Spaghetti with meatballs*« auch mit einem anderen eisernen Grundsatz aus der italienischen Gastronomie. Die Italiener essen Pasta immer als Vorspeise, als *primo*. Den Hauptgang mit Fleisch oder Fisch gibt es dann normalerweise mit einer leichten Beilage, meistens ist das Gemüse. Die Schweizer und die Deutschen waren es aber gewohnt, den *primo* als *secondo* zu essen oder den Hauptgang mit einer »Sättigungsbeilage«, ein schreckliches Wort. Auch da ging manches »*Ristorante Pizzeria*« einen Kompromiss ein und legte neben die Kalbsmedaillons an Marsala einen Berg Nudeln. So näherte man sich immer mehr an.

Zum guten Image des italienischen Essens trugen auch die Studien eines amerikanischen Biologen bei, der im kampanischen Cilento eine zweite Heimat fand. Ancel Keys (1904–2004), brachte der Welt bei, dass die Menschen am Mittelmeer deshalb länger lebten als Menschen aus anderen Weltgegenden, weil ihre Ernährung auf einer besonderen Diät basiere. Die »Mittelmeer-Diät«, die *Mediterranean Diet*, helfe dabei, dem Risiko von Herz-Kreislauf-Erkrankungen vorzubeugen. Keys meinte damit nicht nur den Verzehr von Olivenöl statt tierischem Fett, von viel Gemüse und Früchten, Getreide und Fettfisch, dem *pesce azzurro*. Er meinte auch den mediterranen Lifestyle, das Leben in der Gemeinschaft, auf der Piazza, das Zusammensein. Keys lebte vierzig Jahre lang in einem Dorf an der Küste südlich von

Salerno. Nur zum Sterben ging er zurück in die Heimat, er wurde 100 Jahre alt.

Das Essen aus Italien war also nicht nur gut, sondern es war auch noch gesund, wissenschaftlich belegt, es verlängerte angeblich sogar das Leben.

Neuer Beliebtheit erfreuten sich deshalb bald auch die italienischen Lebensmittelläden. Die gab es schon eine Weile, ihre Kundschaft bestand aber lange hauptsächlich aus Gastarbeitern. Die Vorräte, die diese auf Autodächern und in Zugabteilen mitbrachten, waren irgendwann aufgebraucht. In den Läden gab es Nachschub, Eingemachtes von daheim, die liebsten Konserven, Käse und Schinken, Früchte und Gemüse, Süßigkeiten. Auch diese Läden trugen zur Italianisierung im Ausland bei, in Amerika früher als überall sonst. 1938 zählte man in den USA mehr als 10 000 italienische Lebensmittelläden. Nicht selten fungierten sie als logistische Plattformen der Mafia.

So stark verbreitet wie in Amerika sollten die Läden in der Schweiz und Deutschland nie sein. Doch die Händler waren Pioniere. Einige von ihnen waren auch noch da, als die italienischen Produkte in ein höheres Segment wechselten, sie wechselten mit. Ihre einst einfachen Läden wurden zu Gourmettempeln, zu Feinschmeckeroasen.

Man findet da den besten *Prosciutto di Parma*, getrocknet an den Winden aus der Versilia. Die beste *Mozzarella di bufala* aus dem Casertano. *Pelati San Marzano*, garantiert ohne Püree aus China. Den herrlichsten *tradizionale* aus Modena. Führt der Laden auch Früchte und Gemüse, wer weiß, dann liegen da vielleicht auch *pomodorini* und *datterini* aus Pachino.

Jedes Produkt kommt mit einer Geschichte, die Italiener

sind grandiose, ansteckend leidenschaftliche Geschichten-
erzähler. Und jede Geschichte lebt von regionalen Deklinationen. Beim Essen sind die Italiener unverbesserliche Re-
gionalisten oder gar »*campanilisti*«, wie sie sagen: Das Wort
kommt von *campanile*, Kirchturm. Der Glockenklang der
Kirche im eigenen Dorf ist immer schöner als der aller anderer.

Mit den Jahren ist der Export italienischer Lebensmittel
zu einem krisenresistenten Geschäft geworden. Alle drei
deutschsprachigen Länder gehören in die Top Ten der größten Importeure. Doch kein Land der Welt führt mehr leckere
Dinge aus Italien ein als Deutschland, es ist die klare Nummer 1: Etwa fünf Milliarden Euro werden dafür im Jahr
ausgegeben. Die kleine Schweiz kommt an fünfter Stelle mit
1,3 Milliarden Euro, Österreich immerhin an neunter mit
etwa 900 Millionen Euro.[4]

Fragt man Menschen weltweit, welche Küche sie bevor-
zugen, wenn sie ins Restaurant gehen, sagen die meisten:
die italienische.[5] Das ergab eine wissenschaftliche Untersuchung. Danach kommt die chinesische, dann die japanische,
die nordamerikanische und die indische. Nur an sechster
Stelle: die französische Küche. Die deutsche, übrigens, lan-
dete in dieser Studie auf Platz 12.

Die einfache Migrantenküche aus Italien ist also über
die Jahrzehnte hinweg zur Lifestyleküche aufgestiegen. Aus
kleinen Imbissen wurden Orte der Sehnsucht, aus Pizzerien
Ketten und Kurierdienste, aus folkloristischen Restaurants
auch Etablissements mit Anspruch. Keiner anderen Migra-
tionsküche gelang das ähnlich durchschlagend. Die türki-
sche Küche zum Beispiel blieb vielerorts im Stadium des
Kebabladens stecken.

Die italienische Gastronomie setzte sich nun sehr schnell

durch. Überall eröffneten Lokale, oft an bester und teuerster Lage, in den Altstädten. Auch das war ein untrügliches Zeichen dafür, dass die Italiener angekommen waren in der Mitte der Gesellschaft.

Mariä Himmelfahrt in Duisburg

Dann passierte »Duisburg«.

Viele Italiener kennen die deutsche Stadt nur als Chiffre. Sie können den Namen schlecht aussprechen, weil ein versteckter Umlaut unter der ersten Silbe liegt, und Umlaute sind schwierig. Sie sagen »Du-i-ss-burg« oder, öfter noch: »Di-uss-burg«. Bekannt aber ist dieser Name fast allen Italienern über 30. In der italienischen Fassung von Wikipedia ist der Eintrag zur Stadt nur etwa halb so lang wie jener zur »*Strage di Duisburg*«, zum Massaker von Duisburg. Das ist die Chiffre, ein stehender Begriff.

Am 15. August 2007, um 2.24 Uhr, verlassen sechs Männer das Lokal *Da Bruno*, das sich selbst »Das italienische Restaurant« nannte, mit bestimmtem Artikel, als gäbe es neben ihm in Duisburg kein anderes Restaurant, das diesen Titel verdiente. *Da Bruno*, nicht weit entfernt vom Hauptbahnhof, steht für gehobenere Küche.

Die sechs Männer sind alle jung. Einer von ihnen ist gerade 18 geworden: Tommaso Venturi. Darum ist es so spät geworden, man hat gefeiert. Später wird man in seiner Tasche ein verbranntes Heiligenbildchen von San Michele finden. Offenbar ist er an seinem Geburtstag, am Tag der erlangten Volljährigkeit, in die 'Ndrangheta aufgenommen worden.

Dann geht alles ganz schnell. Die sechs Männer sind gerade dabei, in ihre Autos zu steigen, die auf dem Parkplatz vor dem Lokal stehen, da geraten sie in einen Kugelhagel. 54 Patronenhülsen wird die Polizei finden. Um ganz sicher zu sein, dass keiner überlebt, schießen die Mörder den sechs jungen Männern am Boden je eine Kugel in den Kopf.

Wie viele Killer zum Kommando gehörten, ist zunächst nicht eindeutig zu klären – zwei oder vier? Sicher ist, dass sie Deutsch sprachen. So hörten es zwei Zeugen, eine Studentin und ein Zeitungsausträger. Sie sind zufällig am Tatort. Die Mörder fliehen, sie verlassen das Land. Ihr Renault Clio wird später in Belgien gefunden. Auf dem Tankdeckel und am Schaltknopf findet man Fingerabdrücke. Für die Aufklärung des Falls sind sie zentral.

Die Hinrichtung ist von langer Hand geplant, nichts ist Zufall, auch der gewählte Tag nicht. Die Mörder wissen, wie viele Männer sie antreffen würden: Sie wechseln beim Schießen ihre Magazine aus. Am Tag danach stellt jemand ein Schild vor den Eingang des Lokals: »Warum?«, steht darauf. Die Polizei ist erstaunt, die Öffentlichkeit fassungslos über die Brutalität und das Alter der Opfer.

In den Morgennachrichten im deutschen Fernsehen heißt es, bei der Tat handele es sich wohl um »Abrechnungsmorde im Milieu der 'Ndrangheta« – ein schwieriges Wort, die Sprecher betonen meistens das »e« statt das erste »a«, wie es richtig wäre. In jedem Bericht fällt auch der Name einer kalabrischen Ortschaft, von der wahrscheinlich bis dahin nur wenige Deutsche jemals gehört haben: San Luca. Da kämen alle ursprünglich her, Mörder und Opfer.

Die ersten Fernsehteams sind zu diesem Zeitpunkt schon unterwegs nach Kalabrien. Die einen fliegen nach Cosenza, die anderen nach Reggio Calabria. Sie denken, dieses San Luca, 2142 Kilometer von Duisburg entfernt, sei leicht erreichbar. Denn zumindest auf der Landkarte sieht es so aus, als sei der Ort nicht weit entfernt von den kalabrischen Flughäfen. Hinfahren, mit der Kamera draufhalten, Leute interviewen, wieder wegfahren.

Doch nicht alle haben den Aspromonte auf dem Radar, den rauen Berg, die unendliche Statale 106 und das knorrige Wesen der Kalabrier. In San Luca will niemand mit diesen Reportern reden, die wie Fallschirmjäger über das Dorf herfallen, aus Trotz oder aus Furcht. Die Crews filmen stattdessen die leeren Straßen, die unfertigen Häuser und die Gräber des Friedhofs am Dorfausgang.

Seit diesem Tag aber, dem 15. August 2007, weiß Europa, dass es in dieser kargen Ecke Italiens eine Mafia mit einem schwierigen Namen gibt, die international expandiert.

»Ist die Mamma da?«

Mitten in der Nacht nach dem Sechsfachmord, so erfährt man zwei Wochen danach, schnitt die italienische Polizei einen Telefonanruf mit, der in die Geschichtsschreibung der kalabrischen Mafia eingehen wird. Man hört zwei Männer: Giovanni Strangio, Bruder des ermordeten Sebastiano, und Achille Marmo, Bruder des hingerichteten Marco. Strangio erzählt mit gebrochener Stimme, was passiert ist und fragt mehrmals nach »*la mamma*«, dem Boss von San Luca, Antonio Pelle, Codename »Mutter«.

»Oh, Achi', was machst du gerade? Ist die Mamma da?«
»Nein, warum? Was ist passiert?«
»Achi', ist die Mamma dort?«
»Nein, aber warum denn?«
»Geh und sag ihr …« (Strangio weint)

»Was ist los?«

»Mein Bruder ist tot, mein Enkel ist tot, dein Bruder ist tot, alle sind tot.«[6]

Bald wird klar, dass das »Massaker von Duisburg« eine Folge eines alten, beinahe grotesken Bruderkampfs war zwischen den Clans Nirta und Strangio auf der einen Seite und den Familien Pelle und Vottari auf der anderen. Die Fehde geht weit zurück, auf einen Fastnachtsscherz zum Karneval 1991.

Jungs, die im erweiterten Kreis der Nirtas und Strangios standen, warfen Eier an die Fassade eines Vereinslokals, das von einem Pelle geführt wurde. Zwei Mal, eine Provokation. Sie erhielten Prügel dafür, eine ganze Menge, was sie dazu animierte, einem Vottari aufzulauern, um sich zu rächen. Der aber glaubte, es gehe um mehr als nur um Schläge, zog die Pistole und schoss wild um sich. Es starben damals ein Nirta und ein Strangio, zwei weitere Mitglieder des Clans Nirta wurden verletzt. Der Konflikt sollte jahrelang dauern. Zuweilen flaute er etwas ab, weil es Antonio Pelle mit seiner diplomatischen Art gelang, die Gemüter zu beruhigen. Doch er schwelte immer weiter.

Am Weihnachtstag 2006 sollte Giovanni Luca Nirta umgebracht werden. Solange er lebe, hieß es, höre die Fehde nie ganz auf. Die Killer verletzen Nirta nur, töten stattdessen aber seine Frau, Maria Strangio. Auch der Tag war wieder gezielt gewählt gewesen. Die Mitglieder der 'Ndrangheta achten darauf, dass ein Mord möglichst auf ein spezielles Datum fällt, so wirkt der Schmerz beim Gedenken an die Toten jeweils doppelt nach – etwa an Geburtstagen, an Namenstagen, an Tagen der Heiligen, an Ostern und Weihnachten.

Für die Beerdigung von Maria Strangio reiste auch ihr

Bruder Giovanni an, ein Pendler zwischen den Welten: Er bewegte sich ständig zwischen Deutschland und San Luca, wie andere auch, er sprach perfekt Deutsch. In Kaarst betrieb er die Pizzeria *Tonis Pizza*. Giovanni Strangios Strafregister war fast jungfräulich, nur ein paar kleinere Dinge waren darin verzeichnet, als seine Schwester getötet wurde, er war ein unbeschriebenes Blatt.

Bei der Bestattung trug er dann aber eine Pistole bei sich, alle sollten sie sehen. Die Fehde entbrannte wieder mit aller Wucht. Sechs Mordversuche gingen schief in den folgenden Monaten, geschossen wurde aber bei jeder Gelegenheit. Dann kam Mariä Himmelfahrt, *Ferragosto* 2007. Für die Italiener ist *Ferragosto* einer der wichtigsten Tage im Jahr, nicht nur aus religiösen Gründen: Er markiert auch die Mitte des sakrosankten Augusturlaubs, und den nehmen landesweit viele, die es sich leisten können, jeweils in ganzer Länge.

Nach der *vendetta* auf dem Parkplatz von *Da Bruno* gab es einen Moment lang eine kleine Verwirrung. Der Besitzer des Restaurants trug denselben Familiennamen wie der mutmaßliche Mörder: Sebastiano Strangio aber war kein Strangio aus dem Clan Strangio und Nirta, sondern er gehörte den Strangios an, die sich mit den Pelles und den Vottaris verbündet hatten. *Da Bruno*, Sebastianos Lokal, diente den Pelles und Vottaris als logistische Drehscheibe für die Geschäfte der 'Ndrangheta in Duisburg und Umgebung, als Drogenhub und Unterschlupf für ihre gesuchten Mitglieder. Im Keller des Restaurants fanden auch die alten Rituale der Mafia statt, etwa die Taufen, das verbrannte Heiligenbildchen in der Tasche des jungen Tommaso Venturi war ein Beweis dafür.

Giovanni Strangio, der angebliche Kopf der Strafexpedition, tauchte unter, jahrelang dauerte die Jagd nach ihm.

Erst 2011 gelang es der Polizei in einem internationalen Großeinsatz, ihn in einer Wohnung in Amsterdam zu stellen. Er versteckte sich dort mit seiner Frau und seinem Kind. Ebenfalls in Amsterdam fand man Francesco Romero und Giuseppe Nirta, auch sie sollen dem Kommando von Duisburg angehört haben.

Überhaupt war Amsterdam für viele flüchtige Bosse der 'Ndrangheta zu einem Rückzugsort geworden. Um ihre Spuren zu verwischen, wechselten sie ständig die Sim-Karten ihrer Handys. Doch da sie ab und zu unweigerlich mit dem Hauptquartier in San Luca telefonieren mussten, flogen sie dann doch auf. Giovanni Strangio, Jahrgang 1979, wurde letztinstanzlich zu lebenslanger Haft verurteilt.

Auf Facebook gibt es Profile, die ihn als Opfer der Justiz darstellen, eines nennt sich »Gerechtigkeit für Giovanni Strangio«. Auf einem Post sieht man eine Soldatin mit Tarnfarben im Gesicht, dazu die Aufforderung, jeden Tag die Bibel zu lesen und den Spruch: »Kopf hoch! Gott schickt nur seine stärksten Soldaten in die härtesten Schlachten.«

Am Ende der Kegelbahn

Im Sommer 2014 erreichte die 'Ndrangheta auch die Schweiz. Da war sie zwar schon viel länger. Doch ins Bewusstsein der Schweizer brannte sie sich erst nach der Veröffentlichung einer kurzen Videosequenz aus einem Gasthaus in Frauenfeld, dem Hauptort des Kantons Thurgau. Es sind Bilder einer Überwachungskamera, die von der Schweizer Polizei heimlich montiert wurde, den Tipp dazu hatte sie aus Kalabrien erhalten. Sie zeigen einen voll besetzten Tisch, alles Männer. Oben sitzt einer und redet mit monotoner Kadenz, als rezitiere er aus einem Handbuch. Er taufe den Ort, sagt er, »wie das schon unsere Ritter aus Spanien getan haben, Osso, Mastrosso und Carcagnosso, mit Eisen und Ketten«.[7] Er beruft sich in seiner Ansprache auf Vorschriften aus dem Jahr 1830.

Danach geht es prosaischer zu. Der Mann am Kopf des Tisches sagt, es gebe Arbeit für alle Jungen, die gerne arbeiten möchten. »Erpressung, Kokain, Heroin, alles da. Zehn Kilogramm, 20 Kilogramm am Tag, ich bringe sie euch, ich persönlich, danach will ich aber nichts mehr wissen.« Ein älterer Teilnehmer des Treffens mit markant kalabrischem Akzent erinnert die jüngeren Teilnehmer daran, dass es diese Gesellschaft in Frauenfeld seit vierzig Jahren gebe. »Seit 1970«, wirft einer ein. Ihr Name stehe für »Ehre, Weisheit und Würde«, und für dieses Erbe müsse man Sorge tragen.

Probleme beim Generationenwechsel in der kalabrischen Mafia? Sie wurden in einem Saal hinter der Kegelbahn in einem Gasthof von Frauenfeld besprochen. Die Operation »Helvetia« führte zur Verhaftung von neunzehn Personen, unter ihnen war der Mann am Tischende. Er soll der Boss der Frauenfelder Zelle gewesen sein, eng verbunden mit einem Clan in Fabrizia bei Vibo Valentia in Kalabrien. Die Aufnahmen mit der versteckten Kamera waren so eloquent, dass er schnell verurteilt und gleich weggesperrt wurde: »41 bis«. Verhaftet haben sie ihn, als er auf Heimurlaub in Kalabrien war.

Doch dann, im Dezember 2019, mittlerweile 75 Jahre alt, kam der Mann vom Tischende wieder frei. Der Kassationshof, Italiens oberstes Gericht, war zu dem Schluss gelangt, man könne nicht nachweisen, dass der Angeklagte seine Umgebung mit mafiösen Methoden eingeschüchtert habe, das Video beweise das nicht schlüssig. Damit zerfiel der

Hauptvorwurf. Für die *cassazione* war der Boss also kein Boss im üblichen Sinn.

Das Urteil kam überraschend. »Urteile soll man nicht kommentieren«, sagte etwa Nicola Morra, der Präsident der Anti-Mafia-Kommission im italienischen Parlament, und kommentierte dann aber doch: »Wenn man sich einige Sentenzen aus der jüngeren Vergangenheit anschaut, gewinnt man den Eindruck, dass unsere Wachsamkeit nachlässt.«[8]

Neun Verdächtige der Frauenfelder Zelle stehen noch unter Prozess. Die Schweiz hatte sie unter dem Verdacht eines Verstoßes gegen den Artikel 260ter im Schweizerischen Strafgesetzbuch verhaftet und an Italien ausgeliefert. Artikel 260 handelt von der Unterstützung krimineller Organisationen und ist dem italienischen Artikel *416 bis* ähnlich, der die Zugehörigkeit zur Mafia unter Strafe stellt. In Italien wurden die neun Angeklagten in erster Instanz zu Haftstrafen verurteilt.

»Frauenfeld« war für die Schweizer, was »Duisburg« für die Deutschen war. Der Nachweis in Bild und Ton für einen alten Verdacht, allerdings ohne Tote. Ein Weckruf, ein Augenöffner für die Öffentlichkeit. Es ließ sich nun nicht mehr behaupten, dass die Mafia allein zu Italien gehört, es sollte bald noch weitere Großoperationen geben mit Dutzenden Verhaftungen. Selbst notorischen Kleinrednern gingen die Argumente aus.

In Österreich gab es bisher kein ähnlich symbolkräftiges Ereignis, kein schummriges Hinterzimmer, keinen blutigen Parkplatz. Immer mal wieder stößt die Polizei auf Immobilien und Finanzoperationen der Mafia, im Dezember 2018 gelang es so, 37,3 Millionen Euro zu beschlagnahmen.[9] Doch sehr wachsam sei Österreich nicht, sagt Nicola Grateri. Der Staatsanwalt aus Catanzaro hält Österreich gar für eines jener Länder in Europa, in denen das Bewusstsein für die Gefahren aus dem organisierten Verbrechen, dem italienischen im Speziellen, am wenigsten stark entwickelt sei. »Das ist ein Land, das sich keine Sorgen macht, obschon da viel passiert.«[10] Die Mafia habe in Österreich ein interessantes Klima gefunden, es sei perfekt für Investments. Die Banken seien empfänglich. Die Justiz willige nur ungern ein, wenn Italien Rechtshilfe beantrage, und die österreichische Politik mobilisiere viel zu wenig Geld und Personal im Kampf gegen die Mafia. Auch der Coup mit den 37,3 Millionen Euro gelang nur, weil die Aufforderung, in dieser Angelegenheit Nachforschungen zu betreiben, aus Reggio Calabria gekommen war.

In Österreich gab es bisher nun mal keinen spektakulären Betriebsunfall der Mafia, der sie prominent ins Bewusstsein der Menschen katapultiert hätte. So sagen sie in Italien: »Duisburg« war ein Betriebsunfall der 'Ndrangheta, ein fast unfassbar dummer Fehler für ein Kartell wie das kalabrische. Wegen einer Bruderfehde dann noch, geboren in einem Karnevalsscherz. Die Mafia setzte in Duisburg ihre so erfolgreich verlaufene Internationalisierung des Geschäfts leichtfertig aufs Spiel. Die ganze Ruhe, sie schien dahin.

Palermo ist so nah

Doch lange hallte der Weckruf nicht nach. In Deutschland einigte man sich schnell darauf, dass es sich bei diesem schrecklichen Verbrechen am Ende eben doch um eine kalabrische Geschichte handele, um etwas von außen, aus dem Süden und für den Süden. Als der Prozess gegen die Mörder von Duisburg nach Kalabrien verlegt wurde, war er für Deutschland geschlossen. Aus den Augen, aus dem Sinn.

Dabei gab es viele erdrückende Hinweise dafür, dass die Mafia in Deutschland tief verankert war. Und das schon seit einer ganzen Weile, seit den Sechzigern und Siebzigern. Als das Nachrichtenmagazin *Der Spiegel* im Sommer 1977 ein berühmtes Cover veröffentlichte, das die Italiener bis heute kränkt, hatte sich die Mafia schon in Deutschland breitgemacht. Auf dem Cover sah man einen Teller Spaghetti, ohne Sauce, und eine Pistole darauf, mit der Überschrift: »Urlaubsland Italien – Entführung, Erpressung, Straßenraub.« Dazu eine Trikolore. In jener Zeit setzten sich Clans vor allem in Bayern, an der Ruhr und in Baden-Württemberg fest, in jenen Gegenden also, in denen auch die Zahl der »Gastarbeiter« hoch war. Das Klischee aus dem *Spiegel* war schon überholt.

Anfang der Neunzigerjahre reisten dann Kommissare des Bundeskriminalamtes in die USA, um dort heimlich Tommaso Buscetta zu treffen, den Kronzeugen von Cosa Nostra. Sie wollten verstehen, wie die sizilianische Mafia auch in Hamburg, Mannheim, Köln, Solingen und Leverkusen agierte, wo genau sie sich niedergelassen hatte, wie zahlreich sie vertreten war. Und Buscetta erzählte bereitwillig davon, wie wichtig Deutschland für die Mafia geworden war. »*Terra di conquista*«, sagten die Italiener, erobertes Land. Salvatore Riina und Bernardo Provenzano sollen während ihrer Jahre auf der Flucht vor dem italienischen Staat oft in Deutschland gewesen sein. Sie hatten dort Freunde und Verwandte.

Die Sachverständigen waren sich der Breite des Phänomens also früh bewusst, das zeigten auch die Arbeitsausflüge nach Deutschland von Untersuchungsrichter Paolo

Borsellino. Er tauschte sich ständig mit deutschen Kollegen aus, reiste regelmäßig nach Frankfurt und von da weiter in die Städte der *conquista*. Verhandelt wurde damals eine *pista tedesca*, eine deutsche Fährte, die direkt nach Sizilien führte, unter anderem zum Mord an Richter Rosario Livatino, im Jahr 1990.[11] Auch das Attentat gegen Giovanni Falcone hatte eine Vorgeschichte in Deutschland: Das letzte Drohschreiben an Falcone kam aus Wuppertal. Und Borsellino? Im Sommer 1992, kurz bevor ihn die Mafia in Palermo ermordete, war es ihm gelungen, einige Mafiosi in Deutschland zum Reden zu bewegen. Er plante gerade eine Großoperation gegen Cosa Nostra. Damals hieß es in Deutschland: Palermo ist so nah.

Es gab also schon lange vor »Duisburg« einen Punkt, an dem man sich hätte sagen können, jetzt wissen wir, dass die Mafia bei uns ist, jetzt handeln wir, jetzt passen wir unsere Gesetze an, jetzt kämpfen wir mit Macht gegen das organisierte Verbrechen. Doch es passierte: fast nichts.

Der große Sprung war der Mafia nach dem Fall der Berliner Mauer gelungen. Sie hatte mal wieder vor allen anderen verstanden, dass diese historische Zäsur mit allen ihren Wirren und Unwägbarkeiten eine einmalige Chance bot, Milliarden zu waschen und zu investieren. Vor allem im Osten Deutschlands, wo die Wirtschaft von Grund auf saniert werden musste, auch Cash war da besonders gefragt. Berühmt wurde das abgehörte Telefonat eines kalabrischen Bosses, der einem Mafioso in Deutschland sagt, er möge sehr schnell aktiv werden im Ostteil Berlins: »Kaufen, kaufen, kaufen.« Als der Mafioso fragte, was er denn kaufen solle, sagte der Boss: »*Tutto.*« Alles, Restaurants, Pizzerien, Pubs.[12]

Deutschland war nicht mehr nur eine Drehscheibe für

den Transport von Drogen, sondern eine neue Operations-basis. Die Mafia investierte, um zu bleiben. Im Paradies.

Nicola Gratteri nennt Deutschland das »zweite Zuhause der 'Ndrangheta in Europa«. Und er klagt darüber, dass auch die Deutschen das Problem nicht genügend ernst-nehmen würden. »Einige Jahre vor ›Duisburg‹ glaubten die Deutschen noch, ein ›locale‹ der 'Ndrangheta sei ein Lokal oder ein Lager.« *Locale* aber nennt man eine regionale Orga-nisationseinheit, eine Filiale, mit 51 Mitgliedern. Gratteri schätzt, dass in Deutschland Ende 2019 »zwischen 25 und 30 *locali*« aktiv waren. Das würde heißen, dass aktuell in Deutschland zwischen 1275 und 1530 feste Mitglieder der 'Ndrangheta leben.[13] Bei anderer Gelegenheit sprach er einmal von »60 *locali*« in Deutschland.[14] In keinem anderen Land außerhalb Italiens zähle die 'Ndrangheta mehr Ge-folgsleute als in Deutschland.[15] Nach Duisburg ist sie noch einmal stark gewachsen. Die Schätzung der deutschen Bun-desregierung ist bedeutend tiefer: In einer Antwort auf eine kleine Anfrage im Bundestag 2018 hieß es, in Deutschland würden »585 Personen als mutmaßliche Mitglieder Grup-pierungen der Internationalen Organisierten Kriminalität zugerechnet« – insgesamt also, alle Kartelle zusammen-genommen.[16]

Rotwein vom Sonnenkönig

Ganz falsch war die unwissende Deutung des Begriffs *locale* am Ende doch nicht, wenigstens nicht im übertragenen Sinn: Zum Geldwaschen bedienten sich die Clans in erster Linie immer Esslokalen. Die Familie Pelle aus San Luca zum Beispiel, die auch das Restaurant *Da Bruno* in Duisburg führte, baute sich im Osten Deutschlands ein ganzes Gastroimperium mit mehreren Lokalen auf. Das Zentrum war Erfurt, von dort expandierte man nach Dresden, Leipzig, Weimar. Die Restaurants mussten, wenn immer möglich, in den Zentren der Städte sein, da, wo man eine gute Figur machen konnte.

Neu war die Masche nicht. Die Mafia wusch ihr Geld immer schon am liebsten in Restaurants. In kaum einem anderen Geschäft ist es einfacher, mit falschen Quittungen Kasse zu machen. Vielleicht noch mit Supermärkten, daher kauften die ortsansässigen Clans auch Supermärkte. In den Restaurants aber steckt auch eine romantische Komponente, im Ausland gilt das ganz besonders, wo man das Italienische ja erst so richtig über das Gastronomische zu lieben begann. Die Schönheiten des Landes, die Reste der Antike, das reiche Kulturerbe, die Werke von Dichtern und Künstlern – in alledem lag schon früher ein Zauber. Doch die Liebe geht bekanntlich durch den Magen.

Die Clans sorgen dafür, dass es rund um ihre Restaurants immer ruhig und sauber ist, dass keine Deals im Schatten gemacht werden, kein Streit ausartet, noch nicht einmal ein Fahrrad soll gestohlen werden. *Da Bruno* war in jeder Hinsicht eine Ausnahme. Kein Gast soll auf den Gedanken kommen, dass hinter dem »Italiener«, womöglich sogar hinter dem charmanten Lieblingsitaliener im Quartier, die Mafia stecken könnte.

Richtig greifbar wurde dieser Gedanke im Januar 2018, dank einer Großermittlung mit einem dramatischen Namen und 169 Verhaftungen: »*Operazione Stige*«. *Stige* ist das italienische Wort für Styx. So heißt ein Fluss der Unterwelt in der griechischen Mythologie, er bildet die Grenze zwischen der Welt der Lebenden und der Welt der Toten.

Der Impuls zur Ermittlung ging von Italien aus, vom Tribunal in Catanzaro. Doch der spektakulärste Teil der Operation spielte in Deutschland, in Stuttgart und in Nordhessen, zwei Lieblingsgegenden der 'Ndrangheta. Im Visier standen die dort aktiven Familien Farao und Marincola.

Die zwei mächtigen Clans aus Cirò Marina bei Crotone sollen mit Verbündeten einige berühmte Restaurants im Süden Deutschlands geführt und über das Geschäft von weiteren 150 italienischen Lokalen bestimmt haben – in Melsungen, Frielendorf, Kassel, Bad Zwesten, Spangenberg. Sie waren ins Herz der deutschen Provinz vorgedrungen und belieferten die Restaurants mit Produkten aus der kalabrischen Heimat, ob die nun wollten oder nicht: Pasta, Olivenöl, Wurst, Teig für die Pizza, Milchprodukte, Fisch, Wein. Alles zu heillos überteuerten Preisen, hergestellt von ihren eigenen Firmen oder von solchen, die mit ihnen verbandelt waren.

In Cirò und Umgebung hatten sie einen großen Teil der Lebensmittelproduktion unter ihre Kontrolle gebracht. Das Geschäft war genau durchdacht, vom Acker und Rebberg bis zum Gast in den Restaurants und den Pizzerien in Deutschland. Sie waren Caterer, und sie hatten ultimative Argumente.

In einem abgehörten Telefonat sagt Vittorio Farao, der Sohn des Bosses, zu seinem Verbindungsmann in Deutschland: »Du musst morgens um acht losgehen und abends zurückkommen, du musst laufen, du musst die Lokale abklappern, wo Landsleute sind, wo Kalabresen sind, die Kalabresen musst du suchen.« Von denen wusste Farao, dass sie sich leicht einschüchtern lassen würden, wenn einer im Namen seiner Familie kommt. Giuseppe Farao, der berüchtigte Boss des Clans, war bekannt dafür, dass er die

Geschäfte auch aus dem Gefängnis führte. Und wer nicht verstehen wollte, dem drohte man auch schon mal mit der altbekannten Chiffre: »Sag ihm, er soll an Duisburg denken, dann weiß er schon, wie er endet.«[17]

Ganz besonders einträglich war das Business mit dem Wein. Wein aus Cirò ist bekannt, es soll einer der ältesten Weine überhaupt sein. Als die alten Griechen einst übersetzten an die kalabrischen Küsten am Ionischen Meer, gefiel ihnen der Saft von den Trauben aus den Rebbergen oberhalb von Cirò offenbar so sehr, dass sie ihn zum offiziellen Wein der Olympischen Spiele der Antike machten. *Krimisa* hieß er damals, wie der kleine Ort zu Zeiten der Magna Graecia. Man sagte dem Cirò therapeutische Tugenden nach, er bekam angeblich auch den Athleten gut.

Der Clan Farao kaufte sich in eine Kellerei ein, die kurz vor der Pleite stand. Für zwei Millionen Euro. Die Faraos sahen in der *Cav. Antonio Malena 1949* ein Potenzial, das sonst niemand erkannt hatte, und das war nicht verwunderlich: Sie konnten ihn über Nacht zum Pflichtwein für Dutzende Restaurants in Deutschland machen.

Die Ermittler nahmen einmal ein Gespräch zwischen Farao Senior und Farao Junior im Gefängnis auf, zur Besuchszeit.

»Der Wein, *papà*, mit dem Wein haben wir in Deutschland gutes Geld verdient.«

»Und, bezahlen die dich auch gleich? Geben sie dir das Geld?«

»Ja, in jeder Stückelung. Das war so ein Haufen 500-Euro-Scheine, ich habe sie für den Transport im Lenkrad versteckt.«[18]

Vor allem der Rotwein, der *Re Sole*, Sonnenkönig, kam in

Großmengen aus Kalabrien. Die Restaurantbetreiber wurden angewiesen, eine Flasche des *Re Sole* auf jeden Tisch zu stellen. Sehr gut kann er wohl nicht gewesen sein. Ein Mitglied des Clans beklagte sich einmal bei Vittorio Farao:»Geh zu diesem Pisser und sag ihm, dass der Wein abscheulich ist. Ich habe es mit meinen eigenen Ohren gehört, jeder beschwert sich über diesen verdammten Wein.«

Im hessischen Fritzlar fand die Polizei eine große Halle, in der die Clans ihre Ware zwischengelagert hatten, für die prompte Belieferung ihrer unfreiwilligen Kundschaft. Die Regale hatten sie aus einem Supermarkt, der schließen musste – einem Edeka, der Schriftzug klebte noch an den Gestellen. Alles war durchorganisiert, auch die Schichten der Kuriere. Die Ermittler von»Styx« sezierten die ganze Organisation.

Verhaftet wurden damals auch zwei Männer, deren Nachnamen in den deutschen Medien fortan nur als Initialen aufscheinen sollten: Mario L. und Domenico P. Die Italiener haben beim Persönlichkeitsschutz etwas weniger Skrupel, die Namen von verdächtigen Personen und mutmaßlichen Mafiosi kommen schon vor einer rechtskräftigen Verurteilung in die Zeitung, meistens samt Foto, Jahrgang und Herkunftsort.

Auch nach der Operation»Styx« erschien in den kalabrischen Blättern die Liste mit allen Vollnamen der Verhafteten, hier waren die bekannten Mitglieder der Clans genauso drauf wie ihre Helfer. Natürlich waren auch diejenigen von Mario L. und Domenico P. dabei, beide Kalabresen, beide Gastronomen bei Stuttgart, einer in Fellbach, das als»Mafiastädtle« bekannt wurde, der andere in Winnenden.[19] Nach Ansicht der Staatsanwaltschaft von Catanzaro waren sie die Statthalter der Clans aus Cirò in der Ferne: Botschafter,

Kolonisatoren, Geschäftsführer, alles in Personalunion. Sie kannten sich aus, sie lebten schon lange in Deutschland.

Vor allem Mario L. aus Mandatoriccio gab zu reden. Er war in der ganzen Region bekannt. Die deutsche Presse führt ihn bis heute als »Der Promi-Wirt«, damit lassen sich bessere Überschriften machen als mit »Mario L.«. Den Titel trägt er schon lange, in seinem Lokal *Da Mario* verkehrten regelmäßig prominente Persönlichkeiten, einer vor allem: der christdemokratische Politiker Günther Oettinger.

Als Mario L. 1993 erstmals in die Schlagzeilen geriet, weil man ihn schon damals der Mitgliedschaft zur Mafia verdächtigte, wurde bald bekannt, dass Oettinger sein Stammgast war, ein persönlicher Freund auch, die beiden telefonierten oft miteinander. Manchmal hörte die Polizei mit, weil man in Italien schon seit längerer Zeit vermutete, dass der Emigrant womöglich auch im Drogen- und Waffenhandel mitmischte.

Für Oettinger, damals Chef der CDU im Landtag von Baden-Württemberg und später EU-Kommissar, war Mario L. »mein Italiener«. Parteifeste richtete er bei seinem Italiener aus, auch seinen vierzigsten Geburtstag feierte er da. Eine unselige Geschichte, die Oettinger lange verfolgte. Immer wieder wurde er darauf angesprochen, er sagte dann jeweils, sie hätten schon lange keinen Kontakt mehr.

Mario L. bündelte seine Geschäfte in der Gesellschaft *Armig*, die Abkürzung stand für *Associazione dei ristoratori mandatoriccesi in Germania,* also Vereinigung der Restaurantbesitzer aus Mandatoriccio in Deutschland. Das hörte sich wie ein Verbund freiwilliger Mitglieder an. Doch wie wahrscheinlich war es, dass es im Süden Deutschlands allein 150 Restaurantbesitzer aus Mandatoriccio gab? Mandatoriccio ist ein Dorf mit 3000 Einwohnern.

Über die *Armig*, so befanden die Richter im Strafverfahren, wickelten die Clans den Lieferdienst ab. Im Oktober 2019 fielen die ersten Urteile gegen die Bande: über 600 Jahre Haft insgesamt für Mafiazugehörigkeit, Erpressung, Wahlbestechung und Begünstigung illegaler Bieterabsprachen. Domenico P. wurde zu acht Jahren verurteilt, der »Promi-Wirt« aus Winnenden zu zehn Jahren und acht Monaten.

Ohne Druck aus Catanzaro wären die mutmaßlichen Emissäre der Clans in Deutschland nicht festgenommen worden. Niemand zeigte sie an, keiner wagte es. Die Italiener zwangen die Deutschen zum Handeln, sie stellten elf europäische Haftbefehle gegen ebenso viele Verdächtige aus. Ohne diesen Druck aus dem südlichen Nachbarland wären die Herrschaften wahrscheinlich noch immer tätig. Ein Farao sagte einmal in einem Telefongespräch: »In Deutschland können wir tun und machen, was wir wollen!«[20]

Die deutsche Nonchalance im Umgang mit der Mafia gilt offenbar auch dann noch, wenn sich das Verdrängte nicht mehr leugnen lässt. So führten selbst die Schuldsprüche gegen Mario L. und Domenico P. in Italien nicht dazu, dass die deutschen Behörden ihre Recherchen vertieft und Folgeverfahren eingeleitet hätten, wie das zu erwarten gewesen wäre. Immerhin war nun so viel bekannt, dass man der Sache ganz auf den Grund hätte gehen können. Man hätte zum Beispiel auch die Millionen suchen und beschlagnahmen können, die das kalabrische Verbrechen in Stuttgart und Umgebung angehäuft hatte. Doch nichts geschah, das Stuttgarter Netzwerk blieb unangetastet. Mehr noch: Wolfgang Rahm, ein ausgewiesener Kenner der Mafia und Kriminalhauptkommissar beim Landeskriminalamt Baden-

Württemberg, wurde nach dem Fahndungserfolg der Operation »Styx« versetzt.[21] Von allen deutschen Beamten war Rahm derjenige, der am engsten mit Gratteri zusammengearbeitet hatte, er spricht auch gut Italienisch. Warum wurde ausgerechnet er versetzt? Alle Beteiligten schweigen sich aus.

Schnellwaschgang im Paradies

Deutschland, das Paradies. Roberto Scarpinato, der Oberstaatsanwalt von Palermo, sagte einmal: »Wenn ich ein Mafioso wäre, würde ich mein Geld auch nach Deutschland bringen.«[22] Es gibt in Deutschland eine sehr hohe Bargeldakzeptanz, viel höher als in Italien. Die Kontrollen sind schwach, die Gesetze weich, das Risiko? Fast Null. Und da sich das herumgesprochen hat, waschen nicht nur die italienischen Clans ihr Geld in Deutschland. Etwa 100 Milliarden Euro, so nimmt man an, kommen so ins Land, jedes Jahr. Das ist jedoch nur eine grobe Schätzung, das ganze Geschäft lebt davon, dass es im Schatten geschieht.

Nach dem Berliner Mauerfall schlich sich die Mafia auch massiv in das deutsche Baugeschäft ein. Ihre Firmen kamen damit zu Aufträgen, wie sie sie mitunter in Italien nicht mehr erhielten, weil ihre Namen auf schwarzen Listen standen. In Deutschland fragte keiner nach dem Leumund: Die Firmen, die meistens als Subunternehmen arbeiteten, boten unschlagbare Preise an. Wie in der Emilia, nur dass sie im Norden Italiens unter Strohnamen auftreten mussten.

Zu den Preisen, die sie offerierten, war es unmöglich, sauber zu arbeiten – mit richtigen Verträgen und Rechten für die Arbeiter, mit guten Baumaterialien. Doch wen kümmerte das schon? Um die großen Anstrengungen der Wiedervereinigung zu meistern, brauchte man schnell Investoren. Das Geld war zwar suspekt, es war vielleicht sogar schmutzig, aber es war Geld, richtiges Geld. Gratteri sagt oft, die Mafia müsse in Deutschland nicht reich werden, sie sei schon reich. In Deutschland gehe es ihr allein darum, den Reichtum zu legitimieren und zu legalisieren. Reinzuwaschen.

»Waschen, waschen, Deutschland ist nur eine Wäscherei«, sagte Vincenzo B. in einem abgehörten Telefonat.[23] Ausgerechnet Deutschland, das Italien in finanziellen und fiskalischen Angelegenheiten gerne Moral predigt, fungiert als Geldwäscherei der Mafia. Niemand fragt den Investor, wo er das Geld verdient hat, das er anlegt. In Deutschland liegt die Beweislast beim Staat, er muss nachweisen können, dass das Geld, das ihm verdächtig scheint, tatsächlich aus dubiosen Quellen stammt. Das Prinzip dahinter lautet: *in dubio pro reo*, im Zweifel für den Angeklagten. Die Mafiosi lieben dieses Prinzip.

Die gesamte Gesetzeslage in Deutschland bietet perfekte Bedingungen für die Mafia, eine Art Wellnessoase. Cayman Islands, Panama, Trinidad & Tobago – warum so weit schweifen, wenn man es viel näher und besser haben kann? Deutschland ist eine stabile Volkswirtschaft, die Rechtssicherheit ist hoch. Das Geld, das man investiert, ist auch noch besonders sicher.

In Europa gelten zwar harte Richtlinien und Regeln, die dafür sorgen sollten, krumme Geschäfte zu kappen. Doch nicht viele Länder halten sich daran. Deutschland wurde sogar schon gerügt von der EU, weil es Geldwäscherichtlinien noch immer nicht in nationales Recht umgewandelt hat. Im Volk ist das Bewusstsein für die Problematik jedoch gewachsen, und das erhöht auch den Druck auf die Politik. Ein Bargeldverbot für Immobilienkäufe wäre ein Anfang.

Der größte Unterschied zur italienischen Gesetzgebung aber ist ein anderer. In Italien kann die Justiz auch Personen allein für die Zugehörigkeit zu einer »kriminellen Vereinigung nach Art der Mafia« belangen, die betreffende Person muss dafür kein Verbrechen begangen haben, keinen Mord und keinen Drogendeal: Die Zugehörigkeit ist das Verbrechen, Artikel *416 bis* des Strafgesetzbuches. Er hilft dem Staat im Kampf gegen die Zwischenwelt, gegen das Heer der Helfer, der Weißkragen und Profiteure. In Deutschland dagegen ist die Zugehörigkeit zur Mafia allein nicht strafbar. Es muss mindestens ein harter Verdacht auf eine geplante Straftat bestehen, damit die Polizei gegen die betreffende Person ermitteln darf. In der Schweiz sieht Artikel 260ter im Strafgesetzbuch nur eine verhältnismäßig schwache Strafe vor für die Zugehörigkeit zu einer kriminellen Organisation: maximal fünf Jahre Gefängnis. Alle bisherigen Versuche, das Gesetz zu verschärfen, schlugen fehl. Doch jedes Mal, wenn wieder einige Dutzend Mafiosi im Land auffliegen, klagt man über mangelnde Schärfe – auch im Sommer 2020 wieder, als bei der Operation »*Imponimento*« 75 verdächtige Personen festgenommen worden waren.[24] Grund zur Sorge haben die nur in Italien.

Auch das deutsche Firmenrecht gefällt den Kartellen, im Besonderen die Form der GmbH. In einer GmbH lassen sich ganz leicht Strohmänner platzieren. Nicht dass das zentral wäre: Die Namen aus der Entourage der Clans sind in Deutschland höchstens den Ermittlern ein Begriff, und bis diese mal aktiv werden, braucht es einen konkreten Verdacht. Doch wenn sich durch eine GmbH die Urheberschaft im Hintergrund noch etwas besser verschleiern lässt, ist das natürlich ein Vorteil für die Mafia – ein billig erwerbbarer dazu.

Apropos Ermittlungen: Ohne Abhörmethoden geht in Italien gar nichts im Kampf gegen das organisierte Verbrechen. In jedem Ermittlungsbericht nehmen die Protokolle abgehörter Telefonate und akustisch überwachter Räumlichkeiten einen beträchtlichen Teil der Akten ein. In Deutschland dagegen ist die Sorge vor einem übereifrigen Überwachungsstaat historisch dermaßen verwurzelt, dass die Praxis stark eingeschränkt ist. Die härtere Gesetzgebung aus der Zeit des Terrorismus der RAF wurde nach dessen Überwindung schnell wieder zurückgefahren.

Gratteri sagt:»Wenn ich ein Telefon abhören will, ist das in zehn Minuten eingerichtet.«[25] Der Aufwand für die Auswertung ist gigantisch. Tausende Stunden Mitschnitte müssen studiert, sortiert und kontextualisiert werden. Und obschon es Italien mit den Abhörungen zuweilen auch übertreibt, zweifelt kaum ein Italiener daran, dass man im Kampf gegen die Mafia auf sie verzichten könnte.

Im Zeichen des Hähnchens

Manchmal aber hören die Ermittler mehrerer Länder zusammen mit, wenn die Bosse reden. Sie tauschen Erkenntnisse aus, ohne dafür den langen und beschwerlichen Weg internationaler Rechtshilfegesuche zu gehen. Und das ist wahrscheinlich die aussichtsreichste Art, um dem agilen und mobilen, international organisierten Verbrechen beizukommen.

Die größte Operation dieser Art gegen ein Kartell der italienischen Mafia endete am frühen Morgen des 5. Dezember

2018 mit einer Razzia an mehreren Einsatzplätzen, an der
Hunderte Polizisten teilnahmen – holländische, belgische,
deutsche und italienische. Im Koordinationszentrum von
Eurojust, der europäischen Strafverfolgungsbehörde in Den
Haag, saßen Ermittler aus allen diesen Ländern und schauten live zu, wie neunzig Personen verhaftet wurden, verteilt
über halb Europa. Ein bisschen so, wie man das von Bildern
aus dem *Situation Room* im Weißen Haus kennt.

Die Operation hieß »*Pollino*«, Hähnchen also. Den Input
dafür hatten die Holländer gegeben, 2014 schon, wegen
zweier italienischer Restaurantbesitzer in Horst und Venray
mit Verbindungen nach Deutschland. Die Gastronomen
standen im Verdacht, in ihren Lokalen Geld aus dem internationalen Drogenhandel zu waschen. Die Restaurants
selbst, so nahm man an, dienten dabei als Zentralen für die
Verteilung der Drogen in andere Länder Europas. Und so
beantragte Holland bei Eurojust die Einrichtung einer so genannten »Gemeinsamen Ermittlungsgruppe«, einer GEG,
wie es sie für den Kampf gegen das organisierte Verbrechen
gibt. Deutschland, Belgien und Italien kamen dazu. 2016 legten sie los.

Auf italienischer Seite leitete die Recherchen Giovanni
Bombardieri, der leitende Staatsanwalt von Reggio Calabria, er ist selbst Kalabrese, aus Melito di Porto Salvo. Das
war schon deshalb wichtig, weil die mutmaßlichen Bosse,
denen man nachsetzte und die man abhörte, alle aus San
Luca stammten und Kalabrisch sprachen. »Manchmal«, sagt
Bombardieri, »war es wichtig, dass wir ihre Gespräche sofort übersetzten, damit etwa die holländischen oder deutschen Polizisten eingreifen konnten – in Echtzeit.«[26]

So gelang es schon während der Ermittlungsphase,
4000 Kilogramm Kokain und 140 Kilogramm Ecstasy-Pillen

zu beschlagnahmen. In flagranti. Manches lief aber auch schief. Einmal schaffte es die deutsche Polizei nicht, das Koks zu finden, das die Mafia in einem Wagen versteckt hatte. Angeblich 440 Kilogramm davon. »Zum Bersten voll« sei das Auto gewesen, sagte der Mafioso am Steuer zu seinem Komplizen in einem abgehörten Telefonat. Triumphierend.

Die Beamten zerlegten den Wagen in Einzelteile, einer steckte sogar seine Hand in die Batterie. Doch obschon man genau wusste, dass der Stoff irgendwo sein musste, fand man ihn nicht. Die 'Ndrangheta arbeitete mit einem türkischen Hersteller von Geheimfächern zusammen, ihre Lastwagen und Autos für den Drogenkurierdienst waren alle damit präpariert. Die Mitglieder der Bande mussten freigelassen werden – mit dem Wagen, angeblich randvoll.

Doch insgesamt war Operation »*Pollino*« ein Erfolg. Zum ersten Mal kreuzten die Behörden die Wege der Mafia mit einer konzertierten Aktion an mehreren Fronten gleichzeitig. Anders geht es wohl nicht. Vor allem die 'Ndrangheta hat ihre Aktivitäten längst transnational angelegt. Sie nutzt dabei in jedem Land die jeweiligen Lücken im Justizsystem aus, die ihrem Wirken am Förderlichsten sind. Die Streuung über mehrere Länder ist zentral: Fliegt ein international aktiver Clan in einem Land allein auf, kann man seinen Mitgliedern normalerweise nur einzelne, meist mindere Tatbestände vorwerfen, mit relativ geringen Strafen. Problematisch und potenziell geschäftsgefährdend wird es für sie erst, wenn die systematischen, länderübergreifenden Straftaten ihrer Organisation vor Gericht verhandelt werden.

Im Fall »*Pollino*« funktionierte das System so: Die kalabrischen Narcos der Clans Pelle, Vottari und Romeo aus San Luca im Aspromonte kauften das Kokain in Südamerika ein, wie sie das schon seit vielen Jahren taten. Sie brachten es nach Rotterdam und in andere Häfen an der Nordsee, verteilten es von hier aus über ganz Europa. Es kam auch nach Italien, aber eben nicht nur nach Italien. In ihren Pizzerien, Restaurants und Eisdielen in Holland und Deutschland wuschen sie das Drogengeld. Die deutschen Lokale firmierten zumeist als GmbHs, gegründet vom immer selben Notar in Duisburg. Sie fungierten auch als Basislager und Transitstationen. Für den Transport des Kokains stand eine Flotte von Wagen zur Verfügung, die sie von türkischen Tüftlern zu schier unknackbaren Safes hatten umbauen lassen.

Der Clan war kein Hähnchen, um beim Bild zu bleiben, er war ein fetter Hahn. »Früher brachte die 'Ndrangheta nur ihr Geld ins Ausland«, sagt Bombardieri. »Jetzt agiert sie im Ausland, als wäre sie in Kalabrien.«[27]

Epilog – Für das gute Bauchgefühl

>»Die Mafia ist kein Krebs, der zufällig auf einem
gesunden Körper wuchert. Er lebt darin in perfekter
Symbiose, dank einer Myriade von Beschützern,
Komplizen, Informanten und Schuldnern aller Art.«
>
> Giovanni Falcone

Ein Heer von Inspektoren

Die Mafia hat sich also auf ihre Ursprünge besonnen, auf
das Land und seine fantastischen Früchte. Hier kommt sie
her, hier ist sie gewachsen, lange bevor das italienische
Essen seinen Weltruf erlangte. Sie kennt den Alltag und die
Kultur der Landwirtschaft, sie hat die Reflexe nie abgelegt.
Und nun, mit dem modernen Hype um *Slow Food* und
Gesundheit, sieht sie darin eine perfekte Ergänzung zu
ihrem Portfolio.

Man trifft die Bosse aber nicht mehr auf dem Feld an, die
Sklaventreiberei überlassen sie anderen. Auf die Märkte
schicken sie ihre Mittelmänner, die für sie die Preise bestimmen und manipulieren. Ihre Betriebe, Supermärkte und
Restaurants laufen über Strohleute. Die Ermittler haben
manchmal viel Mühe, das dichte Geflecht der Schachtelfir-
men zu entwirren. Zuweilen schaffen sie es. Das sind dann
flüchtige Triumphe der Justiz über das wendige organisierte
Verbrechen. Mehr nicht, Illusionen macht sich niemand.

Die Clans waren immer schon unerhört gut darin, sich zu häuten, sich anzupassen, die Pandemie lieferte ein weiteres Beispiel dafür – sie erfindet sich immer neu. Sie nutzt Lücken in der Gesetzgebung. Profitiert von der Schwäche des italienischen Staats, arrangiert sich mit ihm, schleicht sich ein in die Oberwelt, unterwandert alles. Giovanni Falcone, der Untersuchungsrichter aus Palermo, sagte einmal über die Mafia: »Sie ist kein Krebs, der zufällig auf einem gesunden Körper wuchert. Er lebt darin in perfekter Symbiose, dank einer Myriade von Beschützern, Komplizen, Informanten und Schuldnern aller Art.«[1] Wäre es nicht so, sagte Falcone, wäre die Mafia ein kriminelles Phänomen innerhalb eines grundlegend gesunden Systems, dann würde ein Polizeieinsatz genügen, um sie zu entwurzeln.

Doch die Mafia wächst immer nach. Egal, wie empfindlich sie getroffen wird, ob mit Großprozessen, mit Verwahrungen nach »*41 bis*«, dem harten Haftregime, oder mit der massiven Beschlagnahmung von Gütern. Ungefähr fünfzig Prozent des Besitzes, den der italienische Staat der Mafia wegnimmt, ist Ackerland. Achtzig Agrarbezirke waren bisher schon betroffen, verteilt auf das ganze Land, Süd und Nord. Die Beschlagnahmungen von Ländereien schmerzen die Mafia besonders. Aber fatale Auswirkungen für ihr Geschäft haben solche Maßnahmen nicht, das zeigen die Zahlen der Forscher. Auf den Äckern und den Märkten im Süden bleibt die Mafia bestimmend. Sie legt die Preise der Ware fest, sie transportiert die Tomaten, die Früchte. Sie panscht auch mal Olivenöl, schüttet rumänische in kampanische Büffelmilch für den Mozzarella. Sie schöpft Geld ab aus den Zuwendungen Europas.

Wie mächtig die Agromafia geworden ist, während die meisten wegschauten, das wissen die Italiener dank Gian

Carlo Caselli vom *Osservatorio sulla criminalità nell' agricoltura e sul sistema agroalimentare* und dank des Bauernverbands *Coldiretti*. Und dank ihrer Rapporte. Aber immerhin: Sie wissen Bescheid, sie sind sensibilisiert. Und auch im Ausland wächst das Bewusstsein über die trüben Köche im Hintergrund.

Dieses Buch soll dazu beitragen, dass es noch etwas mehr wird. Es soll aber nicht eine Branche in Verruf bringen. Oder einen Generalverdacht schüren gegen die vielen wunderbaren italienischen Nahrungsmittel in den Regalen unserer Feinschmeckerläden und Supermärkte, in den Restaurants und Pizzerien. In keinem anderen Land Europas wird mehr Biolandwirtschaft betrieben: 70 000 Biobauern gibt es in Italien, im Jahr 2018 bewirtschafteten sie 15,2 Prozent des gesamten Ackerlandes. Zum Vergleich: In Deutschland betrug die Quote im selben Jahr 7,3 Prozent.[2] Natürlich gibt es auch bei Bio Missbrauch, aber in der Summe stehen die Italiener hier europaweit ganz oben auf der Rangliste.

Außerdem haben die meisten italienischen Bauern nur vergleichsweise kleine Parzellen. Das treibt viele dazu, ihr Glück im höchsten Qualitätssegment zu suchen: mit bescheidenen Mengen und großer Hoffnung auf den wohl klingenden Namen des »*Made in Italy*«. Diese Bauern sind die ersten Opfer der Agromafia.

Dennoch, und das mag paradox klingen: Italien ist ein internationales Vorbild beim Kampf gegen Betrügereien und Tricksereien in der Lebensmittelbranche, es gehört zur europäischen Avantgarde bei der Lebensmittelsicherheit.

Jedes Jahr werden in Italien Hunderttausende Proben und Inspektionen durchgeführt, in Metzgereien und Bäckereien, auf Schlachthöfen und in Ölpressen, in Supermärkten und Restaurants. Die dafür zuständige Oberbehörde im Landwirtschaftsministerium hat einen langen Namen, der selbst als Akronym noch umständlich klingt: *Ispettorato centrale della tutela della qualità e della repressione frodi dei prodotti agroalimentari*, kurz ICQRF. Das Zentrale Inspektorat für Qualitätsschutz und Repression gegen Betrug bei Landwirtschafts- und Lebensmittelprodukten unterhält zehn Regionalbüros und sechs Laboratorien. Es entsendet eigene Beamte, damit sie Kontrollen durchführen. Und sie überwacht die Kontrollinstanzen, die öffentlichen und privaten, die ihrerseits die Produzenten prüfen. Da die Zahl der Betriebe so groß ist, basiert das System massiv auf Eigenkontrollen und Selbstzertifizierungen – auf Vertrauen.

Überraschungsinspektionen führen auch die Carabinieri durch, sie haben dafür eine Sondereinheit gegründet, das *Comando unità forestali, ambientali e agroalimentari*, abgekürzt CUFAA. Es kümmert sich auch um Verbrechen an der Umwelt. Obschon immer wieder Polizeibeamte auffliegen, die der Mafia mit sehr dienlichen Informationen helfen: Die Spezialkorps genießen einen hervorragenden Ruf, ihre Testmethoden gelten als fortschrittlich, ihre Labors sind topmodern. Und natürlich haben sie auch mehr Übung im Umgang mit gewieften Betrügern als die Inspektoren anderer Länder, ihre Expertise ist in der Not gewachsen.

Europäische Lorbeeren

Es lag deshalb auf der Hand, dass die EU an Italien dachte, das Paradeland der Lebensmittelproduktion und der geübten Inspektoren, als sie 2002 nach einem Standort für ihre neue Behörde für Lebensmittelsicherheit suchte, die sogenannte *European Food Safety Authority*, kurz EFSA. Die Agentur ließ sich in Parma nieder. Sie soll ihrer Arbeit frei von wirtschaftlicher und politischer Einflussnahme nachgehen, das ist die Idee. Mit ihren wissenschaftlichen Berichten hilft die EFSA den europäischen Institutionen, allen voran der Kommission und dem Parlament, die Probleme und Herausforderungen besser zu verstehen.

Die EU wird oft kritisiert, sie reglementiere mit schierer Normwut ganze Lebensbereiche. Wenn sie etwa festlegt, wie krumm eine Banane sein darf, oder wenn sie beschließt, dass aus Hygienegründen keine Zuckerdosen mehr auf den Bartresen stehen dürfen. Solche Dinge. Doch lässt sich mit einiger Gewissheit behaupten, dass in keiner Weltgegend mehr für Lebensmittelsicherheit unternommen wird als in Europa. Nie in der Geschichte der Menschheit war der Verbraucher auf dem Kontinent beschützter und umhegter.

Seit der Jahrtausendwende hat sich die EU in mehreren Verordnungen intensiv mit dem Lebensmittelrecht beschäftigt und die Regeln im Binnenmarkt gesetzlich harmonisiert. Vom Acker bis auf den Teller. Man stellte sich Fragen wie diese: Sind die Angaben zur Herkunft der verschiedenen Rohstoffe, die Zutaten und das Ablaufdatum auch gut lesbar? Oder wird mit kleiner Schrift getrickst? Die Vereinheitlichung war nicht nur deshalb dringend nötig, weil die Standards bei Hygiene, Kontrollen und Kennzeichnung der Produkte unter den Mitgliedsländern weit auseinanderklafften. Gleichzeitig sollten auch die Ansprüche definiert werden, die für die Mitbewerber aus dem ferneren Ausland gelten und für deren Exportwaren. Die Globalisierung stellt gerade auf dem Gebiet der Lebensmittel enorme Herausforderungen. Bei jedem internationalen Freihandelsabkom-

men sind die europäischen Standards immer besonders um-
kämpft. Weil sie streng sind.

Die EU hat auch ein Schnellwarnsystem für Lebensmittel
und Futter eingerichtet, das so genannte *Rapid Alert System
for Food and Feed*, kurz RASFF. Sobald eine Kontrollbehörde
in einem Mitgliedsland eine Gesundheitsgefahr geortet hat,
setzt sie eine Meldung ab an die nationale Kontaktstelle des
RASFF. Sie prüft die Meldung und leitet sie weiter ans
Agrarministerium. Danach kommt der Fall zur Europäischen Kommission, die ihn allen anderen Mitgliedsländern
meldet. Eine Kopie davon geht nach Parma, zur EFSA. Der
Mechanismus hört sich kompliziert an, er funktioniert aber
gut.

Nun, von allen Ländern signalisiert keines mehr Fälle als
Italien. Das liegt wohl einerseits daran, dass es in Italien besonders viele meldenswerte Fälle gibt. Und andererseits,
dass die Behörde ihre Aufgabe ernstnimmt.

»Speisen der Götter«

Ein wichtiges Instrument bei der Marktregulierung und der
Lebensmittelsicherheit sind die Gütesiegel für Käse, Fleisch-
waren, Fisch, Öl, Back- und Süßwaren, Obst und Gemüse,
alles Mögliche. Es sind bunte runde Logos mit Zacken am
Rand und Sternen im Zentrum. Die EU vergibt sie in drei
Kategorien (siehe S. 327). Alle drei sind heiß begehrt bei den
Produzenten, weil sie am Markt gut ankommen.

Gleichzeitig sind alle geschützten Produkte, auch die aus
den Segmenten Wein und Spirituosen, in einer frei abruf-
baren Datenbank zusammengefasst. Die EU gab ihr den
Namen »eAmbrosia«: »e« steht für elektronisch, Ambrosia

kommt aus dem Griechischen und meint »Speise der Götter«. Das Register ist so etwas wie das Traumbuch der europäischen Lebensmittelindustrie, mehr als 3300 Produkte stehen drin.

Die Italiener brachten es Ende 2020 auf 872 Einträge, 45
weitere Gesuche waren noch anhängig. Kein anderes Land
zählt auch nur annähernd ähnlich viele Registereinträge. In
Deutschland gibt es 171, in Österreich 56. Die Schweiz folgt
einem eigenen System von Herkunftsbezeichnungen: *Appel-
lation d'Origine Protégée*, kurz AOP, steht für geschützte
Ursprungsbezeichnung, und *Indication géographique protégée*,
kurz IGP, für geschützte geografische Angabe. Die Idee dahinter ist dieselbe wie in der EU.

Die stolzen Logos sollen Erzeuger und Verbraucher glei-
chermaßen schützen: Der Produzent wird dafür belohnt,
dass er ein Produkt nach allen Regeln der Tradition herstellt
und darf dafür einen höheren Preis verlangen. Der Konsument wiederum weiß in aller Regel, dass er ein hochwerti-
ges Produkt kauft, wenn darauf ein buntes, rundes Logo mit
Sternen in der Mitte prangt.

Doch auch hier gilt: Die Aussicht auf bessere Einkünfte
verleitet zu Betrügereien. Produkte aus dem Segment DOP
und IGP werden in Italien besonders oft getestet. Nimmt
Produzent X, der teuren Parmaschinken mit Gütesiegel in
der Emilia herstellt, auch tatsächlich die Oberschenkel von
Schweinen, die in den dafür vorgesehenen Regionen Italiens aufgewachsen sind? Braucht die Ölpresse Y in Apulien
für ihr »Extra Vergine« wirklich nur von Hand gepflückte
Oliven aus dem nahen Hain und presst sie dann kalt? Genügen X und Y den Regeln ihrer Konsortien und den europäischen Standards nicht, dann betrügen sie Kunden und Konkurrenten.

Das italienische Inspektorat mit dem unmöglichen Namen, das ICQRF, dient auch hier als Referenz und Kontaktstelle für die EU. Es garantiert die Einhaltung der Kriterien. Einzigartig sind auch die digitalen Archive, die die Italiener ständig aktualisieren: Es gibt eines für Weine und eines für Olivenöle. In den Datenbanken lässt sich zum Beispiel nachverfolgen, wo die Oliven für das jeweilige Öl herkommen – gewissermaßen live. Natürlich sind die Daten so verlässlich, wie die Hersteller vertrauenswürdig sind. Doch die Initiative des ICQRF gilt als unübertroffenes Vorbild auf dem Gebiet, und das weltweit.

Die Behörde kontrolliert auch die Anzeigen auf Alibaba, Ebay und Amazon, den großen Playern im Onlinehandel. Auf diesen Plattformen gibt es immer wieder Firmen, die italienische Produkte mit vermeintlichen Gütesiegeln anbieten. Das ICQRF rühmt sich, solche Offerten binnen Stunden aus dem Netz entfernen zu können, so sie ihrer denn gewahr wird. Jedes Jahr sind das mehrere hundert Produkte, vom falschen Prosecco, über die Linsen aus Altamura, *burrata* aus Andria, *pancetta* aus Kalabrien, Brot aus Matera. Wächst der E-Commerce weiter, und nichts lässt daran zweifeln, dann wird das Monitoring dieser digitalen Vertriebskanäle immer wichtiger werden.

Auf den Spuren der Tomate

Bei der Etikettierung von Lebensmitteln ginge noch viel mehr. Das Schlagwort heißt *traceability*, englisch für: Rückverfolgbarkeit. Der bewusste Verbraucher will ein Lebensmittel tracken können, wie er das beim Paketversand mit einem Kurier tun kann, Etappe um Etappe. Wer ist der Her-

steller? Wo kommen die Rohstoffe her? Wie werden sie verarbeitet? Im Detail, für jedes Erzeugnis.

Mit moderner Technologie lässt sich eine fast unendliche
Menge an Informationen vermitteln, auf kleinstem Raum.
Es braucht dafür nur einen QR-Code, den man mit einer
App auf dem Handy einlesen kann. Und schon öffnet sich
eine ganze Welt von Angaben. Auch hier hängt die Verläss-
lichkeit der Informationen nicht unwesentlich davon ab,
wie ehrlich die sind, die sie ins System eingeben. Theoretisch ließe sich damit die Reise einer jeden einzelnen Tomate
aus Pachino nachverfolgen. Von Pachino über Vittoria nach
Mailand und weiter nach Zürich, Graz und Berlin. Man sähe
dann auch, wenn die Tomate ohne leicht ersichtliche Not-
wendigkeit einen Umweg von Vittoria nach Fondi und wieder zurück nach Vittoria absolviert hat, 2000 Kilometer insgesamt, bevor sie wieder auf die Reise nach Mailand ging.

Eine echte Revolution wäre möglich, wenn die QR-Codes
mit Blockchains hinterlegt und gesichert würden, das heißt
mit Datenblöcken, die von den Akteuren der ganzen Pro-
duktions- und Verteilungskette geteilt werden – in Echtzeit.
So wüsste man von jedem Produkt zu jedem Zeitpunkt, wo
es herkommt, wo es hin soll, wo es gerade steckt und was es
bereits erlebt hat auf dem Weg. Das System ist dezentral:
Die Informationen werden in ein Netzwerk vieler Compu-
ter gleichzeitig gespeist. Das macht es sicherer. Die Gefahr,
dass Betrüger die Information mit einigen Handgriffen an
zentraler Stelle ändern können, schaltet es fast gänzlich aus.

Erste Erfahrungen damit macht zum Beispiel das Konsortium der herkunftsgeschützten *Arancia Rossa di Sicilia*,
der Blutorange vom Fuß des Ätna, die man als *tarocco*, *moro*
und *sanguinello* kennt. Sie hat eine lange, stolze Geschichte.
Die vulkanische Erde und die extremen Temperaturunter-

schiede zwischen Nacht und Tag in dieser Gegend zwischen Catania und Siracusa sorgen dafür, dass ihre Schale unverwechselbar pigmentiert und ihr Fleisch nicht ganz tiefrot ist wie bei herkömmlichen Blutorangen, sondern die ganze Palette von gelb bis dunkelrot abdeckt.

Mit der Anwendung der Blockchain-Technologie, kombiniert mit QR-Codes, lässt sich Ernte und Reise der Blutorange vom Feld in Sizilien bis zum Regal im Supermarkt genau nachverfolgen.

Konkret: Jede Kiste Orange passiert die Kontrolle des Konsortiums, dem 600 Betriebe angehören, und erhält einen QR-Code. Das ist wie ein Reisepass für die Kiste. Darin enthalten sind folgende Daten: die Herkunft der Orangen, auf den Orangenhain genau; Name, Adresse und beliebig viele Angaben zum Agrarbetrieb; das Datum der Ernte und jenes der Verpackung. Dann werden die Orangen von einem Transportunternehmen übernommen, das den QR-Code auf der Kiste einscannt, worauf das System automatisch die Daten des Transporteurs und die exakte Uhrzeit der Transaktion hinzufügt. Bei jeder weiteren Station der Reise, etwa bei jeder Passage in einem Großmarkt, wiederholt sich das Prozedere – bis in den Supermarkt oder den Quartiersladen an der Zieldestination.

Der Verbraucher kann nun selbst den QR-Code mit seinem Handy einscannen und blättert damit im Pass der Blutorangen vom Ätna. Das schärft sein Wissen, er erhält es unter anderem direkt vom Bauern, und das mehrt die Freude am Produkt. Sollte auf der Reise etwas passiert sein, das die Qualität der Lieferung beeinträchtigt hat, ließe sich genau erörtern, an welcher Stelle der Kette dies geschah. Zum Beispiel könnte nachgewiesen werden, zu welchem Zeitpunkt Früchte anderer Provenienz unter die richtigen IGP-Orangen gemischt wurden. Kommen die Orangen faul an, ließe sich leicht belegen, auf welcher Teilstrecke des Transports die Ware verdorben ist. Das alles dank der kontinuierlichen Aktualisierung der Daten.

Kurz, die neuen Technologien könnten helfen, die Agromafia zu bekämpfen. Vielleicht würde dann auch öfters auffliegen, wenn Produkte aus ihren Betrieben in den internationalen Handel geschleust werden und darin untergehen. Oder solche, an deren Preisen sie geschraubt haben. Und solche, die sie mit ihren Lastwagen transportierten, quer durch Europa. Die italienischen Behörden könnten Warnsignale einspeisen in die Informationskette: verdächtige Namen zum Beispiel, Firmen mit zweifelhaftem Leumund. Und damit die Kontrolle stärken. Bislang verloren sich alle Fährten in der riesigen Masse des täglichen Warenumschlags.

Gastronomie mit Gütesiegel

Wann immer die Rede auf die Agromafia kommt und deren Vorliebe für Pizzerien, Restaurants und Eiscafés als Objekte für Geldwäsche, als Orte der Investition und als logistische Plattformen für alle möglichen unseligen Aktivitäten, kommt auch die Frage auf, wie man ein mafiöses Lokal erkennt.

Das kann man grundsätzlich nicht. Es gibt keine äußerlichen Merkmale, kein spezielles Innendesign und auch keine Besonderheiten auf der Speisekarte, die ein sauberes von einem unsauberen italienischen Restaurant unterscheiden würden. Und mit sauber ist hier legal gemeint. Auch die Restaurants der Mafia sind in aller Regel hygienisch, manche sind sogar richtig gut, gehobene Klasse. Sie will damit Geld verdienen, auch wenn das nicht unbedingt notwendig ist. Doch wer würde schon bei der Mafia essen, wenn er wüsste, dass diese das Lokal besitzt?

Nach dem Mehrfachmord vor der Pizzeria *Da Bruno* in Duisburg fürchteten viele redliche italienische Gastwirte in Deutschland um den guten Ruf der ganzen Zunft. Manche von ihnen engagierten sich in der zivilgesellschaftlichen Organisation »Mafia, nein danke«. Wichtig war das Signal: Nicht in unserem Namen! In Berlin führte die Vereinigung Aktionen durch. Zum Beispiel schliefen ihre Mitglieder in Lokalen, die von der Mafia mit der Forderung nach Schutzgeldzahlungen unter Druck gesetzt wurden – um sie zu schützen, kollektiv, und um die Öffentlichkeit aufzurütteln.

Das italienische Gastgewerbe hat aber auch ein Problem mit dem »*Italian Sounding*«, dem Spiel mit dem Italienisch klingenden, wie man es von den Produkten kennt. Der »Italiener«, ist er auch wirklich immer ein Italiener? Die beste Ahnung davon haben die Italiener selbst. Sie wissen sehr genau, was italienisch ist und was nicht, da können sie auch pedantisch sein. Ein Rezept hat in diesem Land mithin mehr Gewicht als ein Gesetz, die Küche mehr als die Kirche.

Der Gast von italienischen Restaurants im Ausland soll in Zukunft erfahren können, ob auch die Italiener »den Italiener« an der Ecke für einen richtigen Italiener halten. Im Frühjahr 2019 hat das private Mailänder Zertifizierungsunternehmen *Asacert* zusammen mit dem Bauernverband *Coldiretti* und dem italienischen Landwirtschaftsministerium ein Zertifikat entwickelt, das die Frage nach der Echtheit definitiv lösen soll. Italienische Restaurants können sich darum bewerben. Sie müssen fünf Kriterien erfüllen, je nach Grad ihrer Eignung erhalten sie dann eine höhere oder eben geringere Punktzahl. Die Skala reicht von 0 bis 100. 40 Punkte sind mindestens nötig, um das Zertifikat »ITA0039« zu verdienen, dann ist ein Lokal gerade knapp italienisch. 0039 ist die Telefonvorwahl für Italien.

Hier nun die Kriterien: Erstens muss ein Großteil der Basisprodukte, die in der Küche verwendet werden, aus Italien stammen. Dazu gehören: Olivenöl, Mehl, Milch und Käse, Würste und Schinken. Zweitens müssen auf der Speisekarte traditionelle Gerichte aus Italien stehen, sowohl übersetzt in die Ortssprache als auch auf Italienisch, und zwar korrekt beschrieben und fehlerfrei geschrieben. Drittens muss die Weinkarte die önologische Vielfalt Italiens spiegeln, und die Anzahl italienischer Flaschen darauf soll jene aus anderen Ländern übertreffen. Viertens muss mindestens ein Kellner Italiener sein oder wenigstens die italienische Sprache beherrschen. In der Küche muss ebenfalls mindestens eine Person aus Italien stammen oder dort eine gastronomische Ausbildung genossen haben. Fünftens soll das Lokal dazu beitragen, das »*Made in Italy*« zu fördern.

Mit der Auszeichnung »ITA0039« sollen jene Wirte belohnt werden, die sich besonders viel Mühe geben und hochwertige Produkte verwenden. Am stärksten bemühten sich zunächst italienische Restaurants in England um das Zertifikat, sechzig waren es nach wenigen Monaten schon.

Libera Terra, befreites Land

Zum Schluss noch einmal ein Ausflug in den Süden, nach Castelvolturno, einem Küstenort zwanzig Minuten entfernt von Neapel. Auch Casal di Principe, die Heimatstadt des

Clans der Casalesi, ist nicht weit weg, etwa zehn Minuten mit dem Auto.

Starker, kalter Wind zieht über das flache Land, er biegt die Bäume, wirbelt den Abfall auf, den die Leute einfach am Rand der Landstraße abgeladen haben, an der Via Pagliuca. Lange kommt nichts, nur Äcker, rechts und links von der Straße. Dann weist ein unscheinbares Schild zu einem Landwirtschaftsbetrieb mit bunt bemalten Fassaden, ein Graffito neben dem anderen. »*Le terre di Don Peppe Diana – Libera Terra*«, steht auf dem Schild. Und in diesem Schriftzug ist schon alles drin, die Erinnerung an ein Verbrechen und die Hoffnung auf eine Befreiung.

Libera Terra ist der Agrarflügel von *Libera*, dem Zusammenschluss von Anti-Mafia-Vereinigungen im Land, so etwas wie der Dachverband der Aufrüttler und Kämpfer wider das organisierte Verbrechen in Italien. »*Don Peppe Diana*«, so hieß der Pfarrer aus »Casale«, den ein Killer der Casalesi in der Sakristei umbrachte, mit Schüssen in den Kopf, kurz vor der Messe. Ihm ist dieser Betrieb im Niemandsland gewidmet. In seinem Namen machen sie hier *Mozzarella di bufala*, den Büffelmozzarella.

Massimo Rocco führt den Betrieb, aber gehören tut er ihm nicht. Er ist auch nicht Pächter des Landes, jedenfalls nicht im herkömmlichen Sinn. Die Käserei, die Büros, die Unterstände, das Land rundherum – das alles gehört der Öffentlichkeit. »Wir sind hier nur auf Zeit«, sagt Rocco, wie lange, das wisse er nicht. Der Staat hat das Grundstück einem Camorrista aus Neapel weggenommen, der auch als »König des Schmuggels« bekannt war.[3] Er kontrollierte den Zigarettenschmuggel in der Gegend, bis sie ihn verhafteten und der Staat seine Besitztümer konfiszierte, auch dieses Land und die Scheunen an der Via Pagliuca.

1996 trat ein Gesetz in Kraft, »*legge 109*«, das es den lokalen und regionalen Behörden ermöglicht, eingezogene Güter an Kooperativen weiterzugeben. Die leihen sie sich für eine bestimmte Zeit aus. Wenn es sich um Agrarland handelt, bewirtschaften sie es, säen und ernten, stellen Wein und Öl her. Sind es beschlagnahmte Häuser, zum Beispiel Villen der Clans, können diese für gute Zwecke umfunktioniert werden, etwa zu Behindertenheimen oder Kitas, zu Bibliotheken oder Museen. Je nach Eignung. Nur Non-Profit-Organisationen dürfen an den öffentlichen Ausschreibungen teilnehmen. Organisationen wie *Libera*.

Schon der Ursprung von Gesetz 109 ist eng mit *Libera* verbunden, die Kooperative lancierte eine Volksinitiative, die zum Ziel hatte, eine soziale Neunutzung konfiszierter Güter herbeizuführen. Eine alte Forderung. Mitte der Siebzigerjahre hatte das Parlament in Rom zwar die Gesetze gegen die Mafia verschärft, doch was aus den beschlagnahmten Ländereien werden sollte, wurde damit nicht geregelt. Mehr als eine Million Italiener unterzeichneten die Petition von *Libera*. Nun führt die Vereinigung über ihre Filiale *Libera Terra* neun Landwirtschaftsbetriebe in Sizilien, Kalabrien, Apulien und hier, im kampanischen Castelvolturno. Alle neun sind zusammengefasst in einem Konsortium, das sich *Libera Terra Mediterraneo* nennt. Dieses Konsortium hilft den Kooperativen dabei, ihre Produkte zu vermarkten, es koordiniert die Aktivitäten, bewirtschaftet einen Onlineshop, sucht nach Abnehmern im In- und Ausland. Im Angebot: Mozzarella aus Castelvolturno, Olivenöl aus Alto Belice Corleonese, Weine aus dem Salento, Tomatensaucen, Eingemachtes in Gläsern, frisches Gemüse, rote Orangen, Teigwaren in allen Formen.

Mittlerweile gibt es Hunderte Vereinigungen wie *Libera*

Terra in Italien, die aus dem Bösen etwas Gutes machen. Die beschlagnahmten Ländereien würden schnell verwildern, wenn sie nicht neu genutzt würden. Im Süden soll die Gewissheit wachsen, dass es eine echte Alternative zu den Clans und ihren Betrieben gibt – und Jobs mit richtigen Verträgen und akzeptablen Löhnen. Das allein soll irgendwann zum nachhaltigen Kulturwandel führen.

Massimo Rocco aus Caserta kam zufällig zu *Libera Terra*. Er hatte viele Jahre in Rom gelebt, wo er mit 21 hingezogen war. Er hat Filmwissenschaften studiert und Filme gemacht, bis er 2010 wieder zurück in die Heimat zog. Das Filmbusiness sei am Ende doch nicht seine Welt gewesen, erzählt er. Was er daheim in Caserta machen würde, wusste er damals nicht, er suchte Arbeit. Vom Käsen verstand er nichts, er meldete sich dennoch auf das Jobangebot, aufs Geratewohl, wie er sagt, die Idee gefiel ihm. Rocco erhielt die Anstellung. Er besuchte Ausbildungskurse des Staates, er lernte, wie man Mozzarella herstellt, was es dafür braucht: das Wissen über die Milch, die Pasteurisierung, die Handgriffe beim Formen des Mozzarella, das *mozzare*.

Rocco sitzt nun aber öfter im Büro, er leitet den Betrieb. Für die Produktion des Mozzarellas sind zwei Meisterkäser und einige Helfer zuständig, sie machen fast alle Formen. An gewissen Tagen stellen sie auch *scamorza* her, einen birnenförmigen Käse, ebenfalls aus Büffelmilch, der länger im Salz liegt und dann getrocknet wird, mit Rinde.

Die Milch holt sich die Kooperative bei Bauern in den umliegenden Ortschaften. Vom Literpreis, den diese Bauern verlangen, hängt ab, ob Rocco etwas Marge erwirtschaften kann, um vielleicht bald einmal jeden Tag produzieren zu können, 365 Tage im Jahr. Zunächst reicht es nur für vier Produktionstage wöchentlich, der Preis ist gerade besonders hoch. Doch wer weiß, vielleicht ist es in Zukunft auch einmal möglich, einen Laden in der Gegend zu eröffnen, in Caserta oder in Neapel, für den Einzelhandel. Das wäre wichtig, um den Käse besser bekannt zu machen, die Konkurrenz im Casertano ist groß.

»Zu uns«, sagt Rocco, »kommt doch kaum mal jemand einfach so, du hast die Straße ja gesehen.« Womöglich gibt es auch Leute, die nicht bei *Libere Terre di Don Peppe Diana* einkaufen, weil die Kooperative auf konfisziertem Land arbeitet. Auf Land, das sich der Staat genommen hat, und dieser Staat ist nicht überall gut angesehen. Fast ihre ganze Produktion bringt *Libera Terra* mit Kurierdiensten in den Norden des Landes, nach Brescia, Mailand, Turin. Dahin, wo viele zum ersten Mal überhaupt von den Casalesi gehört haben, als die Mafia den jungen Priester von Casal di Principe umgebracht hatte. Nun gibt es dort Kunden, die den Mozzarella aus der Kooperative gerade deshalb kaufen, weil er den Namen »*Don Peppes*« ehrt.

Auf die Mauer des Hauptgebäudes hat jemand geschrieben: »Sei du der Wandel, den du dir für die Welt wünschst.« Ein paar Meter weiter steht die berühmte Losung von Paolo Borsellino: »Wer Angst hat, stirbt jeden Tag. Wer keine Angst hat, der stirbt nur einmal.« Und dann hängt da noch ein großes, weißes Transparent: »Konfisziertes Gut. Hier hat die Camorra verloren!« Es flattert im Wind.

ANHANG

Die drei Kategorien der EU-Gütesiegel

1. Geschützte Herkunftsbezeichnung (g. U.), die Italiener nennen sie DOP, *Denominazione di origine protetta*. Das Siegel garantiert, dass die Erzeugung, Verarbeitung und Herstellung eines Produkts in einem ganz bestimmten geografischen Gebiet nach einem anerkannten traditionellen Verfahren erfolgt ist. Alle Produktionsschritte müssen im betreffenden Gebiet stattgefunden haben. Die Produkte weisen also Merkmale auf, die ausschließlich mit dem Gebiet und den Fähigkeiten der Erzeuger in der Herstellungsregion zusammenhängen. Zwischen den typischen Merkmalen des Produkts und seiner geografischen Herkunft muss ein enger Zusammenhang bestehen.

2. Geschützte geografische Angabe (g. g. A), für die Italiener IGP, *Indicazione geografica protetta*. Das Gütezeichen soll eine Verbindung der landwirtschaftlichen Erzeugnisse und Lebensmittel mit dem Herkunftsgebiet dokumentieren, wobei nur eine der Produktionsstufen – entweder die Erzeugung, die Verarbeitung oder die Herstellung – im Herkunftsgebiet vonstattengegangen sein muss. Mindestens eine Phase des Produktionsprozesses muss in dem Gebiet erfolgen, während das für ihre Herstellung verwendete Rohmaterial aus einer anderen Region stammen kann. Mit »g. g. A.« gekennzeichnete Produkte besitzen damit eine spezifische Eigenschaft oder ein Ansehen, die sie mit einer bestimmten Region verbinden.

3. Garantiert traditionelle Spezialitäten (g. t. S.). Dieses Siegel bezieht sich nicht auf einen geografischen Ursprung, sondern es hebt die traditionelle Zusammensetzung des Produkts oder ein traditionelles Herstellungs- oder Verarbeitungsverfahren hervor. Der Produktionsprozess ist nicht an einen spezifischen Ort oder an eine Region gebunden. Entscheidend ist nur, dass die Hersteller den traditionellen Rezepten folgen. Zu dieser exklusiven Kategorie gehören die Pizza Napoletana und der Mozzarella.

Anmerkungen

Prolog

1 Coldiretti, »Cina, +20% export alimentare Made in Italy«, 21. März 2019, https://www.coldiretti.it/economia/cina-20-export-alimentare-made-italy (abgerufen am 20.10.2020).
2 »Which countries dominate the world's dinner tables?«, in: The Economist, 23. August 2019, https://www.economist.com/graphic-detail/2019/08/23/which-countries-dominate-the-worlds-dinner-tables (abgerufen am 21.10.2020).
3 M. Cappellini, »Macfrut, l'ortofrutta italiana fa +20% anche con il lockdown«, in: Il Sole 24 Ore, 9. September 2020.
4 G. Uggeri, »Dal 23 novembre in edicola le nuove pagine Food, tra business e eccellenze del made in Italy«, 19. November 2019, https://www.ilsole24ore.com/art/dal-23-novembre-nuovofood-business-e-eccellenze-dall-agricoltura-all-industria-ACR6Pkz (abgerufen am 20.10.2020).
5 Coldiretti, »Covid: il cibo diventa la prima ricchezza del Paese, vale 538 mln«, 2. September 2020, https://www.coldiretti.it/economia/covid-il-cibo-diventa-la-prima-ricchezza-del-paesevale-538-mln (abgerufen am 20.10.2020).
6 UNESCO, »Dieta Mediterranea«, http://www.unesco.it/it/PatrimonioImmateriale/Detail/384 (abgerufen am 20.10.2020).
7 S. Lodato: La Mafia invisibile, Mondadori, Mailand, 2001.
8 G. C. Caselli: »Ai tempi del virus la mafia fa affari – serve giocare d'anticipo«, 24. März 2020, https://www.ilfattoquotidiano.it/inedicola/articoli/2020/03/24/ai-tempi-del-virus-la-mafia-fa-affari/5747032/ (abgerufen am 21.10.2020).
9 M. Tropeano, »Allarme ladri di alveari: ›La criminalità organizza furti mirati‹«, 25. März 2019, http://www.antimafiaduemila.com/home/terzo-millennio/232-crisi/73900-allarme-ladri-di-alveari-la-criminalita-organizza-furti-mirati.html (abgerufen am 20.10.2020).

Erstes Kapitel – Sizilien

1 ANSA, »Pomodoro, il made in Italy fa oltre 3 miliardi fatturato«, 21. Januar 2019, http://www.ansa.it/canale_terraegusto/notizie/business/2019/01/21/pomodoro-il-made-in-italy-fa-oltre-3-miliardi-fatturato_896e274e-9d03-4ffc-bca5-fafb6f5a1b83.html (abgerufen am 20.10.2020).

2 P. Borrometi, Interview mit dem Autor, 22. Juni 2018.

3 N. D. Chiesa, »Maxiprocesso a Cosa nostra, trent'anni fa la prima vittoria dello Stato. Ma chi stava con Falcone e Borsellino era ›khomeinista‹«, 10. Februar 2016, https://www.ilfattoquotidiano.it/2016/02/10/maxiprocesso-a-cosa-nostra-trentanni-fa-la-prima-vittoria-dello-stato-ma-chi-stava-con-falcone-e-borsellino-era-khomeinista/2444314/ (abgerufen am 20.10.2020).

4 E. Galluccio, Il Boato – storie di patti scellerati, Youcanprint, Lecce 2013.

5 P. Borrometi, »Ragusa, Terra di mafie. ›Andiamo nel ragusano, nei nostri terreni, che pace che c'è …‹«, 23. November 2015, https://www.laspia.it/ragusa-terra-di-mafie-andiamo-nel-ragusano-nei-nostri-terreni-che-pace-che-ce/ (abgerufen am 20.10.2020).

6 S. Palazzolo, »›Dobbiamo colpirlo. Bum a terra‹. I boss volevano uccidere il giornalista Borrometi«, 10. April 2018, https://palermo.repubblica.it/cronaca/2018/04/10/news/_dobbiamo_colpirlo_bum_a_terra_i_boss_volevano_uccidere_il_giornalista_borrometi-193468885/ (abgerufen am 20.10.2020).

7 P. Borrometi, Un morto ogni tanto, Solferino, Mailand 2018, S. 105.

8 Osservatorio ›Placido Rizzotto‹, »Quarto rapporto Agromafie e Caporalato«, Bibliotheka Edizioni, Rom 2018.

9 Ebd.

10 A. Mangano, »Sfruttamento, stupri e aborti: le braccianti rumene in Sicilia vivono ancora come schiave«, 5. Juni 2017, https://espresso.repubblica.it/inchieste/2017/06/30/news/sfruttamento-stupri-e-aborti-le-braccianti-rumene-in-sicilia-continuano-a-vivere-come-schiave-1.305380?refresh_ce (abgerufen am 20.10.2020).

11 Rai 1, »La mafia e le irregolarità nella gestione della plastica: intervista a Giovanni Donzelli«, 26. November 2016, https://www.youtube.com/watch?v=XTAvCA9fSi0 (abgerufen am 20.10.2020).

12 P. Borrometi, Interview mit dem Autor, 6. Oktober 2020.

13 M. D. Antonio Nicaso, »Names«, in: Made Men. Mafia Culture and the Power of Symbols, Rituals, and Myth, Rowman & Littlefield, Lanham, 2013, S. 115.
14 P. Borrometi, Un morto ogni tanto, Solferino, Mailand 2018, S. 105.
15 P. Borrometi, Interview mit dem Autor, 6. Oktober 2020.
16 P. Borrometi, Interview mit dem Autor, 22. Juni 2018.
17 P. Borrometi: Un morto ogni tanto, Solferino, Mailand 2018.
18 Coldiretti, »Torna l'abigeato, ›rapiti‹ 150mila animali«, 11. Juli 2018, https://www.coldiretti.it/economia/furti-animali-abigeato (abgerufen am 20.10.2020).
19 G. Antoci, Interview mit dem Autor. 17. Februar 2020.
20 G. Bianconi/A. Ribaudo, »Intercettati i boss della mafia dei pascoli: ›E se ci denunciano a noi niente ci fa‹«, 15. Januar 2020, https://www.corriere.it/cronache/20_gennaio_15/mafia-pascoli-se-ci-denunciano-noi-niente-ci-fa-7d8fa650-3779-11ea-86a8-537a98b6bc3b.shtml (abgerufen am 20.10.2020).
21 C. Bonini/A. Bolzoni/S. Palazzolo, »I ricatti di Matteo Messina Denaro«, 18. Juli 2020, https://rep.repubblica.it/pwa/primo-piano/2020/07/18/news/i_ricatti_di_matteo_messina_denaro-262272601/ (abgerufen am 21.10.2020).
22 P. Messina, Protezione incivile, Rizzoli, Mailand 2010.
23 Giacomo Di Girolamo, L'invisibile, il Saggiatore, Mailand 2017.

Zweites Kapitel – Kalabrien

1 ANSA, »Giro affari ,ndrangheta pari al 3,5 Pil«, 26. März 2014, http://www.ansa.it/web/notizie/rubriche/cronaca/2014/03/26/Giro-affari-ndrangheta-pari-3-5-Pil_10287829.html (abgerufen am 20.10.2020).
2 Saveria [Komponist], Ninna nanna malandrineddu [Tonaufnahme], Mazza Music, 2011.
3 N. d. Chiesa, Buccinasco, Einaudi, Milano 2012.
4 International Journalism Festival, »I fiumi d'oro della mafia: dall'Italia al resto del mondo passando per l'Europa«, Interview mit N. Gratteri, 14. April 2018, https://www.youtube.com/watch?v=YPYLelBojR8 (abgerufen am 20.10.2020).
5 G. Catozzella, Alveare, Feltrinelli, Mailand 2014.
6 Il post, »Perché è finita l'epoca dei sequestri di persona?«, 6. August 2017, https://www.ilpost.it/2017/08/06/epoca-sequestri-di-persona/ (abgerufen am 20.10.2020).

7 Siehe das Unterkapitel »The mushroom-pickers of Montalto«, in: J. Dickie, Mafia Republic. Italy's Criminal Curse. Cosa Nostra, 'Ndrangheta and Camorra from 1946 to the Present, Sceptre, London 2013, S. 149.

8 Stampa estera, »Incontro con Nicola Gratteri«, 29. November 2019, https://srv1.selftv.video/video/stampaestera/14802 (abgerufen am 21.10.2020).

9 A. Nicaso, La Mafia spiegata ai ragazzi, Mondadori, Mailand 2010, S. 12.

10 F. Mazza, Gioia Tauro: storia, cultura, economia, Rubbettino, Catanzaro 2004, S. 278.

11 Wikileaks, »Can Calabria be saved?«, 2. Dezember 2008, https://wikileaks.org/plusd/cables/08NAPLES96_a.html (abgerufen am 20.10.2020).

12 G. Tizian, »L'impero del male del clan mafioso Piromalli«, 11. Mai 2017, https://espresso.repubblica.it/inchieste/2017/05/11/news/clan-piromalli-impero-male-ndrangheta-1.301012 (abgerufen am 20.10.2020).

13 N. Gratteri/A. Nicaso, Fiumi d'oro, Mondadori, Mailand 2017, S. 109.

14 A. Candito, »I Piromalli negli Usa: ›Facciamo come Al Capone‹«, 26. Januar 2017, https://www.corrieredellacalabria.it/cronaca/item/54150-i-piromalli-negli-usa-facciamo-come-al-capone/ (abgerufen am 20.20.2020).

15 G. Tizian, »L'impero del male del clan mafioso Piromalli«, 11. Mai 2017, https://espresso.repubblica.it/inchieste/2017/05/11/news/clan-piromalli-impero-male-ndrangheta-1.301012 (abgerufen am 20.10.2020).

16 Stiftung Warentest, »Jedes zweite Olivenöl ist mangelhaft«, 28. Februar 2016, https://www.test.de/presse/pressemitteilungen/Olivenoel-Jedes-zweite-Olivenoel-ist-mangelhaft-4972432-0/, (abgerufen am 20.10.2020).

17 E. Deaglio, »I blitz non piacciono mai«, in: Il Venerdì, 10. Januar 2020.

18 G. Legato, »'Ndrangheta, il processo dei record: l'aula bunker sarà nell'ex call center«, 2. August 2020, https://www.lastampa.it/topnews/primo-piano/2020/08/02/news/ndrangheta-il-processo-dei-record-l-aula-bunker-sara-nell-ex-call-center-1.39148862 (abgerufen am 21.10.2020).

19 N. Gratteri, Interview mit dem Autor, 2. Dezember 2019.

Drittes Kapitel – Kampanien

1 Il Mattino, »Il business della mozzarella di bufala campana dop vale 1,2 miliardi di euro«, 20. Juni 2019, https://www.ilmattino.it/economia/mozzarella_bufala_campana_dop_business_1_2_miliardi_di_euro-4569757.html (abgerufen am 21.10.2020).

2 R. Battaglia, Interview mit dem Autor, 18. Januar 2019.

3 G. A. Stella, »Quando su Napoli regnava Cutolo ›La Camorra prima di Gomorra‹«, 30. August 2018, https://www.corriere.it/cronache/18_agosto_31/quando-a-napoli-regnava-cutolo-docufilm-mostra-cinema-venezia-2550bfd8-ac88-11e8-a56f-72aa622a097c.shtml (abgerufen am 21.10.2020).

4 Siehe das Unterkapitel »I capi cambiano, la struttura resta«, in: A. Colletti, Il welfare e il suo doppio – Percorsi etnografici nelle camorre del casertano, Ledizioni Publishing, Mailand 2016.

5 C. Sirignano, Interview mit dem Autor, 5. November 2019.

6 Il Fatto Quotidiano, »Camorra, l'intercettazione sul pm Sirignano: ›A quello gli sparo in faccia‹«, 28. Februar 2017, https://www.ilfattoquotidiano.it/2017/02/28/camorra-lintercettazione-sul-pm-sirignano-a-quello-gli-sparo-in-faccia/3423218/ (abgerufen am 21.10.2020).

7 R. Battaglia, Interview mit dem Autor, Januar 2019.

8 R. Capacchione, L'oro della Camorra, RCS Libri, Mailand 2008, S. 58.

9 Siehe das Kapitel »Terra dei fuochi«, in: R. Saviano, Gomorra, Mondadori, Mailand 2006 (dt.: Gomorrha. Reise in das Reich der Camorra, dtv, 15. überarb. Auflage, München 2019).

10 Ebd.

11 R. Saviano, »Terra dei fuochi, la strage di bambini«, 26. September 2013, https://espresso.repubblica.it/opinioni/l-antitaliano/2013/09/26/news/strage-di-bambini-nella-terra-dei-fuochi-1.133710 (abgerufen am 21.10.2020).

12 R. Saviano, »Dalla carne alla mozzarella Camorra Food Spa serve a tavola«, 23. Juli 2012, https://napoli.repubblica.it/cronaca/2012/07/23/news/dalla_carne_alla_mozzarella_camorra_food_spa_serve_a_tavola-39537865/ (abgerufen am 21.10.2020).

13 International Journalism Festival, »Quelle storie che non si devono raccontare«, Vortrag von Roberto Saviano, 9. April 2017, https://www.youtube.com/watch?v=kG4QrNL2RaQ (abgerufen am 21.10.2020).

14 P. Ruggiero, »Napoli, quando il pesce puzza di camorra«, 15. September 2010, https://tg24.sky.it/cronaca/2010/09/15/anticipazione_libro_ultima_cenna_ruggiero_verdenero_camorra_pesce.html (abgerufen am 21.10.2020).

15 A. Ferracuti, »Il baccalà fa il pesce in barile«, in: Il Venerdì, 17. Juli 2020.

16 C. Sirignano, Interview mit dem Autor. 5. November 2019.

17 C. Pistilli, »Mercato di Fondi, clan e minacce ›Pizzo sulle pedane degli ortaggi‹«, in: La Repubblica, 3. März 2020.

18 R. Saviano, »Don Peppe Diana veniva ammazzato 25 anni fa«, 14. März 2019, https://espresso.repubblica.it/opinioni/l-antitaliano/2019/03/14/news/don-peppe-diana-25-anni-1.332645 (abgerufen am 21.10.2020).

Viertes Kapitel – Rom

1 C. Campese, »Le mani della 'ndrangheta sulla capitale«, 14. Juni 2011, https://www.ilfattoquotidiano.it/2011/06/14/le-mani-della-ndrangheta-sulla-capitaledue-arresti-e-28-indagati-a-roma/118100/ (abgerufen am 21.10.2020)..

2 La Repubblica, »La 'ndrangheta al Café de Paris. Sequestrato un pezzo della Dolce Vita«, 22. Juli 2009, https://www.repubblica.it/2009/01/sezioni/cronaca/ndrangheta/cafe-de-paris/cafe-de-paris.html (abgerufen am 21.10.2020).

3 La Repubblica: Roma, »Le mani dei clan della 'Ndrangheta sui locali di Roma«, 23. Juli 2009, https://roma.repubblica.it/dettaglio/le-mani-dei-clan-della-ndrangheta-sui-locali-di-roma/1680296 (abgerufen am 21.10.2020).

4 La Repubblica, »Operazione contro la 'ndrangheta sequestrati beni per 200 milioni«, 16. Dezember 2009, https://www.repubblica.it/cronaca/2009/12/16/news/operazione_contro_la_ndrangheta_sequestrati_beni_per_200_milioni-1820141/ (abgerufen am 21.10.2020).

5 G. Longo, »La mafia ha in mano 5 mila ristorante«, 5. April 2017, https://www.lastampa.it/cronaca/2017/04/05/news/la-mafia-ha-in-mano-5-mila-ristoranti-1.34612629 (abgerufen am 21.10.2020).

6 G. Tizian, »Mozzarella, frutta e milioni: il clan Moccia alla conquista di Roma«, 9. Februar 2016, http://espresso.repubblica.it/attualita/2016/02/09/news/camorra-capitale-il-ritorno-del-clan-moccia-1.249451 (abgerufen am 21.10.2020).

7 M. E. Vincenzi, »A tavola con la Camorra – ›I ristoranti sono tutti loro‹«, in: La Repubblica, 30. September 2020.

8 O. Meiler, »Spaghetti für 429,80 Euro«, 6. November 2019, https://www.sueddeutsche.de/reise/rom-pizzaria-rechnung-abzocke-1.4669361 (abgerufen am 21.10.2020).

9 Alessandra Paolini, »Fenomeno vasto, facile inserirsi con la crisi«, in: La Repubblica, 30. September 2020.

10 G. Tizian/F. Marconi, »Tutti i clan della capitale«, in: L'Espresso, 22. September 2019.

11 Il Fatto Quotidiano, »Vittorio Casamonica, i funerali del boss ›Re di Roma‹: cavalli e Rolls-Royce, l'elicottero e la musica del Padrino«, 20. August 2015, https://www.ilfattoquotidiano. it/2015/08/20/vittorio-casamonica-cavalli-e-rolls-royce-per-il-boss-re-di-roma/1971020/ (abgerufen am 21.10.2020).

12 E. Bellavia, »Roma, la storia del clan Senese a Cinecittà: Michele 'o pazz ma non troppo«, 3. Aprile 2019, https://roma.repubblica. it/cronaca/2019/04/03/news/roma_la_storia_del_clan_sene-se_a_cinecitta_michele_o_pazz_ma_non_troppo-223165760/ (abgerufen am 21.10.2020).

13 L. Abbate, »Tutti a cena da Johnny«, 11. Dezember 2013, https:// espresso.repubblica.it/attualita/2013/12/05/news/tutti-a-cena-da-johnny-1.144362 (abgerufen am 21.10.2020).

14 G. Loquenzi, »Roma. Assunta Madre, perché il pesce fresco vale più di mille cimici«, 29. Aprile 2014, https://www.scattidigusto. it/2014/04/29/pesce-ristorante-roma-assunta-madre/ (abgeru-fen am 21.10.2020).

15 L. Abbate, »Le mani della Camorra sulle pizzerie. Arresti a Roma, Napoli e in Toscana«, 22. Januar 2014, https://espresso.repub-blica.it/attualita/2014/01/22/news/le-mani-della-camorra-sulle-pizzerie-arresti-a-roma-napoli-e-in-toscana-1.149417 (abge-rufen am 21.10.2020).

16 La Repubblica, »Camorra, smantellato l'impero del clan Contini: 90 arresti, sequestrati beni per 250 milioni«, 22. Januar 2014, https://www.repubblica.it/cronaca/2014/01/22/news/ camorra_90_arresti_in_campania_lazio_e_toscana_seques-trati_beni_per_250_milioni_di_euro-76604847/ (abgerufen am 21.10.2020).

17 La Repubblica, »Lasciato solo si lancia nel vuoto Cristarelli suicida prima dell'arresto«, 23. Januar 2014, https://ricerca. repubblica.it/repubblica/archivio/repubblica/2014/01/23/

lasciato-solo-si-lancia-nel-vuoto-cristarelli.html (abgerufen am 21.10.2020).

18 R. Cantone/G. Di Feo, Football clan. Perché il calcio è diventato lo sport più amato dalle mafie, RCS Libri, Mailand 2012, S. 99.

19 Ebd.

20 Ebd., S. 95.

21 Il Messaggero, »Lucia Riina, la figlia di Totò apre un ristorante a Parigi: si chiama Corleone«, 8. Januar 2019, https://www.ilmessaggero.it/mondo/corleone_lucia_riina_ristorante_parigi-4217248.html (abgerufen am 21.10.2020).

22 Il Fatto Quotidiano, »Riina, la figlia del boss apre un ristorante a Parigi: si chiama Corleone«, 8. Januar 2019, https://www.ilfattoquotidiano.it/2019/01/08/toto-riina-la-figlia-del-boss-apre-un-ristorante-a-parigi-si-chiama-corleone/4882282/ (abgerufen am 21.10.2020).

23 S. Palazzolo, »Riina, caccia al tesoro. ›Il figlio conosce i segreti stia lontano da Corleone‹, 19. November 2017, https://www.repubblica.it/cronaca/2017/11/19/news/riina_caccia_al_tesoro_il_figlio_conosce_i_segreti_stia_lontano_da_corleone_-181493143/ (abgerufen am 27.10.2020).

24 Il Messaggero, »Lucia Riina, la figlia del boss chiede il bonus bebè: il comune rifiuta«, 18. Juni 2017, https://www.ilmessaggero.it/primopiano/cronaca/lucia_riina_figlia_toto_bonus_bebe-2511275.html (abgerufen am 21.10.2020).

25 Feuer und Glas, 8. März 2020, https://www.feuerundglas.de/Palermo-Mafia-shooting-Dips-around-the-World/4260052243244 (abgerufen am 21.10.2020).

26 Huffington Post, »Don Panino: a Vienna il menu dove Falcone è grigliato come un wurstel«, 8. Juni 2013, https://www.huffingtonpost.it/2013/06/08/don-panino-a-vienna-menu-falcone-impastato_n_3407666.html (abgerufen am 21.10.2020).

27 A. Bolzoni, »A cena con la Mafia: in Spagna la gente fa la fila in ristoranti intitolati a Cosa Nostra«, 18. Februar 2014, https://www.repubblica.it/cronaca/2014/02/18/news/spagna_catena_ristoranti_mafia-78901712/ (abgerufen am 21.10.2020).

Fünftes Kapitel – Emilia

1 A. Savinio, Ascolto il tuo cuore, città, Biblioteca Adelphi, Mailand 1984.

2 I. Visentini, »Parmigiano reggiano fra tradizione e hi-tech«, 9. September 2012, https://st.ilsole24ore.com/art/impresa-e-territori/2012-09-11/parmigiano-reggiano-tradizione-hitech-090904.shtml?uuid=AbdqZjbG&p=2 (abgerufen am 21.10.2020).

3 C. d. P. d. P. s. d. IPQ, Piano di Regolazione Offerta del Prosciutto di Parma 2018–2020, Juni 2019.

4 R. La Pira, »Il 35% del prosciutto crudo di Parma e San Daniele è falso«, 10. Juni 2019, https://ilfattoalimentare.it/prosciuttopoli-parma-san-daniele.html (abgerufen am 21.10.2020).

5 E. Minari, Interview mit dem Autor, 29. Oktober 2019.

6 P. P. Pasolini, La lunga strada di sabbia, Contrasto, Mailand 2015, S. 118.

7 A. Roccuzzo, »Brescello ›chiuso per mafia‹. Negavano tutti, da 15 anni«, 21. April 2016, https://www.ilfattoquotidiano.it/2016/04/21/brescello-chiuso-per-mafia-negavano-tutti-da-15-anni/2657866/ (abgerufen am 21.10.2020).

8 E. Minari, Interview mit dem Autor, 29. Oktober 2019.

9 P. Bonacini, »Aemilia, in 3mila pagine di sentenza la storia della 'ndrangheta al Nord«, 18. Juli 2019, https://www.ilfattoquotidiano.it/2019/07/18/aemilia-in-3mila-pagine-di-sentenza-la-storia-della-ndrangheta-al-nord-autonoma-ma-fedele-moderna-e-presentabile-per-fare-affari/5334379/ (abgerufen am 21.10.2020).

10 P. Bonacini, Aemilia, in 3mila pagine di sentenza la storia della 'ndrangheta al Nord: ›Autonoma ma fedele. Moderna e presentabile per fare affari‹, 18. Juli 2019, https://www.ilfattoquotidiano.it/2019/07/18/aemilia-in-3mila-pagine-di-sentenza-la-storia-della-ndrangheta-al-nord-autonoma-ma-fedele-moderna-e-presentabile-per-fare-affari/5334379/ (abgerufen am 21.10.2020).

11 La Repubblica. Bologna, »Confiscati beni per un milione a Blasco, esponente della 'Ndrangheta in Emilia Romagna«, 12. Juli 2019, https://bologna.repubblica.it/cronaca/2019/07/12/news/confiscati_beni_per_un_milione_a_blasco_esponente_della_ndrangheta_in_emilia_romagna-231018272/ (abgerufen am 21.10.2020).

12 Il Fatto Quotidiano, »'Ndrangheta in Emilia, le risate degli indagati sul terremoto: le intercettazioni«, 29. Januar 2015, https://www.ilfattoquotidiano.it/2015/01/29/ndrangheta-in-emilia-risate-degli-indagati-sul-terremoto-intercettazioni/334781/ (abgerufen am 21.10.2020).

13 P. Bonacini, Le cento storie di Aemilia – il più grande processo italiano alla 'ndrangheta, Editrice Socialmente, Bologna 2019, S. 223.

14 E. Livini, »Caseifici mai fermi – così il Parmigiano ha superato la crisi«, 15. Mai 2020, https://parma.repubblica.it/cronaca/2020/05/15/news/caseifici_mai_fermi_cosi_il_parmigiano_ha_superato_la_crisi-256748979/ (abgerufen am 21.10.2020).

15 Elia Minari, Interview mit dem Autor, 5. Oktober 2020.

16 M. Borrillo, »Parmesan batte Parmigiano: il falso Made in Italy vale 100 miliardi«, 20. Januar 2020, https://www.corriere.it/economia/consumi/20_gennaio_29/parmesan-batte-parmigiano-falso-made-italy-vale-100-miliardi-fdb88bf6-4284-11ea-8fab-5eae1fe9ccd1.shtml (abgerufen am 21.10.2020).

17 Coldiretti, »Il falso Made in Italy sale a 100 mld, +70% in 10 anni«, 24. Februar 2019, https://www.coldiretti.it/economia/falso-made-italy-sale-100-mld-70-10-anni (abgerufen am 21.10.2020).

18 Eurispes, 5 rapporto sui crimini agroalimentari in Italia, Minerva, Rom, 2017, S. 98.

19 ANSA, »Prosecco: Docg, i controlli funzionano«, 29. September 2018, http://www.ansa.it/veneto/notizie/2018/09/29/prosecco-docg-i-controlli-funzionano_2a0e8a57-1b5e-48d1-91ba-dcbbe-8d05e4d.html (abgerufen am 21.10.2020).

20 Eurispes, 5 rapporto sui crimini agroalimentari in Italia, Minerva, Rom 2017, S. 98.

21 J.-B. Malet, L'Empire de l'or rouge, Fayard, Paris, 2017 (dt.: Das Tomatenimperium. Ein Lieblingsprodukt erklärt den globalen Kapitalimus, Eichborn/Bastei Lübbe, Köln 2018).

22 Coldiretti, »Commercio: Coldiretti, + 43% pomodoro da Cina, invade Italia«, 27. Februar 2017, https://www.coldiretti.it/economia/commercio-coldiretti-43-pomodoro-da-cina-invade-italia (abgerufen am 22.10.2020).

23 Siehe das Kapitel »Nocera Superiore, Campanie, Italie«, in: J.-B. Malet, L'empire de l'or rouge – Enquête mondiale sur la tomate d'industrie, Fayard, Paris 2017, S. 222-227.

24 O. Meiler, »Avanti!«, Süddeutsche Zeitung, 30. April 2015.

25 F. Baraggino, »Milano, i senzatetto nel night che fu della 'ndrangheta«, 7. Februar 2012, https://www.ilfattoquotidiano.it/2012/02/07/milano-senzatetto-night-della-ndrangheta/189640/ (abgerufen am 21.10.2020).

Sechstes Kapitel – Über die Alpen

1 M. Manzo, »8 milioni di pizze sfornate ogni giorno: perché gli italiani amano la pizza«, 21. Mai 2019, https://www.agrodolce. it/2019/05/21/gli-italiani-e-la-pizza/ (abgerufen am 21.10.2020).

2 M. Möhring, Fremdes Essen. Die Geschichte der ausländischen Gastronomie in der Bundesrepublik Deutschland, Oldenbourg Verlag, München 2012.

3 S. Bellofatto, Die italienische Küche in der Schweiz: Wahrnehmung – Vermarktung – Etablierung, Lit Verlag, Zürich 2017.

4 F. Bogo, »L'agroindustria sarà la locomotiva italiana in arrivo 45 mila posti«, in: La Repubblica, 20. Januar 2020.

5 F. Stocker, »Nirgends wird ›heimische Küche‹ so zurückgedrängt wie in Deutschland«, 15. Juli 2019, https://www.welt.de/finanzen/article196856677/Gastronomie-In-Deutschland-gibt-es-am-wenigsten-heimische-Kost.html (abgerufen am 21.10.2020).

6 G. Baldessarro, »Quella telefonata in codice al boss ›Dillo a mamma, sono morti tutti‹«, 31. August 2007, https://www.repubblica.it/2007/08/sezioni/cronaca/massacro-duisburg/telefonata-boss/telefonata-boss.html (abgerufen am 21.10.2020).

7 La Repubblica, »'Ndrangheta, scoperta cosca in Svizzera, 18 fermi: ›A Frauenfeld da 40 anni‹«, 22. August 2014, https://www.repubblica.it/cronaca/2014/08/22/news/_ndrangheta_scoperta_cosca_in_svizzera_18_fermi_a_frauenfeld_da_40_anni-94273843/ (abgerufen am 21.10.2020).

8 TVsvizzera, »A Frauenfeld non era 'ndrangheta. E ora?«, 2. Dezember 2019, https://www.tvsvizzera.it/tvs/sentenza-di-cassazione-italiana_a-frauenfeld-non-era--ndrangheta--e-ora-/45407622 (abgerufen am 21.10.2020).

9 Austria Presse Agentur, »Mafia veranlagte 37,3 Millionen Euro in Österreich zum ›Waschen‹«, 11. Dezember 2018.

10 N. Gratteri, Interview mit dem Autor, 2. Dezember 2019.

11 S. Mazzocchi, »Viaggio in Germania – Provincia di Cosa Nostra …«, 27. August 1992, https://ricerca.repubblica.it/repubblica/archivio/repubblica/1992/08/27/viaggio-in-germania-provincia-di-cosa-nostra.html (abgerufen am 21.10.2020).

12 A. d. Simone, »Comprare, comprare, comprare«, in: Corriere della Sera, 16. Mai 2018.

13 N. Gratteri, Interview mit dem Autor, 2. Dezember 2019.

14 G. Tizian, »La ,ndrangheta che fa affari in Germania ma l'Europa

non vuole vedere«, 9. Januar 2018, https://espresso.repubblica. it/attualita/2018/01/09/news/la-ndrangheta-che-fa-affari-in-germania-ma-la-polizia-tedesca-non-vede-1.316823 (abgerufen am 21.10.2020).

15 Nicola Gratteri/Antonio Nicaso, Storia segreta della 'Ndrangheta, Mondadori, Mailand, 2019, S. 206.

16 Deutscher Bundestag, Drucksache 19/4104, 31. August 2018.

17 C. Anesi/F. Bulfon/G. Rubino, »Bevete e mangiate. Vi serve la 'ndrina«, 5. April 2018, https://rep.repubblica.it/pwa/venerdi/ 2018/04/05/news/bevete_e_mangiate_vi_serva_la_ndrina-192853506/ (abgerufen am 21.10.2020).

18 D. Klaubert, »In Deutschland ist das Geld«, in: Frankfurter Allgemeine Zeitung, 12. Januar 2018.

19 S. Mayr/M. Zydra, »Operation Styx«, 3. Oktober 2020, https:// www.sueddeutsche.de/wirtschaft/mafia-ndrangheta-stuttgart-1.5052052 (abgerufen am 21.10.2020).

20 C. Anesi/F. Bulfon/G. Rubino, »Bevete e mangiate. Vi serve la 'ndrina«, 5. April 2018, https://rep.repubblica.it/pwa/venerdi/ 2018/04/05/news/bevete_e_mangiate_vi_serva_la_ndrina-192853506/ (abgerufen am 21.10.2020).

21 S. Mayr/M. Zydra, »Operation Styx«, 3. Oktober 2020, https:// www.sueddeutsche.de/wirtschaft/mafia-ndrangheta-stuttgart-1.5052052 (abgerufen am 21.10.2020).

22 WDR/Planet Wissen, »Wie die Mafia Deutschland erobert«, 14. Juni 2018, https://www.youtube.com/watch?v=ECy_TW gxNE0 (abgerufen am 21.10.2020).

23 Nicola Gratteri/Antonio Nicaso, Storia segreta della 'Ndrangheta, Mondadori, Mailand 2019, S. 207.

24 M. Rossi, »Die Schweiz als Wohlfühloase der Mafia«, 3. August 2020, https://www.swissinfo.ch/ger/warum-die-mafia-in-der-schweiz-wenig-zu-befuerchten-hat/45938840 (abgerufen am 21.10.2020).

25 N. Gratteri, Interview mit dem Autor, 2. Dezember 2019.

26 G. Bombardieri, Interview mit dem Autor, 9. Dezember 2019.

27 G. Bombardieri, Interview mit dem Autor, 9. Dezember 2019.

Epilog

1 Giovanni Falcone/ M. Padovani, Cose di Cosa Nostra, Rizzoli, Mailand 1991.

2 U. Sauer, »Was man von Italien lernen kann«, 30. Januar 2020, https://www.sueddeutsche.de/wirtschaft/italien-klima-schutz-nachhaltigkeit-recycling-oekostrom-1.4776346?redu-ced=true (abgerufen am 21.10.2020).
3 M. Rocco, Interview mit dem Autor, 5. Februar 2020.

Literatur- und Zeitungsverzeichnis

Bücher zu den Kapiteln

Einführung

Lodato, Saverio: La Mafia invisibile, Mondadori, Mailand 2001.
Nicaso, Antonio/Gratteri, Nicola: Ossigeno illegale, Mondadori, Mailand 2020.

Sizilien

Anselmo, Nuccio/Antoci, Giuseppe: La mafia dei pascoli, Rubbettino, Soveria Mannelli 2019.
Attorre, Antonio/Ricci, Nanni/Soracco, Diego: Il mondo dell'olio, Slow Food, Bra 2017.
Bolzoni, Attilio: La mafia dopo le stragi, Melampo, Mailand 2018.
Borrometi, Paolo: Un morto ogni tanto, Solferino, Mailand 2018.
Di Girolamo, Giacomo: L'invisibile, il Saggiatore, Mailand 2017.
Dickie, John: Mafia Republic, Sceptre, London 2014.
Leogrande, Alessandro: Uomini e caporali, Feltrinelli, Mailand 2018.
Lupo, Salvatore: La mafia, Donzelli, Rom 2018.
Marzo Magno, Alessandro: Il genio del gusto, Garzanti, Mailand 2018.
Montanari, Massimo: Il mito delle origini, Laterza, Bari 2019 (dt.: Spaghetti al pomodoro, Wagenbach, Berlin 2020).
Omizzolo, Marco: Sotto padrone, Feltrinelli, Mailand 2019.
Sales, Isaia: Storia dell'Italia mafiosa, Rubbettino, Soveria Mannelli 2015.

Kalabrien

Alvaro, Corrado: Un treno nel Sud, Rubbettino Editore, Soveria Mannelli 2016.
Ciconte, Enzo: Dall'omertà ai social, Edizioni Santa Caterina, Pavia 2017.
Giannuli, Aldo: Mafia mondiale, Adriano Salani, Mailand 2019.

Gratteri, Nicola/Nicaso, Antonio: Dire e non dire, Mondadori, Mailand 2013.

Gratteri, Nicola/Nicaso, Antonio: Fiumi d'oro, Mondadori, Mailand 2017.

Gratteri, Nicola/Nicaso, Antonio: La rete degli invisibili, Mondadori, Mailand 2019.

Gratteri, Nicola/Nicaso, Antonio: Storia segreta della 'Ndrangheta, Mondadori Libri, Mailand 2018.

Sagnet, Yvan/Palmisano, Leonardo: Ghetto Italia, Fandango Libri, Rom 2015.

Talia, Antonio: Statale 106, Edizioni minimum fax, Roma 2019.

Kampanien

Capacchione, Rosaria: L'oro della camorra, RCS Libri, Mailand 2008.

Chiariello, Paolo/Maresca, Catello: La mafia è buona!, Rogiosi Editore, Neapel 2018.

Di Meo, Simone/Falco, Vittorio: Bardellino e Sandokan, così nacquero i Casalesi, Stylo24, Neapel 2019.

Mancusi Sorrentino, Lejla: La Mozzarella, Grimaldi & C., Neapel 2015.

Monti, Mara/Ponzi, Luca: Cibo criminale, Newton Compton, Rom 2013.

Saviano, Roberto: Gomorra, Mondadori, Mailand 2006 (dt.: Gomorrha. Reise in das Reich der Camorra, dtv, 15. überarb. Auflage, München 2019).

Rom

Abbate, Fulvio: Roma, Bompiani/ RCS Libri, Mailand 2015.

Cantone, Raffaele/Di Feo, Gianluca: Football Clan, Rizzoli, Mailand 2012.

Caselli, Gian Carlo/Masini, Stefano: C'è del marcio nel piatto!, Mondadori Libri S. p. A., Mailand 2018.

Fallaci, Oriana: L'Italia della dolce vita, Rizzoli, Mailand 2016.

Russo, Giovanni: Con Flaiano e Fellini a Via Veneto, Rubbettino, Soveria Mannelli 2017.

Emilia

Bonacini, Paolo: Le cento storie di Aemilia, Editrice Socialmente, Bologna 2019.

Cabras, Federica/dalla Chiesa, Nando: Rosso mafia, Giunti Editore/Bompiani, Florenz/Mailand 2019.

Malet, Jean-Baptiste: L'Empire de l'or rouge, Fayard, Paris 2017 (dt.: Das Tomatenimperium. Ein Lieblingsprodukt erklärt den globalen Kapitalimus, Eichborn/Bastei Lübbe, Köln 2018).

Minari, Elia: Guardare la mafia negli occhi, Rizzoli, Mailand 2017.

Soresina, Tiziano: I mille giorni di Aemilia, Aliberti, Reggio Emilia 2019.

Über die Alpen

Bellofatto, Sabina: Aus Italien – Die italienische Küche in der Schweiz, LIT Verlag, Münster 2017.

Möhring, Maren: Fremdes Essen, Oldenbourg Verlag, München 2012.

Montanari, Ambra/Pignedoli, Sabrina: Le mafie sulle macerie del muro di Berlino, Diarkos, Reggio Emilia 2019.

Roth, Jürgen: Mafialand Deutschland, Eichborn, Frankfurt am Main 2009.

Seiler, Christian: Alles Gute, Echtzeit Verlag, Basel 2019.

Vecchio, Concetto: Cacciateli!, Feltrinelli, Mailand 2019.

Für das gute Bauchgefühl

Eurispes: Agromafie, 1° Rapporto sui crimini agroalimentari in Italia, datanews, Rom 2012.

Eurispes: Agromafie, 2° Rapporto sui crimini agroalimentari in Italia, datanews, Rom 2013.

Eurispes/Coldiretti: Osservatorio sulla criminalità nell'agricoltura e sul sistema agroalimentare: Agromafie, 3° Rapporto, Eurispes, Rom 2015.

Eurispes/Coldiretti: Osservatorio sulla criminalità nell'agricoltura e sul sistema agroalimentare: Agromafie, 4° Rapporto, Minerva Edizioni, Argelato 2016.

Eurispes/Coldiretti: Osservatorio sulla criminalità nell'agricoltura e sul sistema agroalimentare: Agromafie, 5° Rapporto, Edizioni Minerva, Argelato 2017.

Eurispes/Coldiretti: Osservatorio sulla criminalità nell'agricoltura e sul sistema agroalimentare: Agromafie, 6° Rapporto, Edizioni Minerva, Argelato 2019.

Osservatorio ›Placido Rizzotto‹: Agromafie e caporalato, Terzo Rapporto, Ediesse, Roma 2016.

Hinweise zu Pressepublikationen

Der Mailänder *Corriere della Sera* ist mit einer Auflage von etwa 300 000 Exemplaren Italiens größte Tageszeitung: bürgerlich, liberal, nüchtern. Viele große Publizisten haben für das Blatt geschrieben, u. v. a. Corrado Alvaro, Leonardo Sciascia, Pier Paolo Pasolini, Italo Calvino, Ennio Flaiano, Oriana Fallaci. Die Zeitung gehört dem Medienunternehmer Urbano Cairo.

La Repubblica aus Rom, gegründet 1975 von Eugenio Scalfari, ist das linksliberale Pendant zum *Corriere* und dessen wichtigste Konkurrenz mit einer Auflage von 200 000. Sie legt viel Wert auf Autoren und Schreibstil. Jahrzehntelang war sie im Besitz der Familie De Benedetti, bevor 2020 die Familie Agnelli von Fiat übernahm.

Il Fatto Quotidiano, gegründet 2009, steht den *Cinque Stelle* nahe. Zu Beginn galt ihr Engagement dem Kampf gegen die politischen Ideen und die Interessenvermengung in der Person von Silvio Berlusconi, dem früheren Ministerpräsidenten. Mit der Zeit machte sich die Zeitung auch einen Namen mit Recherchen zum organisierten Verbrechen.

Das wöchentliche Nachrichtenmagazin *L'Espresso* gehört zu derselben Verlagsgruppe wie *La Repubblica* und teilt mit ihr auch die politische Ausrichtung. Bekannt ist die Publikation aber vor allem für ihren Investigativjournalismus. Auch zur Mafia ermittelt kein Blatt in Italien mehr als *L'Espresso*, gegründet 1955. Für das Heft schrieben u. a. Alberto Moravia, Giorgio Bocca und Umberto Eco. Eine ständige Kolumne hält heute Roberto Saviano.

Dank

Dieses Buch wäre ohne die Leidenschaft, die Ideen und Recherchen meines Sohns Noé nicht entstanden. Er war auch auf allen Reisen mit dabei, von Pachino über San Luca, Caiazzo, Bologna, Brescello, bis Mailand. Er bediente das Navigationssystem, suchte Hotels, filmte, spielte mir beim langen Fahren Podcasts vor, von denen ich nicht einmal wusste, dass es sie gibt – immer mit der unverhandelbaren Ankündigung: »*Questo è geniale*!« Das ist genial. Danken möchte ich auch den Staatsanwälten, die bereit waren, mit mir zu reden, einige von ihnen mehrmals: Gian Carlo Caselli, Nicola Gratteri, Giovanni Bombardieri, Cesare Sirignano, Catello Maresca, Eugenia Pontassuglia, Salvatore Dolce und Vittorio Cavallo. Ein ganz besonderer Dank gebührt Paolo Borrometi, Giuseppe Antoci, Roberto Battaglia und Elia Minari, die mir ihre Lebensgeschichten erzählt haben: Ihr beispielhafter Mut im Kampf gegen die Mafia öffnete mir eine Welt. Ein Dank auch an Valentina Fiore und Massimo Rocco von *Libera Terra*. Und an Christian Seiler, der mir die Österreicher kulinarisch näherbrachte. Stefano Masini vom Bauernverband *Coldiretti* erklärte mir die Betrugsanfälligkeit gewisser Produkte. Ein Dank auch an den Lektor, Stefan Ulrich Meyer, der nie gedrängt hat und alle wichtigen Entscheide mit mir besprach. Geholfen haben auch die übrigen Mitglieder der Familie, Anna-Nina und Gil, mit Geduld, Kritik und Transkriptionen. Danken möchte ich meinem Vater, Sohn einer Norditalienerin aus Reggio Emilia. Er brachte mir die Liebe zu Italien und zum Schreiben bei. Ihm ist dieses Buch gewidmet.

Das erste intime Porträt
der Menschen, die unsere
Politik bestimmen

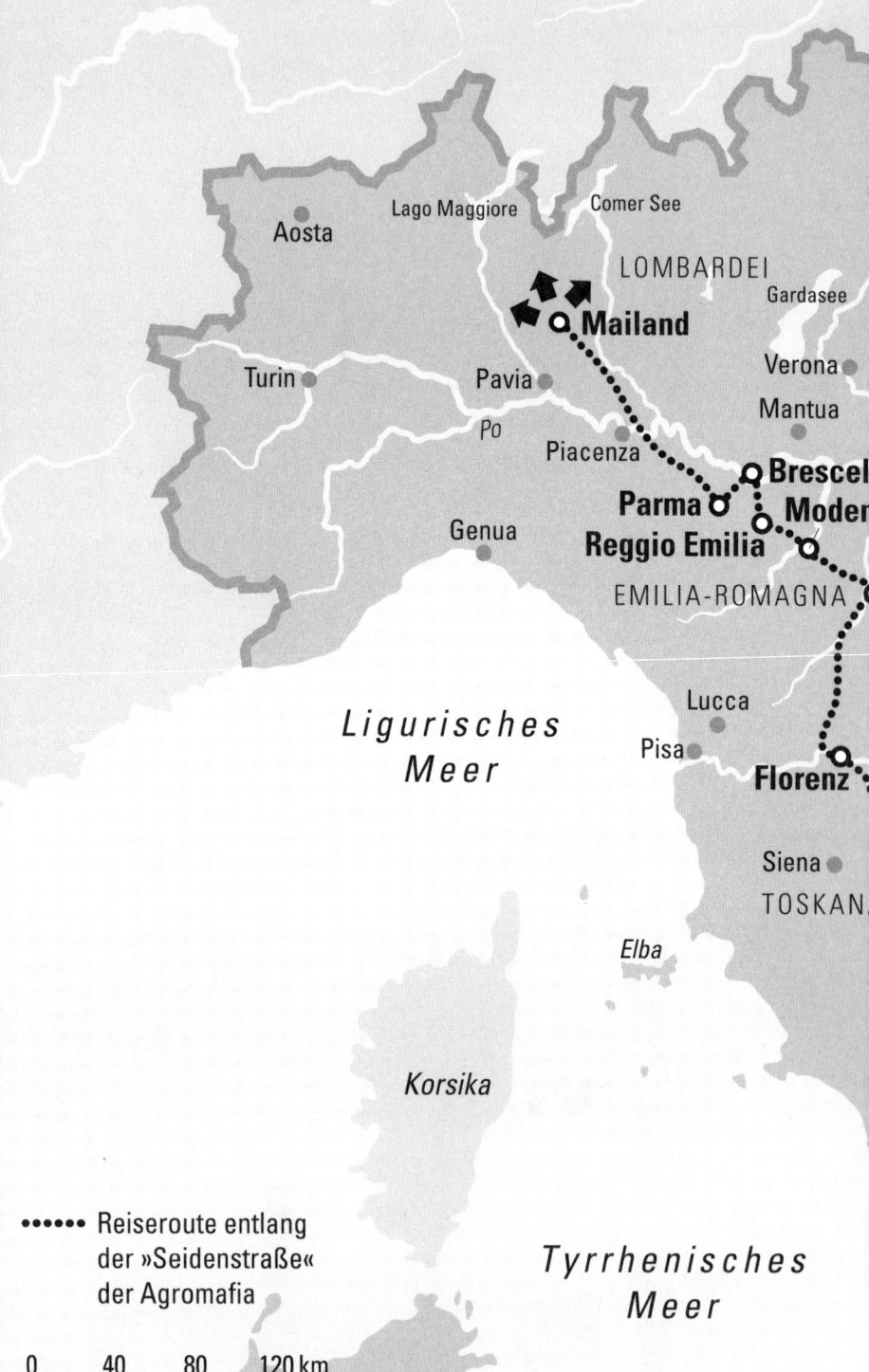

Aosta

Lago Maggiore

Comer See

LOMBARDEI

Gardasee

Turin

Pavia

Po

Piacenza

Genua

Parma

Reggio Emilia

Brescell

Moden

EMILIA-ROMAGNA

Mailand

Verona

Mantua

Ligurisches
Meer

Lucca

Pisa

Florenz

Siena

TOSKANA

Elba

Korsika

•••••• Reiseroute entlang
der »Seidenstraße«
der Agromafia

Tyrrhenisches
Meer

0   40   80   120 km